黄源澧

与音乐家摇篮

黄远渝 编著

中央音乐学院出版社
CENTRAL CONSERVATORY OF MUSIC PRESS
·北京·

图书在版编目(CIP)数据

黄源澧与音乐家摇篮 / 黄远渝编著. —北京：中央音乐学院出版社，2008.6（2025.3 重印）

ISBN 978－7－81096－274－2

Ⅰ.黄...　Ⅱ.黄...　Ⅲ.黄源澧(1916－2006)—纪念文集　Ⅳ.K825.76－53

中国版本图书馆 CIP 数据核字（2008）第 031273 号

黄源澧与音乐家摇篮　　黄远渝编著

出版发行：中央音乐学院出版社
经　　销：新华书店
开　　本：A5　　印张：11
印　　刷：三河市金兆印刷装订有限公司
版　　次：2008 年 7 月第 1 版　　印次：2025 年 3 月第 2 次印刷
书　　号：ISBN 978－7－81096－274－2
定　　价：108.00 元

中央音乐学院出版社　北京市西城区鲍家街 43 号　邮编：100031
发行部：（010）66418248　　66415711（传真）

图01　黄晓东老先生（1879—1954年）

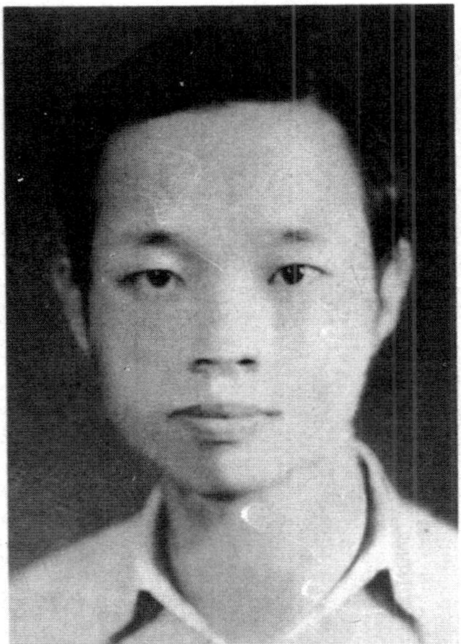

图02　黄源澧（1930年）

图03　黄源澧（1933年）

图04　黄源澧大提琴照（1932夏）

图05　黄源澧大提琴照（1933夏）

图06　黄源澧、王辉庭夫妇（1936年）

图07　黄源澧、王辉庭夫妇（1936年）

图08 上海美专乐队部分成员，最后一排（左一）为黄源澧

图09　励志社乐队长沙青年会合影（1938年10月）
（立者左起）黄源澧、黄源洛，（中为）江定仙，
（后右2为）王人艺

图10　黄源澧夫妇与女儿黄远渝（1941年春重庆）

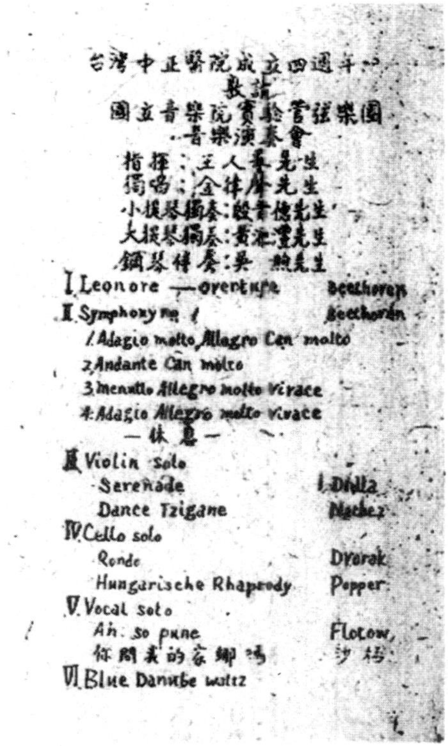

台湾中正醫院成立四週年
敦請
國立音樂院實驗管弦樂團
音樂演奏會
指揮：王人蕃先生
獨唱：金律聲先生
小提琴獨奏：殷寶德先生
大提琴獨奏：黃淹澧先生
鋼琴伴奏：吳　鮑先生

I. Leonore — Overtupe　　Beethoven
II. Symphony no. 1　　Beethoven
1. Adagio molto, Allegro Con molto
2. Andante Con molto
3. Menutto Allegro molto Vivace
4. Adagio Allegro molto Vivace
—休息—
III. Violin solo
Serenade　　I. Drdla
Dance Tzigane　　Nachez
IV. Cello solo
Ronde　　Dvorak
Hungarische Rhapsody　　Popper
V. Vocal solo
Ah. so pure　　Flotow
你開我的家鄉嗎　　沙梅
VI. Blue Danube waltz

图11　黄源澧重庆演出节目单

中華交響樂團
音樂月演奏大會
指揮：王人藝
大提琴獨奏：黃源澧
節目摘要
莫扎爾脫：第四十交響曲
柴開夫斯基：第四交響曲
蕭多汾：第五交響曲
孟德爾遜：芬加爾之巖穴
柴開夫斯基：大提琴獨奏曲等
日期：三月三十一日
時間：下午七時半
地點：抗建堂
票價：五元・十元兩種

图12　黄源澧重庆演出节目单

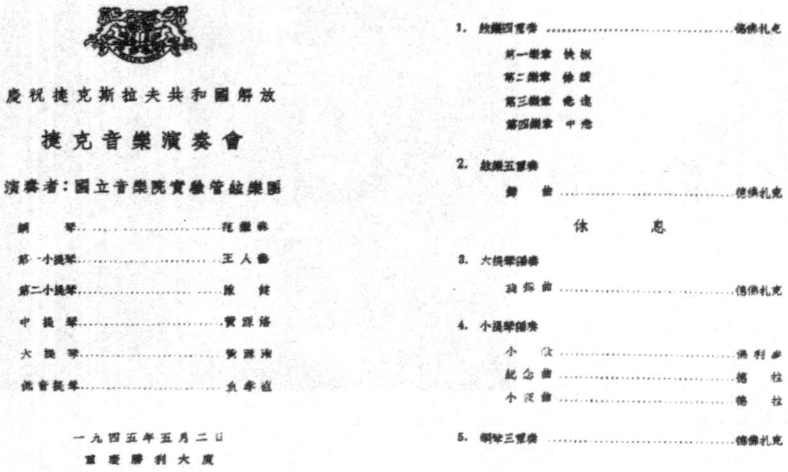

慶祝捷克斯拉夫共和國解放

捷克音樂演奏會

演奏者：国立音樂院實驗管絃樂團

鋼　　琴……………………范繼森
第一小提琴……………………王人藝
第二小提琴……………………陳　鈺
中 提 琴……………………黃源洛
大 提 琴……………………黃源澧
低音提琴……………………負本直

一九四五年五月二日
重慶勝利大廈

1. 弦樂四重奏 ……………………德佛扎克
　第一樂章　快板
　第二樂章　徐緩
　第三樂章　急速
　第四樂章　中板
2. 弦樂五重奏
　舞　曲 ……………………德佛扎克

休　　息

3. 大提琴獨奏
　迴旋曲 ……………………德佛扎克
4. 小提琴獨奏
　小　夜 ……………………佛利步
　紀念曲 ……………………德　拉
　小夜曲 ……………………德　拉
5. 鋼琴三重奏 ……………………德佛扎克

图13　国立音乐院实验管弦乐团室内乐音乐会节目单

图14　重庆青木关国立音乐院幼年班

图15　重庆幼年班门前学生合影（1945年）

图16　重庆青木关幼年班教师合影（1945年）
（后左）1梁定佳、2黄源澧、4王友键、5彭善宝、7王人艺、8周俊才，（中左）1刘文英、2陈月娥、3赵玉华、4钱宝华、5周××，（前排左）1廖宝生、2黄蕊秋、3张季时

图 17　常州幼年班校舍前院一角

图 18　黄远渝、黄远泽、黄远涪在幼年班后院东侧金启生女士纪念碑前（1949 年）

图19　在常州小运河前黄源澧
面对幼年班（1949年）

图20　在常州幼年班前院阿德勒与小提琴学生合影

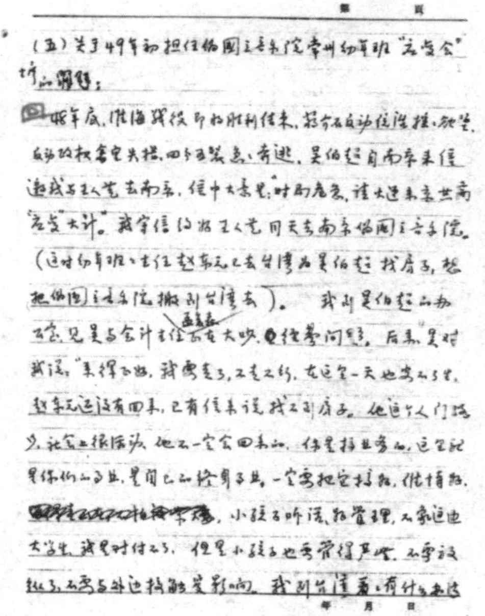

(五)关于49年初担任伪国立音乐院常州幼年班"应变会"[illegible]的问题：

四 48年底，淮海战役即将胜利结束，蒋介石反动统治摇摇欲坠，反动的机关惊惶失措，四分五裂，急急奔逃。吴伯超自南京来信邀我与王人艺去南京，信中大意是："时局危急，请火速来京共商'应变'大计。"我拿信约同王人艺同天去南京伪国立音乐院。（这时幼年班主任赵东元已去台湾为吴伯超找房子，想把伪国立音乐院搬到台湾去）。我到吴伯超的办公室，见吴与会计主任[illegible]在大吵，为经费问题。后来，吴对我说："真糟不好，我要走了，不走不行，在这里一天也留不了了。赵东元还没有回来，已有信来说找不到房子。他这个人门路少，社会上很活动，他不一定会回来的。你是搞业务的，这里就是你们的东西，是用你们的经费办的，一定要把它搞好，[illegible]。[illegible]，小孩子听话，好管理，不象这些大学生，难以对付了。但是小孩子也要管得严些，不要让他们乱了，不要与外边接触受影响。"我到南京看到有什么办法

年 月 日

图21 黄源澧交代手稿（1972年3月3日）关于1949年1月与吴伯超最后的会见

图22 黄源澧全家福（1949年）（左起）黄远浦、王辉庭、黄源澧、黄远渝，（中左）黄远涪、黄远泽

图23　上海儿童器乐比赛黄晓和获小提琴一等奖(1949年4月)。戴天吉夫人，黄晓和、张隽伟

图24　上海儿童音乐比赛全本获奖者合影（1949年）
（前排左）1高经华（小提琴二等奖）、2黄晓和（小提琴一等奖），（右）1方国庆（钢琴二等奖），（后排左）2马育弟（大提琴二等奖）、3盛明耀（大提琴一筝奖）、4刘诗昆（钢琴一等奖）、5沈兴华（长笛二等奖），其余为钢琴前10名

图25　常州国立音乐院幼年班全体师生合影（1947年）

（二排左）1黄源澧、2夏之秋、3王人艺、4吴剑平、6刘文英、7钱宝华、8刘佳音、9赵玉华、10李佑民、11陈福廉、12潘美波、13章彦、14阿德勒、15佘甫磋夫、16吴伯超、17赵东元、18奥门、19普杜什卡、20廖辅叔、21盛雪、22菲奥尼克、23丁稚奎、24汪秋逸、25殷锡琪、26游志清

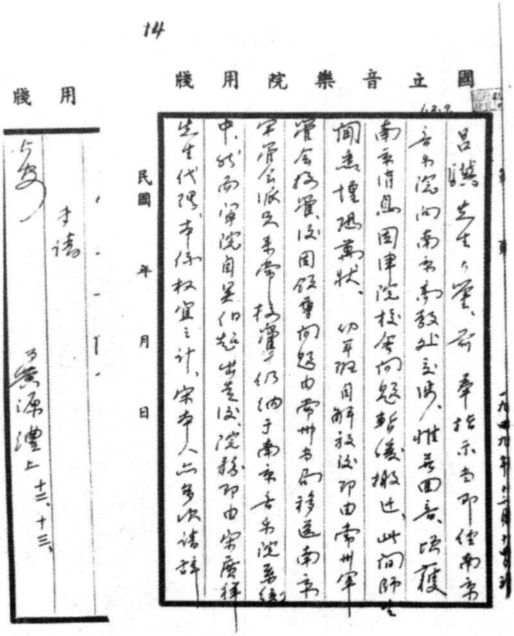

14

国立音乐院用笺

吕骥先生大鉴：前奉指示，当即使南京音乐院向南京市教处交涉，推舍回音，谅获南京消息。国乐院校舍向总部借后搬迁，此间师生闻之惶恐万状。幼年班因解放后即由常州军管会接管，后因经费问题由常州市府移送南京军管会派员来常接管，仍归于南京音乐院系统中。然南京院自身仍感困难，院务即由宋广祥先生代理，本系权宜之计，宋本人亦多次请辞

民国 年 月 日

用笺

……手请

……

黄源澧上 十二、十三

图26　黄源澧给吕骥的信
（1949年12月13日）

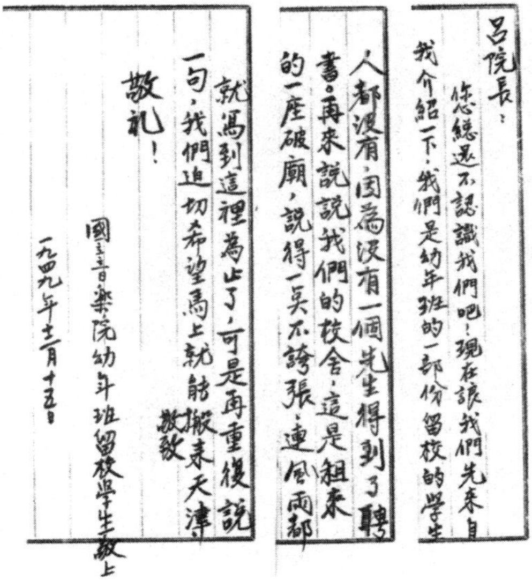

吕院長：

您總還不認識我們吧！現在讓我們先來自我介紹一下，我們是幼年班的一部份留校的學生

人都沒有，因為沒有一個先生得到了聘書。再來說說我們的校舍，這是租來的一座破廟，說得一點不誇張，連屋兩都

就寫到這裡為止了，可是再重複說一句，我們迫切希望馬上就能搬來天津

敬致

敬禮！

國立音樂院幼年班留校學生敬上

一九四九年十二月十五日

图27　幼年班同学给吕骥的信
（1949年12月15日）

图28 常州市学联青年演唱团与国立音乐院幼年班联合公演《黄河大合唱》(1950年)

图29　天津少年班部分师生合影（1951年）
(右起) 黄源澧、朱信人、白哲敏、马思聪、顾顺庆、张洪岛、方国雄、梁庆林、王宗虞、缪天瑞、陈忠明、张应发、金湘、李仲平、陆有瑞、赵东元、林深

图30　新生入校少年班合影（1951年）

图31　天津运动会后黄源澧与同学合影（1952年春）

图32　黄源澧出国访问（1951年）

图33 （左起）1张志勤、2闽乃权、3刘天明，（后排左）1林耀基、2岑元鼎、3黄晓和、4李向阳、5杨大风

图34 中央音乐学院少年班学习演奏会（1954年）
（前排左）1朱工七、2马思聪、3黄源澧、4朱起芸、5马思芸、6盛雪，（后排）1王连三、2王耀玲、3吴同申

图35 52班全体在宿舍楼门口

图36 《人民画报》刊登的黄源澧音乐家庭（1955年1月）

图 37　天津十二津路少年班院内（1954年春）
（左起）1黄源泽、2王辉庭抱黄庆国、3黄源涪、4黄源澧抱黄远津，
（后立）黄远浦

图 38 苏联专家契尔沃夫指导黄源澧 翻译马景舒（1956年）

图39　苏联契尔沃夫大提琴专家班合影（1956年）

图40　53班重奏课

图41　黄源澧与学生一起过节（50年代）

图42　红领巾乐队（50年代）

图43　51班附中门前合影（1954年）

图45　中央音乐学院附中成立庆典（1957年6月1日）

图44 56班全体照

图46　53班全体照

图47　钢琴系放卫星（1958年）

图48　黄源澧下乡劳动（60年代）

图49 黄源澧接待大管专家科莫斯罗斯、双簧管专家哈努什 翻译马志甫（1962年）

图50　北京国会街中央音乐学院附小师生。（左起）楼乾妹、王辉庭、韩剑明、陈慧甦、顾嘉琳、陈家铨、吴元、李鸿鸥、苏绍卿

图51　黄源澧全家福（1963年夏）
（前排左）黄庆国、黄远津、黄源澧、黄远渝，
（后排左）黄远涪、王辉庭、黄远浦、黄远泽

图52　送远津、庆国赴黑龙江建设兵团（1969年）
（左起）1 黄源澧、2 黄远渝、3 黄远津、4 钱艺
（后排左）1 黄远泽、2 黄庆国、3 黄远涪

图53　文革黄源澧六儿女（1975年）

中央音乐学院 附属中等音乐学校
历史回眸
建校50周年
1957-2007
院长: 黄源澧[1957-1966]
Chief. Huang Yuanli
院长: 方 堃[1978-1983]
Chief. Fang Zhuo
院长: 俞慧耕[1984-1985]
Chief. Yu Huigeng
院长: 左 因[1985-1988]
Chief. Zuo Yin
院长: 金爱萍[1988-1996]
Chief. Jin Aiping
院长: 陈南岗[1996-2001]
Chief. Chen Nangang
附中历任校长
1978年，在你们还没有出生的时候，经历了12年艰苦的知青生活，我从建设兵团（我知道，这些那个时代人人都明白的概念在你们的心中是非常模糊的，让你的父母给你们讲讲吧！）听到了中央音乐学院招生的消息。从此中央音乐学院这个每个学音乐的人都向往的圣地就成了我梦寐以求的地方。

图54　历任附中校长

图55　小提琴大师斯特恩与红领巾乐队演出照（指挥徐新）

图56　欢迎小提琴大师梅纽因来校讲学（1979年）
（左起）1梅纽因、2吴祖强、3黄源澧

贺词

黄源澧

二十五年前的六月一日，在天津河东大王庄，一所崭新校舍的門前挂起了"中央音乐学院附属中等音乐学校"的校牌。在前国立音乐院附属幼年班（解放后改称少年班）的基礎上，经过多年的筹备，新中国第一所设备比较齐全，建制比较完备的专业音乐中学终于诞生了！

这一天，全校張灯结彩，举行了隆重的建校典礼。赵沨付院長发表了热情洋溢的讲话；李凌同志率领着在中央乐团工作的老少年班同学，带着花篮和锦旗专程从北京赶来庆贺…………

这是一个多么不平凡的令人永远难忘的日子！

几十年来，这所学校培养出千余名音乐专业人才，他们在全国各级各类文艺团体和音乐院校中，兢兢业业，埋头苦干，以自己辛勤的汗水，浇灌着日益繁荣的新中国音乐之花！附中被誉为培育新中国音乐人才的摇篮，这是当之无愧的。

现在，她拥有第一流的教师，有完整的教学体系，有较好的教学设备，有优良纯朴的传统校风。这一切，将使我们为建设四化，为提高民族文化水平，作出更大的贡献！

今天，我满怀喜悦和信心，向大家致以最热烈的祝贺！祝全体同志身心健康，前途无量！

图57　黄源澧为附中校庆所写贺词（1982年）

图58　法国大提琴专家托持里班合影（1980年）
（左起）1王连三、4托特里、5托特里夫人、6黄源澧、7王祥·

图59　英国普茨茅斯国际四重奏评委合影（1982年）
（前排中为）梅纽因，（后右）2黄源澧

图60　黄源澧在海德公园马克思墓前（1982年）

图61　黄源澧（右1）、韩里（左1）与选手在英国（1982年）

图62 在雷诺中提琴专家班（1983年）
（左起）4吴祖强、5雷诺夫人、6雷诺、7黄源澧、8隋克强、9宗柏与学生合影

图63 黄源澧与全国音乐院校大提琴比赛全体评委合影（1985年）

图64　李学全代表幼年班祝贺黄源澧从教50周年（1986年）

图65　黄源澧从教50年与夏之秋、廖辅叔夫妇（1986年）

图66　黄源澧从教50周年中央音乐学院举行庆祝音乐会（1986年）

图67　黄源澧给学生上课（1986年）

图68　附中30周年纪念（1987年）
（第2排左）2方堃、俞慧耕、黄源澧、左因与附中明星合影

图69　中央音乐学院附中30周年（1987年）
（第2排右）1李学全、2方堃、4黄飞立、5俞慧耕、6黄源澧、7左因、8吴祖强、9黄镇、10赵沨，（左）1施光南、2潘一飞、3于润洋、6黄翔鹏、7陈自明

图70　黄源澧在泰山之顶（1988年）

图71　黄源澧在校友会获奖式（1990年）
（后排左起）方迁、吕骥、贺敬之、于润洋、赵沨

图72　重庆国立音乐院50周年纪念 专家学者合影（1990年）

图73　中央音乐学院老教授山西讲学（1991年）
（左）1王辉庭、2黄源澧、3洪士珪、4陈宗群、5沈湘

图74　全国大提琴教学研讨会（1992年）

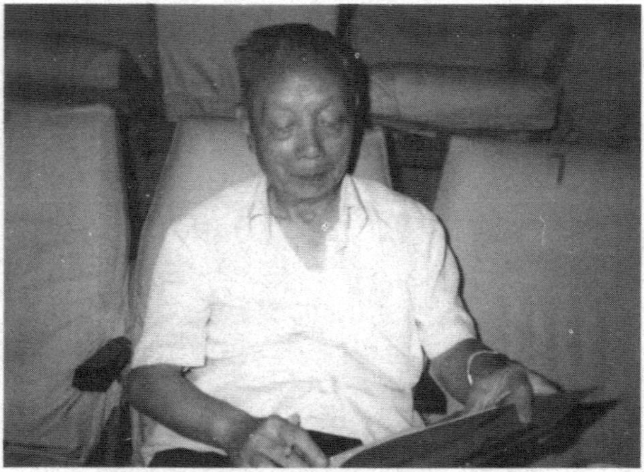

图75 黄源澧在全国大提琴比赛
评判席（1993年8月）

图76 中国音乐家协会大提琴学会（左起）5宗柏、8黄源澧、10司徒志文

图 77　第二届全国提琴制作比赛
（左起）3 司徒志文、4杨秉逊、5黄源澧、6谭抒真、8司徒华城、9盛中国、10林耀基，（后排左）3蒋ㄉ行、6岑元鼎、7隋克强、8郑石生

图 78　第二届全国提琴制作比赛上试奏大提琴

图79　出席中央乐团庆祝幼年班50周年（1995年）

图80　中央乐团举行重庆国立音乐院幼年班50年纪念茶话会（1995年）

（前排左）1李学全、2尤奎、3叶摩西、4黄源澧、5廖辅叔、6顾顺庆、7岑元鼎、8马育弟、9黄伯荣，（2排左起）1金湘、2朱信人、3田丰，（右）1陈光明、2李德伦，（3排左起）1张应发、2张应元、3谢厚鸣、4黄晓和、5陆有瑞、6邵根宝、7赵惟俭，（4排左起）1张锡生、2严福保、3胡国尧、4熊天声、5方国庆、6祝盾、7李仲平、8梁庆林、9王永新，（后排左起）1胡炳余、2刘奇、3朱工七、4李向阳

图81　黄源澧先生像

图82　黄源澧夫妇青岛海边（1993年）

图83　黄源澧夫妇与黄远渝在圆明园（1994年）

图84　北京植物园（1994年）

图85　黄源澧长沙祭祖（1995年）
（左起）1黄远渝、2黄源澧、3黄展

图86　黄源澧夫妇80大寿（1996年）

图87　黄源澧夫妇80大寿与六子女（1996年）
（前左起）黄远津、王辉庭、黄源澧、黄远渝，（后排）黄远浦、黄远泽、黄远涪、黄庆国

图88　黄源澧夫妇八十大寿合家欢（1996年）
（左起）1黄展、2钱沁，（2排）1黄翎、2黄蔚虹、3黄蔚艳，（3排）1黄庆国、2黄远津、3王辉庭、4黄源豊、5黄远渝、6唐姥姥、7黄远涪，（4排）1黄远泽、2孙美英、3钱芑、4钱汶、5于瑞、6于淼、7黄远浦、8唐梅蕾、9傅喜琴

图89　黄源澧夫妇在北京檀柘寺（1996年）

图 90　曲阜之行（1997年春）
（左起）1 钱芑、2 黄源澧、3 王辉庭、4 黄远渝

图 91　黄远渝在重庆青木关国立音乐院纪念碑（1997年）

图92 重庆青木关幼年班遗址（1997年）

图93 51班同学探望黄源澧老校长（2002年）

(前排左) 1白宇、2郭砚秋、3焦鹪，(2排左) 1何复兴、2郑伯农、3金爱平、4王辉庭、5黄源澧、6黎晓昕、7刘诗昆，（立者左）1刘育熙、2陈毓铸、3赵德廉

图94　52班同学探望老校长（2002年）

（左起）1李汉文、2王辉庭、3黄源澧、4袁幼枝、5何复兴、6张怀冰

（后排左起）1陈根明、2白宇、3黄远渝

图95　子女为黄源澧夫妇过生日（2003年）

图96 黄源澧夫妇在黄远涪乡间居所（2003年）

图97 黄源澧夫妇在远渝家过春节（2004年）

图98　幼年班老学生祝贺黄源澧90华诞（2005年11月）
（前排）1盛明耀、2黄源澧、3马育弟、4许明月
（后排）1盛明亮、2赵惟俭、3钱苣、4黄远渝

图99　附中校长邢维凯看望老校长（2005年）

图 100　黄源澧在美国的后代
后排小儿黄庆国、儿媳
魏秀茹、前排左起黄圣
紘（小孙子）、黄展（长
孙）、黄圣文（二孙子）
辛柏安（重孙）、钱汶
（外孙女）、钱芑（婿）
黄远渝（女）

图 101　黄源澧的外孙女婿
辛明峰、重外孙辛
柏安、外孙女钱汶
（2006 年）

图 102 黄源澧的孙女婿李音、
重外孙李安冬、孙女黄翎
（2006年）

图 103　少年班56 班同学探望老校长敬献鲜花（2003年5月）

图 104　中央音乐学院附中召开黄源澧追思会（2007年6月3日）

图105　附中校庆历任附中校长合影（2007年）（右起）1方堃、2俞慧耕、3左因、4金爱平、5陈南岗、6邢维凯

图106　黄源澧塑像

目　　录

爱乐敬乐，育人化人，创业维艰，矢志不渝。在重重困难之中毅然创建高水平的少年乐团，并百折不挠地推进其发展壮大，为中国的交响乐事业铺就坚固的基石。在新中国的音乐教育园地里辛勤耕耘数十载，做出了永远值得后人纪念的贡献和成就。

并值《黄源澧和音乐家摇篮》一书出版，书此致贺！

喻宜萱 时年九十八岁
2007年12月28于北京

題「黃源灃之音樂家搖籃」一書

能看到自己工作成果的音乐家是一位幸福的音乐家

嚴良堃敬題

戊子春

黄源澧教授是我国少年儿童专业音乐教育的奠基与开拓者，作为一位大提琴演奏家和教师，他对我国大提琴演奏艺术的提高、进步及管弦乐事业整体人材培育和交响乐队建设、发展全都做出了卓越贡献。他的高尚品德，光辉业绩使我们众多后来者难以忘怀。

黄远渝著《黄源澧与音乐家摇篮》一书出版，将为人们展示这位音乐界一代名师的诸多方面生动形象和品格内涵，也会给读者带来教益。谨对此书的问世致以诚挚贺忱并附以对源澧老师的深切怀念。

吴祖强

二〇〇七年十一月初冬

怀念尊敬的老校长

俞慧耕

1958年初，我从上海被调来天津中央音乐学院附中，那时学校放寒假，校内寥无几人，我也不认识附中任何人，所以刚到不久，宗群就陪我去拜访赵沨院长，他们在重庆参加抗日歌咏活动时就认识。我与赵沨在1947年他从国外回来路过上海时，曾有一面之交，相隔十年再次相聚，大家都很高兴。赵沨虽身为院长，仍很随和，没有什么指示之类的长篇语言，我记得他轻快地只讲了一句：“希望今后你们三套马车能驾驶得更好。”这，我当然理解，不能多一个人反而削弱附中工作。“团结”是今后工作的关键。

新学期开始，我就参与附中的工作。首先见到是方堃校长，后见到黄源澧校长，他们两位给我的初步印象都很亲切。三套马车就在风风雨雨中开始上路行驶了。

现在黄校长离开我们已有一年多了，回忆往事仍历历在目。我常常会想起他那似笑非笑、似愁非愁，恰又是十分平静的表情。我从未听过他对全校师生作过什么长篇大论的报告，也从未见过他对学生有过什么训斥。他的处人、处世、处事，总是那样的平淡亲切，一切与人为善。在我与黄校长共事过程中，使我逐渐地体会到他的为人之道和教育理念。

我到天津后不久，经周恩来总理批准，学校要从天津搬往北京，全校兴高采烈。从1950年建院后大家就等待着这个机遇的到来，一直未成，有老师说：“你真是运气，不到半年，你就能进京了。”当年，党委指示要有部分师生员工留在天津，成立天津音乐学院。这在当时是一件大事，谁去谁留，众说纷纭。大家都希望来北京，谁将被留下呢？记得当时讨论时，党委虽有原则，但具体人员还得由附中自行定夺。即时，黄校长提出一个原则意见："给天津留下来的也要有骨干教师力量，使天津音乐学院和附中也能马上开始办学，不能只顾及我们自己呀！"我在旁暗暗心想"这才是无私的领导风格，不以一己为主，要照顾到他人"。最后，当名单宣布时，虽未能十全十美，基本上做到了"留者快"，"去者乐"，平静地度过这一关。

记得另有一次，赵院长召开系主任和附中校长的联席会议，讨论有关学生的培养问题等等，黄校长发言的大部分内容我已记不清，当时他提到"对学生的养成教育问题"。这"养成教育"四个字对我影响很大。我立时反思，我只知道按照教学大纲的规定各科教学内容，以及附中为院部培养后生等等，这些都是书面文字游戏，究竟具体内容是什么呢？又如何养成呢？使我产生很多疑团。我暗自下决心，一定要真正了解在音乐教育中的"养成教育"的具体内容和它的真正涵义。后来，我不仅深入各文化课听课，同时也深入听各音乐专业课的教学实况，和听学生们的学习演奏会，以及"红领巾乐队"的排练演出等音乐实践活动。我是在学习——工作、工作——学习过程中逐渐使我懂得黄校长提出"养成教育"的真正内容的涵义。音乐教学与教育是在学习心理上要有一个逐渐积累和储备的养成过程。也就是无意识地被动地接受的过程，被动地从听觉接触音乐到学生自己亲自动手接触乐器主动地演奏操作，而达到老师所要求的过程。这在个体认知心理上是一个质的突破。在这样的实践过程中才真正听懂音乐是什么，音乐的语言、音乐的表现、音乐的情境，音乐所表达的丰富多彩的内容等等。"养成教育"也就是黄校长的亲身体会和一辈子辛勤教育学生的过程。有多少音乐家，在黄校长的教育理念指导下养成；有多少个大提琴演奏家，在黄校长亲手教育过程中养成；他们都在为祖国的音乐界贡献着力量。

尊敬的黄校长，我是在您的教育和引导下逐渐使我步入这音乐教育的行列，使我懂得如何通过音乐学习去启迪智力，去改变人生。您的默默的教育，我终身难忘。

从天津搬来北京时，我们大家都住在三号楼，共用一个大厨房，共用一个大厕所，虽然生活上条件很差，但大家都辛勤地工作着，和谐地生活着。我们的孩子们还组织了一个小女孩篮球队。去年（2007 年）三多在美国找到一张非常珍贵的“音院女子篮球队”的照片，她电传给朵儿，我们接到照片后，真是感慨万分。照片中三多、朵儿、远津、解梅、咪娜、小毛六位毛头小姑娘，手托着篮球，好神气好自信呀！这美好的过去，耐人寻味。

后来，黄校长搬到南线阁去了，我们也搬到新一楼。黄校长又被调离附中去院部管弦系任系副主任。每当他到学校来，上、下午系里都有课时，中午，他都到我们家来，非常随便地和我们一起用午餐，午后还能小小地午休片刻。那时夏之秋家也和我家住同一个楼，他住一层，我家是四层，黄校长、夏先生和宗群三位老朋友，常常相聚，畅谈往事，原来在重庆时就已认识。有时，我在旁边听他们闲谈，使我真正了解到他们之间可贵的友谊。

有一天（记得好像是星期四）黄校长破例没有来我们家用午餐，宗群就担心，是否老黄本周身体欠佳，没法来上课呀！当下一周他又出现在我们面前时，才知道上周他调课，没有来院部上课，才消疑团。又有一次夏老从一层艰难地爬到四层来，敲我们家门，当宗群开门，一看是夏老，但夏老师什么话也没有讲，只是说：“唉，你还好啊！”原来，宗群每天准备午饭时，都会在厨房唱上几句，以放松放松自己的身心，这歌声从四层传到一层，是夏老师所熟悉的。那天，他没有唱，夏老师就担心，他是否病了？要夏老师爬四层楼是多么不容易呀！这真诚的友谊，使人动情。

又有一天，他们三人回忆在清风店时期的情景，首先是宗群问老黄："你还记得吗？有一天我们在田里劳动，远远看是夏老师挑两桶水，在田边摇摇摆摆地走来，为大家送水喝？你喝了吗？"老黄摇摇头。宗群说："这水，能喝吗？再渴，我也不能喝呀！"三位老人会心地笑了。患难见真情呀！老黄说："有些人只准许自己革命，不准别人革命！他们能理解我们吗？"这是在难苦岁月里，跟党共同走过来的老知识分子的心里话呀！

尊敬的老校长您放心，我们深深地理解您、敬爱您，您的一生是和我们当今的年轻一代的音乐家们共同走过来的，赵院长称附中是"音乐家的摇篮"，您是我们中央音乐学院附中这个"音乐家的摇篮"的真正开拓者和缔造着。您在抗战和解放战争艰苦的年代里，保护着这个摇篮，维护着这个摇篮，然后又建设着这个摇篮，使她更美丽、更结实、更茁壮。您正确地把握着学校前进方向，使我们驶向光辉的前程。您无言胜有言，以您的真诚，纯朴的人格魅力激励着我们，感动着我们。我们永远怀念您。今天，您的雕像坐落在我们附中的大堂里，永远看护着我们，使我们永不迷失方向。

尊敬的老校长，您放心，我们将永远照您指引的方向，努力向前，为祖国音乐事业贡献一份力量。

2008 年 3 月于北京

怀念黄源澧校长

方 堃

1956年6月，我从中央文化部调到中央音乐学院附中，担任黄源澧校长的助手。1958年暑假附中迁北京后不久，黄校长又同时兼任院管弦系主任。直到1960年1月，黄校长正式调到管弦系，这三年多，我与黄校长共事，向他学习，受益匪浅。

黄源澧校长的一生，可以说，全部贡献给了祖国的音乐教育事业，是我国专业幼儿少年音乐教育事业的开拓者，是中央音乐学院附中的奠基人。

他经常向我提到，“音乐演奏人才，必须从幼年开始培养”，对此，他作出了特殊的贡献。

1994年11月10日他给杜家华先生的信中说：“国立音院幼年班的创建，不是个别人的愿望，而是当年弦乐界同仁共同的心愿。”他很赞扬原国立音院院长吴伯超先生，认为“吴伯超先生毅然奋起，艰辛创立国立音院幼年班，功不可没”。黄先生就是当年竭力主张必须“正式建学”、“从幼培养”的弦乐界同仁之一。1945年成立幼年班开始，黄先生就是幼年班主要负责人之一。抗战胜利后，1946年幼年班迁常州，这是幼年班最重要的四年刻苦学习阶段。胡国尧同志回忆：“当年我们在酷暑烈日下，汗流浃背，找个树荫下练，寒冬腊月，找个背风地，晒着太阳练，十个指头冻得又红又肿，仍坚持不懈。”黄先生作为教务主任，不仅执教大提琴，而且全面负责幼年班的教学工作，他从上海请来各种专业的专家来兼课，他亲自组建乐队、亲自指挥、亲自排练，一直到1950年合并到天津中央音乐学院，又带着这批学生，参加中国青年文工团到苏联、东欧各国作巡回演出一年多。1952年回国后，就把这支完整的乐队交到李凌同志手中，成为后来中央乐团的班底，也是五十年后建立国家交响乐团的骨干，从1945年到1952年短短七年，他向人民交出一支功底厚实、声部完整、影响深远的“交响乐队”，那是中国有史以来的第一份。

1950年以后，幼年班改名少年班，黄源澧先生担任中央音乐学院少年班主任，全身心扑在工作中，从1951年招收刘诗昆、郑伯农等51班开始（男女合班），年年招生，至1957年达到300多学生的规模。有一个独立院子的校园，专业设置有钢琴、管弦、民乐（多由院部老师兼），声乐、理论等学科；学制，除中学部六年，还设有附小三年；有一支高水平的专业教师和完善的文化课教师队伍，文化课、专业课老师共同组建起一个强有力的班主任团队；教导、教务、总务后勤等机构齐全；创建了一套相对完善、实用的教学计划。经文化部批准，于1957年6月1日，正式成立了中央音乐学院附中。这是黄源澧先生的又一个七年，向人民交出第二份优厚重礼。他不仅为附中奠定了基础，而且为我国其他音乐学院组建附中作出切实可行的范例。

黄源澧先生虽然调离附中去管弦系任副主任，但他对附中的影响是长远的。

刘诗昆中学六年是在附中度过的。1957年正是刘诗昆六年级，他参加匈牙利李斯特钢琴比赛，由于他演奏李斯特第六匈牙利狂想曲的出众表演，匈牙利给了他一个“特别奖”，奖给他一缕李斯特“头发”的莫大殊荣。从他开始，往后半个世纪里，附中有数不清的国内、国际各种专业比赛获奖者。

1959年，附中诞生的红领巾乐队是全院师生深爱的掌上明珠、中央乐团李德伦同志曾恨不得把红领巾乐队全盘端去，建立一个中央乐团第二乐队。我们的钱老，钱学森同志，一个人静坐在大礼堂的观众席里，长时间的聆听红领巾乐队的排练，久久不愿离去，当时正是徐新老师带着红领巾乐队，在大礼堂舞台上第一次试排比才的《法兰多拉》，为南下演出准备新曲目，不想一次合成，出现奇迹般的艺术效果。1962年暑假，红领巾乐队第一次南下，到武汉、广州、上海作巡回演出，在国内音乐界，掀起一个不小的波。这样一个红领巾乐队，她的真正的“先行者”，正是黄源澧校长亲手培育起来的常州幼年班乐队，红领巾乐队的全部成员六七十人，正是50年代黄源澧校长主持的附中培养起来的在校学生。其后，一代接一代，一直发展到今天附中的少年交响乐团，她已是附中教学不可分割的一部分，她是附中的骄傲。

黄源澧先生很关心少数民族地区音乐人才的培养，1954年，新疆送来图木莉斯学钢琴，附中无条件收下这位没有钢琴基础的维族女童。文革以后，她在新疆做出了喜人的成绩，担起了新疆大学的音乐系主任，培养了大批学生，有的成为新疆大学的骨干教师，有的考上了中央音乐学院。1957年暑期，内蒙要求附中为他们办一个内蒙班，培养一个管弦乐队和钢琴师资。黄源澧先生非常支持。派我和几个管弦老师去呼和浩特，临行前，他说了一句话：“告诉内蒙，不能性急。”我们到呼和浩特，招了文化局推荐的20多名学生，有弦乐、管乐、打击乐、钢琴等专业。我告诉内蒙文化局长宝音特来，黄源澧校长说了：“内蒙建乐团，不要性急。”起码要二代甚至几代人的接力，一代会比一代好。事实证明，就是这样，这批学生毕业回到内蒙，组织起管弦乐队。文革后，70年代末，附中又为内蒙招来第二批代培人才，那都是有一定专业基础的了，经过附中到大学，出来一批很优秀的演奏家、教育家，大大提高了内蒙的乐队水平和教学水平。现在留在中央音乐学院担任大提琴教研室主任的那木拉（蒙）就是其中的一个。记得1957年招来的乌云其其格学钢琴，年龄不到10岁，汉话不会讲，没见过钢琴，在附中整整学了八年，非常努力，回内蒙，后来担任内蒙艺校的钢琴系主任。十几年以后，她的女儿考上附中，其演奏水平，显然出于蓝而胜于蓝，比乌云其其格高上一大节。黄源澧先生的预言是准确的。

黄源澧先生“爱生如子”，在学生中，尤其在幼年班的同学中有口皆碑。常州幼年班时期，国民党乱发钞票，民不聊生，100元票面的法币，连叫花子都不要。换制金元券后更糟糕，早晨够买一头牛的金元券，到了晚上，仅够买上一根牛尾巴。黄源澧先生从常州到南京国立音院领经费，一领到手，务必马上背起麻袋装的金元券，赶紧往火车站跑，挤不进车厢，只好冒着生命危险，抱着麻袋坐在车厢顶上。这是十分危险的，因南京与常州之间有隧道，即使不被晃动的火车晃下车来，也有被隧道顶刮下车来的危险。黄先生根本顾不得这么多，一到常州就直奔粮店，把不值钱的金元券全数兑成粮米，这样才勉强保住全体学生一天两稀的半饱。1949年四月，常州解放前夕，幼年班尚有六十多学生，幼年班的老师们有回老家的，有去南方的，有奔台湾的。黄源澧老师拒绝去台湾，不相信国民党对共产党的种种污蔑和造谣，毅然决然带领全家六口人，冒着战火，和郑华彬及少数几位老师留在常州灵官庙（幼年班校舍）呵护着这批无亲、无友，无家可归的儿童，在炮火中与学生“共生死”，迎来了常州的解放。此情此景，在学生幼小的心灵中，永远忘不了，现今70多岁的老幼年班同学，一提起这些往事，都会动情而掉泪。

黄源澧先生致力于音乐幼少年教育，十余年如一日，但他从不孤单，任何时期，他总是博得周围人们的尊敬和帮助。如郑华彬先生，这位印尼爱国华侨，变卖全部家产，回国抗日，从青木关开始，一直是黄先生最得力的后勤助手，直到迁校北京；如廖辅叔、盛雪、夏之秋、赵东元，吴伯超等诸先生以及从上海请到常州来教课的中外音乐专家们，都是黄源澧先生幼年班时期的积极支持者；新中国成立，在天津少年班、附中时期，更是博得教务主任黄翔鹏、办公室主任王金贵、各学科主任马思琚、刘培荫、褚耀武、王治隆、王连三、朱起云和日夜与呵护着学生的班主任以及全体教师和工勤人员的同心协力，包括1956年到1958年期间调来的俞慧耕、王正中、常酌铮和我，都是黄源澧先生的积极“支持者”。这种支持，一方面来自大家对中央音乐学院附中事业的崇高信念与追求、和对三百学童的爱心，同时，还有一种无形的吸引力，那就是黄源澧先生的人格魅力。

黄源澧先生对共产党和党的政策有很高的信任和崇敬，据吴元芳、黄文润、宁静、唐振汉、朱兆钰等老班主任们回忆，50年代，全校教师多次学习党的教育方针，黄先生非常赞赏“德智体全面发展”的提法，“如何树立学生的正确人生观”，成为全体老师经常切磋的一个重要课题。黄先生为人公正、待人谦和，做的多、说的少，有功绩、不张扬，淡泊名利，特别重视“对人要尊重”，包括尊重和爱护犯有错误的学生。黄先生的这种高尚品格，教职员工们、同学们，看在眼里，敬在心里，对建树附中的好校风和好学风，有着非常深远的影响。当年附中有三个女同学患有风湿性关节炎，每逢阴天病情发作，迈不上楼梯，她们的班主任和大男同学轮流背她们上楼进教室。有一个男同学有尿床症，同寝室的同学趁他不在房里时，轮流每天为他晒褥子。去年附中成立50周年校庆，谢秀珍回忆她刚被录取初一，迟了两周报到。第一天上视唱课，就被洪月华老师叫到黑板前，一问三不知，老师快生气了，当洪老师知道谢秀珍刚刚报到，老师就叫谢秀珍下午到老师家去补课，谢秀珍说：“那天下午不但补了课，而且洪老师还留我美美的吃了一顿丰富的晚餐。”谢秀诊说话的神态，好像刚刚吃完晚餐回来似的。2003年，中央音乐学院排练厅举行了一个前所未有的、附中五三班入学50周年纪念班会。主持会的是当年的班主席麦美生同学，她左边坐的是中央音乐学院现任院长王次炤、党委书记郭淑兰及副院长副书记，右边坐的是老班主任宁静老师和当年辅导员五一班的刘诗昆，观众席上坐的是老校长老教师，还有当年终日蹬着三轮到各处选买便宜爽口的鸡、肉、蛋、菜的陈英武，那时他年轻叫小英武，现在已是满头白发的退休老英武了。还有长期负责出借乐器的刘珍碧，后排坐的都是来自美国、加拿大、澳大利亚、日本、新加坡、欧洲和全国各地的五三班全体同学。会议一开始，麦美生就向老教师老职工，讲了一席感人心肺的开场白，话的大意是："我们十二三岁进附中，是你们创建了这样一个温馨的大家庭，像爹妈一样爱护我们，帮我们打下一个坚实的好基础，教给我们学做人，学音乐，学做学问，让我们愉快地走过人生最重要、最珍贵的整整六年的成长道路。50 年过去了，我们也都 60 多岁了，今天我们回来了，续开五十年前的班会，我首先代表我们班全体同学向你们致以最诚挚、最亲切的感谢，愿你们健康长寿。"随着麦美生话音结束，她深深地向老师老职工们鞠了一躬，很多老师和老职工眼眶都湿润了。告慰尊敬的黄校长，你教导出来的好学生已是玉树盈阶。黄源澧先生离开了我们，而他那哲人的道德风范，将在中央音乐学院衣钵相传。

作 者 的 话

黄源澧是我的父亲，自小我就在他所创办和完善的国立音乐院幼年班——中央音乐学院附中这个环境里成长，手头又有父亲对这个时期的真实而具体的材料，于是我决定根据我父亲留下的这些文字，及我的记忆和耳闻目睹的经历，来写编《黄源澧与音乐家摇篮》这本书。

父亲写的这些材料，是他50—54岁记忆清晰时留下来的，从他1937年开始工作，到文化大革命时期，才不过30年的历史而已，记忆犹新。又根据我对父亲的了解，他对发生过的事情只会如实地讲述，不会编造和杜撰，所以又是可靠而准确的。父亲的材料自然成为我这篇文章的主轴。

我们查阅了中央音乐学院艺术档案室、文化部档案室、艺术研究院档案室等处，查看了历史资料。通过拜访、写信和打电话等方式，与父亲的同事、朋友、学生进行交谈、采访，得到他们所了解我父亲历史的片断或某件事情的过程、环境以及因果关系，我们再加以清理和归纳，根据父亲描述的主轴，加以澄清、充实、完善。我们翻阅的资料足有数尺厚，我们采访了近一百人，得到了许多生动的、鲜活的故事，更显现出我父亲饱满的、真实的形象和感人至深的人格魅力。

父亲是一位极其低调的人，若不记录下来，这段可歌可泣的历史将会淹没在莽莽的尘埃之中。写出来是我们的责任：对可敬的父亲，是一种安慰；对那些逝去的诸多曾经为此努力奋斗过的人们，对为我国近现代音乐教育和交响乐事业的发展，做出贡献的人们，是一种充满敬意的怀念；我们由衷地希望五十年以后的人，还能够记住我们先辈创业的艰辛，对我们的后代，仍然是一种激励。

我在写这篇文章的过程中，得到了许多老师、同学、朋友的支持和帮助。他们是：

毛宇宽、白哲敏、黄晓和、马育弟、盛明亮、尤奎、赵惟俭、梁庆林、刘奇、金湘、陈长泉、洪威廉、朱工七、邵根宝、方国庆、李仲平、熊天声、张锡生、阿克俭、张韵新、胡玠华、王子仁……等幼年班的同学。

金以宏、赵学濂、吴祖廉、胡炳旭、宋宝印、白宇、张振武、赵纪、王华翼、周志华、孙翩、王立平、朱纪明、盛中国、夏兰青……等附中的同学。

王次炤、黄旭东、喻宜萱、宁静、宋涛、陈圆、方堃、俞慧耕、陈宗群、黄祖禧、樊建勤、王震亚、段平泰……等中央音乐学院老师。以及李珏、严良堃、韩中杰、司徒志文、廖宝生、肖英……等音乐界的前辈。

在此表示衷心感谢。

黄远渝　2007/4/15

上篇：

礼乐传世造就大提琴演奏家

前无蓝本创建专业音乐学校

一、出身与家庭

承理学滋润书香门第
授丝竹培育音乐世家

1916年深秋，我的父亲黄源澧诞生于湖南的一个音乐教员家庭。

我的祖父黄老先生，名伟，辈名益伟，字晓东①，是从黄家祖屋（马家屋场）承继到上湾太祖家的。黄老先生自幼兴趣广泛，园艺种植、中医处方、座钟修理、书法楹联，琴棋书画无所不善，吹拉弹唱无其不能。年少时随善于花鸟画的老和尚展少雪大师习画，并经湘剧司鼓名家师春至先生悉心教导，对我国民族器乐的文武场面，稔熟于心，操管弦鼓乐于掌上指间。后入湖南官立高等优级师范学堂（湖南大学前身），学习到一套西洋音乐基本知识，光绪末年（1907年）毕业后，被长沙师范、湖南第一师范、长郡中学、周南女中、修业学校等聘用，教授音乐美术，致力于湖南的启蒙音乐教育。当时正值新旧学交替时代，他接受了东洋音乐教育，学得简谱以取代工尺谱，又熟读五线谱，配以简单的和声，并用五声八音十二律的中国传统乐理教授给学生和

① 黄晓东（1879—1954年）启蒙音乐教育家。湖南长沙县人。1908年湖南官立高等优级师范学堂毕业，曾任湖南祭孔典礼总指挥。先后任教于长沙师范、湖南第一师范等学校。二十世纪二十年代回乡创办小学。为湖南音乐教育先驱者。

子女，他是湖南近代早期音乐教育的先驱。湖南浏阳文庙和孔子家乡山东曲阜，都完整地保留下了二千年来的祭孔乐舞，那是农历八月二十七的大型祭孔活动，由我祖父担任长沙祀孔典礼总指挥。在湖南长沙南门三府坪孔庙举行的祭祀，祖父受命组织大型民族管弦乐队，指挥排练出演《八佾之舞》，八八六十四舞者，谓之“八佾舞于庭”；八八六十四乐者（由浏阳请来的乐师），谓之“八音克谐”。演绎《南熏》、《大风》……使他在省会长沙享有崇高威望，享誉文坛，声名远播。一时间，各学校竞相聘请我祖父前往执教。祖父为人正派、真诚谦和、热心公益事业，得到乡邻的尊重和爱戴。早年加入同盟会，与长他两岁的徐特立老先生①同住一个宿舍，并与徐特立老先生共事于长沙多所学校（包括湖南第一师范），成为挚友。徐老先生教授语文，我祖父传授音乐、图画。他们的学生里最负盛名者莫过于毛泽东主席。同时在湖南第一师范教书的还有王正枢先生②，黎锦熙先生③等，晖锦

---

① 徐特立（1877—1968年）教育家、革命家。湖南长沙县人。曾创办梨江高等小学和长沙师范学校，任校长。1913年后在湖南省立第一师范学校、修业学校、湖南高等师范学校任教，兼湖南孤儿园园长。1919年到法国勤工俭学，1924年创办长沙女子师范学校，1925年任女师校长。1927年春任湖南农民协会教育科长兼湖南农民运动讲习所主任，加入中国共产党。后担任中华苏维埃共和国临时中央政府中央执行委员、教育人民委员部副部长，兼任苏维埃大学副校长并兼任中央列宁师范学校校长。中华苏维埃中央政府教育部部长。任陕甘宁边区教育厅厅长。八路军驻湘办事处代表、中共湖南省工委统战部长。任中央宣传部副部长，兼任中央宣传部教育研究室主任、党史资料室主任。他是中国共产党第七、八届中央委员。著有《徐特立教育文集》。

② 王正枢（1866—1926年）字立庵。湖南浏阳人。教育家、数学家。在湖南第一师范学校任职达二十余年之久。著有三角几何、解析几何、微积分等数学专著。毛泽东的数学老师，毛泽东称其为“知人善教的好老师”。

③ 黎锦熙（1890—1978年）湖南湘潭人。语言文字学家。1955年被选聘为中国科学院哲学社会科学学部委员（院士）。参与创建九三学社，并被选为监事。九三学社第一、二届中央理事会理事，第三、四、五届中央委员会常委。

熙先生的弟弟黎锦晖先生[①]、黎锦光先生[②]后来成为我国早年儿童歌舞剧和流行音乐的著名作曲家；而王正枢先生的子女王人艺[③]、王人美[④]则成为著名小提琴家和表演艺术家；黄晓东先生养育了八个子女，他的四子黄源洛[⑤]以歌剧《秋子》在我国歌剧史上占居一席之地，六子（即我的父亲）黄源澧则是我国少年儿童专业音乐教育的开拓者和创始人之一，八子黄源淮[⑥]，戏剧作曲家，

---

① 黎锦晖（1881—1965年）湖南湘潭人。1920年冬到上海，1921年后创作有《麻雀与小孩》、《小小画家》等十二部儿童歌舞剧；《可怜的秋香》等二十四首儿童歌舞表演曲。1922年创办和主编全国儿童刊物《小朋友》影响甚大。1927年创建我国现代第一所专门培养歌舞人才的学校——中华歌舞专门学校。1928年组建“中华歌舞剧团”后改称“明月歌舞团”。三十年代，黎和该团投入到电影和流行歌曲创作和演出中，成为三、四十年代商业化流行音乐的开端。

② 黎锦光（1907—1993年）作曲家，湖南湘潭人。1927年9月进入二哥黎锦晖的中华歌舞团。成为“黎派”歌曲最重要的传人。1939年，他进百代唱片公司当音乐编辑，并为上海各电影公司作曲，长达10年之久。创作大量的流行歌曲，如《满场飞》、《夜来香》、《香格里拉》、《拷红》、《五月的风》、《慈母心》、《疯狂世界》等流行歌曲，晚年的黎锦光仍在上海唱片公司工作。

③ 王人艺（1912—1985年）小提琴演奏家，教育家。湖南长沙人。自小喜爱音乐，早年加入黎锦晖“明月歌舞团”，并随普杜什卡教授学习小提琴，1935年作为小提琴独奏家，由上海工部局乐团协奏演出了维尼亚夫斯基《第二小提琴协奏曲》。曾任中华交响乐团、国立音乐院实验管弦乐团首席。1945年国立音乐院幼年班教授。解放后任职于上海音乐学院。

④ 王人美（1915—1987年）电影明星，湖南长沙人。入上海美美女校习歌舞。1931年步入电影界，主演《野玫瑰》、《共赴国难》、《渔光曲》、《风云儿女》、《壮志凌云》、《长空万里》、《关不住的春光》等影片，其中《渔光曲》于1935年获苏联第一届国际电影节荣誉金奖。1950年后，相继拍摄《两家春》、《猛河的黎明》、《青春之歌》等影片，并在话剧《家》、《浮沉》中担任主角。1977年加入共产党，曾任全国政协委员、中国电影家协会名誉理事。著有《我的成名与不幸》。

⑤ 黄源洛（1910—1991年）作曲家，中提琴演奏家，湖南长沙人。毕业于上海美专音乐系，上海音专理论作曲特别班。抗战爆发，加入励志社管弦乐队。湖南音专教务主任、校长。任海政歌舞团教授。歌剧研究会顾问。作有歌剧《秋子》、《苗家日》，合唱《鲁班》。

⑥ 黄源淮（1922— ）戏剧作曲家，湖南长沙人。毕业于湖南音专，中南文艺学院。湖北汉剧院创作室作曲。曾主编撰写出版的《汉剧曲牌》、《汉剧志》、《汉剧音乐集成》等专著。

主编撰写出版的《汉剧曲牌》、《汉剧志》、《汉剧音乐集成》等专著，成为汉剧音乐的经典之作。在中国现代音乐史上湖南籍的音乐家非常之多，在我国音乐史上具有举足轻重的作用，如：吕骥①和贺绿汀②成为中国南北音乐界的领导人。真可谓“惟楚有才，於斯为盛”。不得不说这与黄老先生等先驱们的启蒙音乐教育分不开的。湖湘学派一向推崇“格物致知”和“经世致用”，一贯强调理论联系实际的传统和推行讲求实效的教育理念。

祖父当日收入颇丰，每年可达千余银元，先后置地二十余亩。正值新学盛行，乡里又有这个需要，祖父自己投资了一部分，又联络同族的富豪乡绅投资开办族学，创办了卷石第一初级小学和第二初级小学，特别是卷石二小，在乡里培养许多人才，历经数十年，深得乡民尊重。家中除备有教学用的风琴外，还自备了丝竹管弦以及锣鼓家什，供上课学习使用。在这样的环境里，父亲和伯伯、叔叔、姑姑们，都学习了不止一件乐器。我父亲五岁，就可以在风琴的任何一个音上，奏出音阶的序列和大、小和弦。除了风琴，他先后学习二胡、扬琴、三弦等乐器。八叔

---

① 吕骥（1909—2002年）音乐评论家、作曲家、音乐活动家。湖南湘潭人。1927年离开中学后曾任小学音乐教员、报纸校对、文书、编辑。1930年后三次考入上海国立音乐专科学校学习声乐、钢琴，1932年在上海入中国左翼戏剧家联盟，后去武汉从事左翼文艺活动，音乐小组负责人。1937年赴延安，参加筹建鲁迅艺术学院，任音乐系主任。任东北鲁迅艺术学院院长兼东北音工团团长。建国后筹建中央音乐学院任副院长，为第一、二、三届中国音乐家协会主席，第四届名誉主席。中国文联常委。全国人大第一、二、三届代表，第五届人大常委。中共八大代表。代表作有：《自由神》、《新编九·一八小调》、《中华民族不会亡》、《保卫马德里》、《抗日军政大学校歌》等，以及《中国新音乐的展望》、《民间音乐研究提纲》等大量论文。

② 贺绿汀（1903—1999年）音乐家。湖南邵阳人，1923年春考入长沙岳云中学艺术专修科，毕业后留校任音乐教师。后入上海音乐专科学校。1926年加入共产党。30年代参加左翼歌曲作者协会。历任上海明星影片公司音乐科科长、重庆中央广播电台音乐科科长、延安中央管弦乐团团长等职。中华人民共和国成立后，任北京师范大学音乐系主任、上海音乐学院院长、中国音协副主席等职。创作有大合唱3部，钢琴曲6部，歌曲百余首、电影音乐10多部。著有《贺绿汀音乐论文选集》等。

黄源淮在回忆对我父亲演奏弹拨乐器的印象时说："徐缓时如声声滴翠，滚奏时若万马奔腾、一泻千里，振人心魄。随着乐曲的起伏跌宕、灵活运用，变化无穷。"

家里人在茶余饭后，特别是寒暑假日，凑在一起，合奏《梅花三弄》、《苏武牧羊》、《夜深沉》、《南进宫》、《春江花月夜》等民族民间乐曲，大姑（源竸）司竹笛、四伯（源洛）操胡琴、源澧奏三弦、敲扬琴，人人手执一件乐器，或管乐器、或弦乐器、或打击乐器，父子同乐，舒展开怀、乐此不疲。把老家的堂屋变成了音乐厅，引来八方四邻围观聆听，成为上湾的一道独特的景致。对各种乐器的使用和乐曲处理，均由黄老先生指导，俨如一所音乐学校，黄家堂屋总是回荡着弦歌之声。随着学校的发展，又添置了小提琴、大提琴和钢琴，他们又转而对西洋乐器发生了浓厚的兴趣。近一个世纪以来，黄氏家族形成和发展成为闻名遐迩的音乐世家。

据老一辈人的记述，黄家是公元约九百年，唐朝末年黄巢起义后，随大批难民为逃避战火从江西进入湖南，祖先们在长沙卷石湾拦河筑坝，修建梯日，精耕细作，才使黄家在一千年时间里兴旺发达起来。上湾为黄家祖宅，位于长沙东乡，长岳古道西一里半，距长沙城六十里。立于卷石湾的黄家祠堂，始建于康熙34年（1693年），据说祖屋的瓦上还印着康熙年制的字样，迄今已有三百多年的历史。黄家宗祠内，供奉着两千年来的列祖列宗，并修有家谱，世代相传。1950年土改被拆毁，家谱也不翼而飞，家族的历史已经无从考查。现在的补记是父亲他们几兄弟一起凑起来的，从万字辈依次是"万、世、庭、传、益、源、远、正、宗、本"十个辈分。父亲曾说起小时候看见过祠堂里的万民伞，应该是一位为官的先祖受百姓爱戴而获得的，成为黄氏子孙的骄傲。据说我老太祖爷爷是万字辈，老大善于经商，开商号，发迹后购置田产，修将军庙；老二（我家的太祖爷）承继书香门第留居马家屋场，兴旺后搬迁到上湾。上湾祖屋三面环山，树木葱茏、林荫蔽日。有大小厅堂房舍约四十间，东有菜园、西设花圃、前置鱼塘。真可谓采菊东篱下，悠然见南山，一派田园景色。

五伯黄源湘先生（1912 年—1981 年）一直在老家的卷石二校当老师。他一生从事于教育，德高望重，成绩卓著，他的学生中不乏学者、名人。祖屋在大跃进时代改作食堂，五伯被赶出旧居，60 年代才搬回去，只给了一间房，旧居由多家村民共住。后因年久失修，两位老人无力支撑，把祖屋变卖给了生产队。五伯离开家乡投奔女儿远珏。之后，生产队拆了房子改作农田，翻耕时从地下挖出白银二缸，约摸 60 多斤元宝、首饰等，被村民哄抢一空。父亲说：他听老人说，房梁上藏有一个黄绫子，上面画有图形、还有一些文字……我的堂姐黄远珏小时候也听说过这个黄绫子，她记得其中有一句："九李十三缸"，祖屋园子里确实有许多李树。（也许黄氏祖先埋下的财宝，尚未被生产队全部起获）。当时老祖宗们都知道藏宝图的事儿，但就是参不透其中的奥妙，也没有人能够破译黄绫子上字里行间的玄机。黄氏祖先给儿孙们留下的大笔财产，最终与黄家子孙无缘。前几年四伯的女儿黄辉去老家探访时，遇到上湾的一位老人对她说："你们祖上可真有钱啊，那年，在你们的祖屋挖出好多银元宝。"如果地下祖宗有知，岂不追悔莫及。他的后代，到我父亲这一辈，连念书都供不起了。老人还说："你爷爷帮大家看病、修理钟表，书写楹联，都不收钱。他可是好人啊。"

二、1922—1933年小学、中学时代

见风雨惊动幼小心灵
露才华人称少年乐手

我的祖父因为儿女众多，负担日重。在万般无奈之下，只得让大伯黄源澄（1900年—1925年）中学毕业后（约1918年）就到小学里教书，以补家用。上个世纪二十年代初，我的祖父染上了伤寒，当时伤寒流行，夺去了不少人的性命，祖父调养了一年之久，长沙的教职被别人占据，便到郊区的私立学校任职。后来，又回老家办学，自任校长。不情愿的大伯，也随祖父回到乡下，在卷石第二初级小学教书，郁郁寡欢不得志，对婚姻也不满意。于1925年，自缢身亡，时年25岁。大伯先前跟随毛泽东、蔡和森先生，参加新民学会的各种活动，曾是一位血气方刚，心怀抱负，先天下之忧而忧，后天下之乐而乐的热血男儿。加上他品学兼优，各个方面都出类拔萃，本可以随蔡和森先生赴法留学或考大学。但是，由于对家庭的责任，后又因祖父教职的丢失，他作为黄家的长子，成为黄家的顶梁柱，多了一份抚养弟弟妹妹的无可奈何的义务。他的死给祖父母巨大的打击，尤其是祖母，整日以泪洗面。1929年曾悬梁自尽，被家人救起。1930年去世。黄家遭遇了空前的打击，祖父经济状况每况愈下，虽然也尝试四处谋职，结果都不能遂愿。祖母去世使他不得不回乡，专心照顾年幼的儿女，他一边教书，一边行医，并

不得不变卖部分田产，到土改时，所剩的田地已不多了，被评为小土地出租。祖父靠教书，不是靠剥削为生，所以祖父在乡里颇受村民尊敬，没有挨过斗。解放初，祖父来信曾经说过：徐特立是我的好朋友，可以走动走动，你们有什么问题也可以请教他。我的父亲想：人家搞革命的时候，我们没有与人家来往，现在革命成功了，我们找徐老先生，有攀高枝之嫌。于是，父亲没有去麻烦徐特立老先生。我的印象里，祖父的毛笔字非常苍劲有力。祖父的晚年生活靠子女的接济，父亲每个月都给祖父寄钱，直到祖父 1954 年去世。接信当日，父亲神态凝重，沉默良久，暗自落泪、几日不出只言片语。他在回忆他们之间的种种往事。祖父对子女要求很严，不论是为人、品行、道德，还是事业、爱国、志气，我父亲性格里的许多特点，直接收益于祖父。祖父性格温和，稳重、善待子女、学生，他善于化解矛盾、力促团结、平和仁爱，是我父亲为人处世的榜样。祖父为人真诚谦和、热心公益事业，得到乡邻的尊重和爱戴。早年他接受了革命民主思想，不惧杀头之罪，剪去了大辫子，并加入同盟会，反对满清的腐败统治。父亲从小就受到爱国主义的教育，特别是鸦片战争以来，中国倍受外强凌辱的现实，使他立志要做一个堂堂正正的中国人。要求自己用真才实学报效祖国，致力于中华民族的振兴。中华民族的优秀传统，成为他追求真理和完成事业的人格准则。他的一生经历过许多艰难岁月，面临许多重大的考验，表现出了强烈的爱国主义、民主主义思想和事业责任心，都得益于祖父给予他的中国传统道德和文化的教育。

在上湾老家，西厅高大宽敞，适于办学。黄氏家族及邻里的子女都能就近入学，求学者踊跃，有些应接不暇。教师有外聘的，但主要由祖父和伯伯、伯母、姑姑担任。学校采用混合式教学，四个班合在一起，多达 50—60 人。阵阵歌声、朗朗读书声不绝与耳。我妈妈常常学着当年乡间小学生用湖南话念的课文:"北风吹，呼呼呼。小鸟叫，叽叽叽……"父亲五岁半，在族学里学习，念完了初小后，到离家六里的县立第三高级小学住校读高小。此时正值第一次革命战争时期，年幼的他，在老师的带领下，参加农民协会组织的游行、书写、张贴标语……他目睹了马日事变的惨烈，学校老师被抓捕、被辞退，校长被撤换等突变，可谓血雨腥风，使他幼小的心灵受到极大的震撼。

1927年小学毕业后，时局动荡，富豪乡绅纷纷外出躲避，使卷石第二初级小学的生源锐减，祖父的收入难以供我父亲继续上中学。于是，意欲让他学习一门手艺，想送父亲到瓷窑去学瓷画。受到哥哥姐姐的反对，于是在家自修一年。每日背诵唐诗宋词，四书五经，并自习风琴和自己喜爱的乐器，还要完成三百字的小楷，练就了一手好字。

1928年父亲考取了免缴学费的长沙第一中学（前身为徐特立创办的长沙师范学校），但仍由哥姐轮流负担他的生活、学习开销，杂费及伙食费还得精打细算。书籍常常向同学借来后，自己用毛笔抄写出来。每学期假期回家，怀揣着大饼，一天徒步六十里路。因为从小生活在音乐的环境里，所以在初中时期，已经成为学校文艺活动的积极分子和组织者。

三伯、四伯从小过继给了外房，三伯黄源汉（1906年—1981年）是园艺家，毕业于长沙甲种农校。三十年代，在将军庙自家的住地创办"湘春农场"，培育了二十多种水蜜桃，销往国内外。可惜农场毁于战乱。解放初期，曾任湖南省建筑设计院工程师。他的家境好，先帮助我大姑源兢念师范，并偷偷给四伯以资助，加上四伯自己变卖了部分家产，于是，1928年四伯黄源洛到上海美术专科学校学习小提琴，后改学理论作曲，在上海国立音乐专科学校选修理论作曲，师从于黄自先生①。此后四伯从上海回长沙，带回了小提琴、大提琴，还有一批音乐书籍，几年里父亲陆续阅读过丰子恺②的《近代西洋十大音乐家故事》，以及上海国立音专编刊的《乐艺》等音乐书籍。父亲在四伯指导下学习小提琴，同时拜师定居长沙的张思㲊（张星月）先生学习大提琴。由于他自小学习三弦，对换把位之类技术掌握得相当娴熟，很快就能上手演奏小提琴、大提琴、钢琴。他对音乐产生了浓厚的兴趣，尤其对大提琴的音色情有独钟，也更加勤奋努力。经常到各学校演出，并且在长沙市举行公演，很快便在长沙城小有名气，人称“少年乐手”。当时的老师同学都鼓励他从事音乐工作，走上音乐道路，并寄希望于他。1932 年 8 月四伯完成学业回到长沙，在长沙师范、长郡、明宪、衡粹艺校等校任教，四伯志在音乐创作，他 1927 年运用西洋作曲手法创作儿童歌剧《名利图》，1933 年将郭沫若所编《棠棣之花》改编成独幕歌剧出版。同年在长沙首次演出其译作《幼儿的杀戮时代》。四伯有了一定的经济能力，况且当时他尚未结婚，答应为我父亲提供二年的学费，供父亲到上海学习音乐。于是，1934 年 1 月，父亲到上海美专学习，主修大提琴、钢琴和声乐。（有关我祖上历史的资料取材于八叔黄源淮的家史）

---

① 黄自（1904—1938 年）上海川沙人。1924 年赴美留学欧伯林大学攻心理学，获文学士学位，后转入耶鲁大学音乐学院，获音乐学士学位。在美期间创作的管弦乐曲《怀旧》，是中国人创作的最早一首交响乐作品，也是外国交响乐队演出的第一部中国交响作品。回国后任教于上海沪江大学。1930 年被聘为国立音专理论作曲教授兼教务主任。1935 年冬发起创办上海管弦乐团。黄自创作的《抗敌歌》、《旗正飘飘》等是我国最早创作的抗日歌曲；清唱剧《长恨歌》，是我国现代音乐史上第一部这种体裁的作品。1935 年为电影《都市风光》谱写了片头音乐《都市风光幻想曲》，也是我国首次专为电影创作的器乐曲。

② 丰子恺（1898—1975 年）音乐、美术教育家。浙江崇德人。1914 年浙江省第一师范学校学习音乐、美术。1919 年创办上海专科师范学校。1921 年赴日本留学。回国在上海、杭州、重庆、等处从事音乐、美术教学。解放后，曾任上海中国画院院长和美术家协会上海分会主席。编著《音乐的常识》、《音乐入门》、《近世十大音乐家》等。

三、1934—1937年上海求学

求学路梦起十里洋场
遇知己定情黄浦江边

父亲为什么选择上海美专（著名画家刘海粟先生创办）音乐科[①]，而不是上海国立音专呢？当时音专学制为四年，而美专则仅为三年。另外，美专还可以考插班，能够缩短学习年限。学费比音专要少一些。他想拿到文凭以后，回长沙当中学音乐老师，走父兄的老路。

他手的条件非常好，大而松，可以轻松地在钢琴上弹十度音程。他又特别喜欢大提琴醇厚深邃的音色，先后跟随任教于国立音专的大提琴教授佘甫磋夫、乌尔斯坦学习大提琴，后来师从于上海工部局乐团大提琴首席，瑞士籍大提琴家杜克逊教授。面对大提琴浩瀚的乐海，厚重的音乐宝库，他激动、渴望、兴奋……为了抓住这来之不易的学习机会，他拼命地练习，如饥似渴地学习大提琴的各种技巧和曲目。课余还教课、配乐赚外快，有了一些钱以后，为了不打扰同学，他到学校外面租了一个亭子间。怕声音传到楼下去，搅扰邻居，把门窗关得严严实实，还要加上弱音器练习。他做了一个厚厚的棉垫子，放在地板上，然后再在棉

① 私立上海美术专科学校音乐系。上海美术专科学校1912年由刘海粟等创办。1922年由刘质平先生组建立图音科，1925年正式成立音乐系。

垫子上练琴。当年流行一种自制的弱音器，那时候的牙膏皮都是锡做的，他从同学那里收集了一些牙膏皮，把牙膏皮熔化后，（锡的熔点很低）灌到模子里去，等到锡冷却后，再稍作加工，就是一个弱音效果极佳的弱音器。只不过他做了一个又厚、又大的弱音器，听起来像蚊子叫，绝不会打扰别人。他常常整夜整夜地练琴，从晚上练到天明。手练热了放到凉水里浸一下；困了，就用凉水擦把脸，硬是用比别人多几倍的时间，废寝忘食地学习大提琴技术。生怕错过了学习时机，他很少与班上的同学交往（除了个别好朋友张定和、郑立加外），甚至有的同学都不认识他。一些自学过的课程也不上，他抓紧一切时间孜孜不倦地学习大提琴。父亲在三年的时间只回过一次长沙，他要利用假期去赚取下一年的费用。他把一天当作两天用，技巧突飞猛进，琴艺大长，掌握的曲目也越来越丰富了。“种瓜得瓜，种豆得豆”，凭着湖南人的倔强、执着和勤奋不怕苦的精神，他很快就脱颖而出，在音乐界里小有名气。当时的上海是中国的文化经济中心，西洋音乐不但时髦，也颇有市场。所以，父亲就靠自己的大提琴、钢琴，兼职电影音乐录音、灌制唱片、参加演出等各项音乐活动赚外快。他还与王人艺等人一起参加演出队到苏杭一带演出，或合乐、或重奏、或大提琴独奏、或担任钢琴伴奏等等。四伯的女儿黄辉说：“我爸（四伯）只供了六叔（我父亲）一年。后来六叔就自己养活自己了。”自大伯开始，祖父就要求子女以大供小，互助以完成学业。父亲曾资助细姑、八叔至中学毕业。

父亲珍惜三年正规学习音乐的时间，选修了大提琴、钢琴、声乐等专业课，以及音乐理论、音乐史、音乐欣赏、和声学、曲式学、视唱练耳等基础课。这三年的音乐学习可是实实在在的三年，他从不虚度光阴，利用一切机会来完善自己的音乐素养、专业技能。听他感兴趣的各种音乐讲座、到音乐厅观摩、去国立音专听课……最大限度地充实自己，以超乎常人的毅力完成了三年上海美专的学习。

在我父亲的求学过程中，对他有直接影响和帮助的人，首推他的四哥黄源洛以及王人艺先生，父亲受四伯的影响最深。四伯和王人艺是湖南长沙甲等工科学校的同班同学，他们的父亲都在湖南第一师范教书，两家渊源颇深，自小就是在一起的玩伴。他们都喜欢音乐，而四伯到哪里都带着我父亲，所以他们三人情同手足。到上海学音乐的四伯与王人艺又在上海相遇，王人艺在黎锦晖先生的歌舞班里。我的四伯受到黎先生的儿童歌舞剧影响，也对歌剧产生极大兴趣。只不过，四伯跟黎先生走的不是一条路子。他运用西洋作曲手法写歌剧，更加注重作曲技巧，总希望在技法上更臻完美。这种对音乐的执着追求，给我父亲很大影响，父亲的一生都在追求尽善尽美的艺术境界。四伯把在上海国立音专的朋友和同学也都介绍给了我父亲，又由于王人艺先生及张少甫先生①的帮助，我父亲融入了上海的音乐圈。结识了许多音乐界人士，与他们建立了良好的友谊，比如：任光②、聂耳③、冼星

---

① 张少甫（1909—1974年）大提琴教育家、作曲家。湖南湘潭人。1931年在上海明月歌舞团任乐队队长，抗战在中央广播乐团和国立音乐院实验乐团工作。1947年起任湖南音专、中南音专教授，1960年任湖北艺术学院音乐系主任。

② 任光（1900—1941年）作曲家。浙江嵊县人。1919年到法国学习作曲，回国后在上海百代唱片公司任音乐部主任。参加左翼文化运动。1940年到新四军做宣传工作。1941年1月在皖南事变中牺牲。作有歌曲《渔光曲》、《抗敌歌》、《凤阳花鼓》、《新四军东进曲》，民族器乐曲《彩云追月》等。

③ 聂耳（1912—1935年）作曲家。云南玉溪人。1931年4月考进黎锦晖主办的“明月歌舞剧社”任小提琴手。后到联华影业公司工作。1933年初在沪加入中国共产党。1934年进百代唱片公司，后任音乐部副主任。1935年出国深造，取道日本赴苏联学习，在日本不幸溺水逝世。创作了37首歌曲。代表作《大路歌》、《开路先锋》、《码头工人歌》、《新女性》、《义勇军进行曲》、《毕业歌》、《铁蹄下的歌女》等，他还改编了民乐合奏曲，如：《金蛇狂舞》、《翠湖春晓》等。《义勇军进行曲》被选定为《中华人民共和国国歌》。

海[1]、谭抒真[2]、王沛纶[3]等，上海美专乐队的金律声[4]、刘蕙佐[5]、钱仁康[6]、康讴[7]、郑立加[8]、黄焜源[9]、张定和[10]、何

---

① 冼星海（1905—1945 年）作曲家。广东番禺人。生于澳门。1926 年到北大音乐传习所、国立艺专音乐系学习。1928 年到上海考入国立音乐院学习小提琴和钢琴。1930 年初到法国，学小提琴、理论作曲和指挥。1935 夏回国到上海，为影片《壮志凌云》、《青年进行曲》、话剧《复活》、《大雷雨》等谱写音乐。1937—1938 年春到武汉，创作了大量的抗战歌曲。1938 年 11 月赴延安鲁迅艺术学院任音乐系主任。1940 年为参加电影配乐抵苏联莫斯科。1941 年苏德战争爆发，1945 年 10 月 30 日病逝于莫斯科。作品有：歌曲《救国军歌》、《我们要抵抗》、《热血》、《夜半歌声》、《只怕不抵抗》、《祖国的孩子们》、《游击军》、《在太行山上》、《到敌人后方去》等数百首；大合唱《黄河大合唱》、《生产大合唱》、《九一八大合唱》等四部；歌剧《军民进行曲》、交响曲《民族解放战争》和《神圣之战》两部；交响组曲《满江红》等四部；管弦乐《中国狂想曲》、《谐谑曲》；小提琴与钢琴的合奏曲《阿曼盖尔达》及独唱、独奏曲数十首。

② 谭抒真（1907—2002 年）音乐教育家。山东潍县人。早年就读于北京大学音乐传习所，1927 年任上海工部局交响乐团演奏员，1947 年后任上海音乐学院教授、副院长兼管弦系主任、顾问。上海政协常委。

③ 王沛纶（1908—1972 年）二胡演奏家，音乐学家、指挥家。曾编著《音乐辞典》、《戏曲辞典》、《音乐指挥学》等。

④ 金律声（不详）指挥、作曲家。抗战时，历任中央电台管弦乐团及国立音乐院实验管弦乐团团长。

⑤ 刘蕙佐（不详）小提琴演奏家。任教于上海美专音乐系。任职于励志社管弦乐队、为励志社音乐股股长。

⑥ 钱仁康（1914— ）音乐学家。江苏无锡人。1941 年毕业于国立上海音专。先后为为华东师范大学和上海音乐学院教授。音乐学系主任、音乐研究所长。作有歌剧《大地之歌》。著有《柴科夫斯基主要作品选释》、《肖邦的叙事曲》。

⑦ 康　讴（1914—2003 年）教育家、作曲家，福建长汀人。上海美专小提琴专业、上海国立音专理论作曲。任职于励志社管弦乐队。后与金律声先生组建中央电台管弦乐团及国立音乐院实验管弦乐团，任副团长及小提琴演奏。去台湾历任台北师范等大学音乐科系主任及教授，作曲家中国总会理事长。有《最新综合性大陆音乐辞典》等，编著二十种及名著译作十种。

⑧ 郑立加（1940 年去世）小提琴家。华侨，曾任职于励志社管弦乐队等处。

⑨ 黄焜源（不详）小提琴家。华侨，曾任职于励志社管弦乐队等处。

⑩ 张定和（1916— ）作曲家。安徽合肥人。早年就学于上海美专、上海音专和新华艺专。任职于重庆中央广播电台音乐组、中国歌剧舞剧院。北京市人民代表。作有歌剧《槐荫记》、舞剧《铜雀伎》、大合唱《人民英雄永垂不朽》、话剧配乐《棠棣之花》、《文成公主》等。

飘民①和湖南籍的音乐家贺绿汀、吕骥、向隅②、胡然③、黎锦晖等。特别是王人艺、张少甫、张定和等成为终身好友，莫逆之交，不受任何政治变幻的影响。

我因受到革命教育，对聂耳十分崇敬，觉得聂耳是了不起的音乐家，要是父亲认识聂耳多光荣啊。于是，有一次我特意问他："你认识聂耳吗?"他说："认识，我们常在一起录音。"我没想到他的回答出奇的平静，既没有丝毫的激动，也没有丝毫的荣耀，使我有一点失望。

当时，上海是中国的音乐中心，父亲的眼界开阔了，他心中的目标已不再是毕业后，回长沙到一个中学里去谋一个教职。在听了上海工部局交响乐团的交响音乐会演出后，这个外乡来的小伙子，被交响乐强烈的感染力所震撼。交响乐既能表达出雄闳博大的气概，又能抒发出婉约细腻的情感，人世间所有的悲、欢、离、合、喜、怒、哀、乐，被这一群外国人演绎得淋漓尽致。于是，他省吃俭用，尽可能去欣赏交响乐，并对满台音乐家的高超技艺"崇拜仰慕以至五体投地，顶礼膜拜"。思想深处萦绕着一个挥之不去的念头，到底什么时候才能有一支由中国人组成的交

---

① 何飘民（1918—不详）小提琴教育家。广东人。早年就学于新华艺校教育系和上海音专。任教于中南音专、湖北艺术学院管弦系副主任。弦乐教研室主任。

② 向隅（1912—1968年），作曲家。湖南长沙人。1937年毕业于上海音乐专科学校。同年赴延安筹建鲁艺，并任教员、音乐研究室主任。1942年加入中国共产党。1945年后任东北鲁艺音乐系主任、淞江鲁艺文工团团长。建国后，历任上海音乐学院党委书记兼副院长，中央人民广播电台音乐部主任，中国音协书记处书记、理事。参加歌剧《白毛女》创作。作品有歌剧《农村曲》、歌曲收入《向隅歌曲选》。

③ 胡然（1912—1971年）男高音歌唱家、音乐教育家。湖南益阳人。1931年入上海音专，并任教于上海美专。1937年后于长沙、广西、重庆等处任教，被聘为国立音乐院声乐教授。1946年创立湖南音专，任校长。同时在国立音乐院中央大学任教。1949年去香港，后旅居美国。

响乐团，并可以与上海工部局交响乐团媲美呢？在以后的十年里，一刻也没有停止过思考、探索，成为他“旦夕追求的目标”。(引号里是父亲的原话)。

这期间，我母亲王辉庭①也随她的三哥到了上海美专学习。她主修钢琴、声乐和美术，与父亲同学。她有着极其敏锐的美术潜质，得到刘海粟大师的注意和赏识，并成为她的美术导师。刘先生认为我母亲具有非凡的美术才华，希望她专心学习美术，放弃音乐，将来会有发展的。但是母亲爱上了我父亲，而且她更喜欢音乐，选择学习声乐和钢琴。她是我父亲的贤内助，使父亲能够专心致志地去实现他的音乐教育理想，她艰难地支撑着我们的家，把我们兄弟姐妹几个人培养成为音乐家，默默地奉献了她的一生。

母亲经常提起他们年轻时的事情，说：“你爸每顿饭都只要一份冬瓜，从不乱花钱。”在一起的时候，他们手上要有点钱就随意把铜板撒到房间的各个角落，到急需用钱的时候，又到处翻找，心里会产生出异样的兴奋和欢愉。二人乐在其中，穷日子穷过，倒也其乐无穷。我记得小时候家中如果有什么好吃的东西，妈妈总会把好东西夹到父亲的碗里。我总听她叫爸爸“月亮，月亮”，其实她是用湖南话叫我父亲的名字“源澧，源澧”呢，只是我小，听不懂。后来听母亲讲，当初，外公还不赞成他们的婚姻，怕母亲跟着受苦。但是，母亲铁了心要跟父亲过一辈子。从此，他们的恩爱忠贞不渝、日月可鉴。他们风雨同舟、荣辱与共、同甘共苦、相濡以沫七十年。父亲在上海学习时结识了张定和先生，当时是美专的同学，学习小提琴，又

① 王辉庭（1916—2005年）音乐教育家。任教于国立音乐院幼年班、中央音乐学院少年班、附中、附小。一生投身于少年儿童音乐基础教育事业。

同时跟我父亲学习大提琴，后来他改学作曲。张定和先生的家境比较殷实，所以他买了一把可心的大提琴。假期里常常邀请我父母到苏州去游玩，他们当年的照片都是张定和先生的摄影作品。

父亲经过三年的苦读，终于在1937年1月完成了学业。

四、1937—1939年南京—武汉—重庆

金陵城初展高超琴艺
汉江口适逢群情激奋

1937年1月，未满21岁的父亲从美专毕业，他需要找工作，然而，求职并不容易。他通过上海美专乐队指挥金律声先生，（这时候在南京担任中央电影制片厂音乐负责人）向励志社音乐股股长刘蕙佐先生推荐（在上海美专教过小提琴，我父亲给他的学生弹过伴奏），以及同学郑立加、康讴等人的介绍，遂考入南京励志社管弦乐队。乐队附属励志社，父亲作为雇佣人员在乐队工作。试用三个月，试用期月薪30元，之后每月50元。当时乐队的负责人是音乐股副股长施鼎莹先生[①]。施鼎莹以往需要乐队队员时，都由黄自先生推荐上海国立音专的学生，大提琴前后有张贞黻[②]、王家恩先生[③]，但都呆不长。施先生看我父亲本分，也许可以用得长久一些。后来，施先生发现我父亲的大提琴非常出

---

① 施鼎莹（1903—不详）单簧管演奏家。励志社管弦乐队负责人，励志社副总干事，音乐股副股长。曾出使苏联年，后中央训练团任音干班主任。

② 张贞黻（1905—1948年）中国大提琴家、音乐教育家。浙江奉化人。1928年入上海国立音专学大提琴、小提琴及钢琴。先后参加上海工部局管弦乐团、江西省推行音乐教育委员会，从事音乐演奏。抗日战争爆发后到重庆，在中央电台管弦乐团工作。1940年冬到延安，历任延安鲁迅艺术学院音乐系教授、延安乐器厂厂长、中央管弦乐团副团长、晋冀鲁豫人民文工团副团长等职。

③ 王家恩（1910—1968年）大提琴家。

色，出乎他的意料，所以，对他另眼相待。而且父亲能弹钢琴伴奏、又善唱歌，于是，施鼎莹生怕我父亲离开乐队，时常送些衣物和其他东西，还常常请他吃饭，以拢住父亲。父亲希望年青的时候抓紧学习深造，想出国留学，施先生决定由励志社出资让他到上海继续随杜克逊教授上课，每月一次，每次十元。还专门给父亲安排练琴的时间。至于出国留学，施鼎莹先生说："那时候我曾劝戴粹伦①等一下，就可以公费送出去。可他不愿意等（待），结果弄得自己很狼狈，出国只有八个月就回来了。你留学的事，我自有安排。"但是，父亲这一出国留学的梦想，由于抗日战争爆发而中断。当时他的演出活动大都跟随乐队，除了演奏大提琴，还担任钢琴伴奏、参加合唱、刻写油印歌谱、以及乐队配器、工作十分繁杂。七月曾随励志社乐队到镇江、无锡、苏州等地巡回演出。音乐学家陈宗群教授②就曾看过我父亲的演出。

抗战爆发，特别是"八·一三"淞沪大战之后，日本飞机不时到南京轰炸，形势日紧，励志社乐队决定转移到武汉。此时，父亲接连收到我祖父病重的来信和电报，焦急万分，归心似箭。父母与张定和、郑立加、黄焜源结伴而行，他们曾经打算一起到南洋演出，宣传抗日。但是，当时去香港可以，要出国则需办护照，此计划终成泡影。父母接信回湖南探望我祖父，

---

① 戴粹伦（1912—1981年）小提琴演奏家。江苏苏州人。自幼学习小提琴。1927年入上海国立音乐专科学校。1934年毕业后，赴奥地利入维也纳音乐学院深造。1937年回国，在北京、上海、重庆等地举办独奏音乐会，后加入上海工部局交响乐队。抗战爆发，加入励志社管弦乐队。1942年任重庆国立音乐院分院提琴教授兼院长。抗日战争胜利后，曾任上海国立音乐专科学校校长、上海市政府交响乐团指挥。1949年任台湾师范学院音乐系主任。1950年任台湾省交响乐团指挥。1973年移居美国。

② 陈宗群（1919— ）音乐理论家。江苏扬州人。早年毕业于国立音乐院钢琴系。后参加新音乐社。后为中央音乐学院音乐学系教授。

而祖父身体好好的，原来祖父思子心切，因为战事紧迫，怕儿子出危险，故佯称病重，诱我父亲回到长沙。但是，此次回湘，人心已大乱，许多学校单位纷纷向内迁移。我四伯黄源洛的工作也越来越少，到了一筹莫展的地步。这样下去，连吃饭都成了问题。

1938 年 2—3 月间，我父亲到湖北汉口。回到励志社乐队工作，五月份开始演出活动。1938 年 9 月出版的《战歌》第二卷第一期《消息》上写到：从宁到汉的励志社“近数月来又在汉口恢复了以前的乐队组织，特聘江定仙①为指挥，……戴粹伦、劳景贤②、王人艺、胡投③、陈健④、黄源澧等均为队员。”一时间励志社管弦乐队“规模宏大，为武汉空前”，励志社管弦乐队名声远扬。在日军大施淫威，以强大之势压向全中国的时候，激励了国人的抗日斗志。陆续进入乐队的人还有范继森先生⑤（父亲说他非常用功，整天把自己关在琴房里，练习海顿和韦伯的作品）、

---

① 江定仙（1911—2000 年）作曲家、教授。湖北武汉人。早年在上海国立音专学理论作曲。抗战时期，任教于重庆青木关国立音乐院。1950 年，中央音乐学院作曲系主任、副院长，教授。中国音协常务理事。中国文联委员、全国政协委员。作有交响乐《沧桑》、交响诗《烟波江上》、钢琴作品《变奏曲》、《思情》、声乐曲《民歌九首》、抗日救亡歌曲有《新中华进行曲》、《打杀汗奸》、《为了祖国的缘故》、《抗战到底》等。

② 劳景贤（1908—1978 年）声乐教育家、教授。广东鹤山人。1934 年毕业于上海音专。抗战爆发，加入励志社管弦乐队担任长笛手。后在上海音专、上海音乐学院任教。

③ 胡投（不详）声乐、钢琴。上海音专声乐专业毕业。抗战爆发，曾加入励志社管弦乐队任风琴手。

④ 陈健（1912— ）小提琴教育家。江苏苏州人。抗战爆发，曾加入励志社管弦乐队任小提琴手。1940 年入中华交响乐团第二提琴首席。1952 年任总政文工团首席。后在解放军艺术学院音乐系任教。作有小提琴独奏曲《五指山之歌》。

⑤ 范继森（1917—1968 年）钢琴教育家。江苏南京人。1935 年入上海国立音专。抗战爆发，曾加入励志社管弦乐队、国立音乐院实验管弦乐团钢琴演奏员。曾为国立音乐院副教授。建国后任上海音乐学院钢琴系主任。

纪汉文、张舍之①、夏之秋②、杜矢甲③、黄源洛、田鸣、黑子等。当时乐队还有慰劳苏联和美国空军，慰劳前线归来伤兵的演出，以及电台录音，各类音乐会等等。

这时期，又与冼星海等人在武汉相遇，冼星海在武汉三镇投身于群众歌咏运动，发动武汉人人上街大唱抗战歌曲。父亲当时对冼星海的活动能力十分敬佩。那时候有良心的知识分子都以抗日救国为己任，我父亲他们说到抗日救亡，个个热血沸腾，音乐家们也都满怀热情地投入到抗敌的洪流里去了。随后战事紧迫，1938 年 8 月，军政机关向重庆撤退。乐队转辗湖北、湖南、贵州等地，走走停停、边走边演，直至 1939 年春节过后，才到达重庆。

据 1939 年 1 月《贵阳晨报》记述，此时的励志社乐队的成员有：黄仁霖（总干事），施鼎莹（副总干事、单簧管）、戴粹伦（小提琴）、王人艺（小提琴）、刘蕙佐（小提琴）、陈健（小提琴）、陆钦侃（小提琴）、黄源洛（小提琴、中提琴）、张兴仁（小提琴）、黄源澧（大提琴）、纪汉文（大提琴）、劳景贤（长笛）、陈玄（单簧管）、方连生（小号）、方扬生（长号、长笛）、方明生（圆号）、张相影④（低音提琴）、唐明汉（钢琴）、范继森（钢琴）、胡投（风琴）。

---

① 纪汉文（1919— ）大提琴演奏家。曾加入励志社管弦乐队。中央歌剧院大提琴首席。著有《大提琴演奏法》。

② 夏之秋（1912—1993 年）小号教授。湖北孝感人。1936 年入上海音乐专科学校作曲系学习。曾任武汉市文化界抗敌工作团音乐组组长，武汉合唱团团长，重庆音乐院实验管弦乐团指挥，恩施教育学院、重庆音乐院、湖北师范学院教授。1949 年加入中国民主同盟。建国后，历任中原大学文艺学院音乐系副主任、中央音乐学院教授。作品有歌曲《歌八百壮士》、《思乡曲》，著有《小号吹奏法》等。

③ 杜矢甲（1915—1994 年）音乐教育家。北京人。回族。1937 年离开上海音专参加歌咏活动。曾加入励志社管弦乐队。后任延安鲁艺、华北联大音乐系声乐教员。民族歌舞团创研室主任、艺术指导。中央民族学院文艺研究所副所长。

④ 张相影（1918— ）声乐教育家。曾加入励志社管弦乐队演奏低音提琴。后任教与山西艺术学院音乐系、天津音乐学院声乐系。天津歌剧团艺术指导。

附录：介绍励志管弦乐队

励志音乐股的核心组织管弦乐队，该队的乐器数十件已于月前运筑，队员约二十人将于今明两日全部来省，并拟于本月底举行献金演奏大会一夜，在音乐沉寂的贵州，是一个好消息，也实在值得我们在这里来介绍。

管弦乐队在中国，有了将近十余年的历史，上海西人工部局管弦乐队便是首创的一个，这个管弦队的经费每年是三十万元，该队成绩卓著，规模宏大，在东亚占了首席的地位，但全是西人组织的。国人所组织的管弦乐队，有江西省音乐教育推行委员会所主办的一个，但现因战事的关系解体了。前年黄自，吴伯超，李惟宁，谭小麟等先生以自费发起组织“上海管弦乐团“，结果因团员的流动性太大，使他无形的停顿了。励志管弦乐队经励志社总干事黄仁霖先生，副总干事施鼎莹先生的领导，去年六月在汉口成立，这个管弦乐队是抗战建国期中的集团，是纯粹国人经营的。管弦乐队是乐器的总汇，励志管弦乐队又是全国演奏名家的总汇。

管弦乐队的组织是这样的：

（一）弦乐器之部有第一小提琴、第二小提琴、中音提琴、大提琴、低音提琴等。

（二）管弦乐器之部有铜乐器有小喇叭、伸缩喇叭、法国铜角、吐巴等铜角；木管乐器有横笛、洋箫、觱栗、英国管、巴松管等。

（三）键盘乐器之部有钢琴、钢板琴、风琴等。

（四）击乐器之部有定音鼓、木琴、铛铺铃、三角铁、响板、钹、锣等。下面是励志管弦乐队的同仁：乐队的指挥，是著名的作曲家兼钢琴家江定仙君，他是已故作曲界领袖黄自（今吾）先生的得意门生，国立音乐专科学校理论作曲组高才生，所作歌曲很多，散见于各音乐课本及杂志，钢琴弹得很好，弹起来，两手常举得很高，具有世界钢琴家的优美姿势。

乐队队长戴粹伦君，富有音乐天才，在音专里异常努力，成绩惊人，为上海工部局乐队首席小提琴师法利国之高足，毕业后，到奥国师从世界提琴家赫蒲曼继续深造，在欧洲演奏，技巧颇得西人赞许，留欧的几个日本音乐家，都被他压倒了，替我国增了一些光。他在国内时，曾于各地举行个人演奏，名震南北，并曾任工部局乐队琴师。他拉的提琴，声音柔美幽扬，表情深刻，为我国不可多得之小提琴家。

王人艺君的技巧，听过他的演奏者莫不称誉，他是从万苦中与环境奋斗出来的一位卓越天才音乐家，他曾渡过十余寒暑的流浪生活，各大影片及唱片公司，都留有他优美而圆润的演奏，他曾充任上海西人工部局乐队的独奏者和第一小提琴师，和武昌艺专的教授。亦为我国不可多得之小提琴家。

刘蕙佐君是一位长于小提琴和富有才干的人物，他除却担任音乐股的主任干事之外，还兼军委会的犒赏工作，一向是个忙人。他是音专的高才生，曾担任上海美专的教授。他有一支很好的提琴，可惜已遗失在南京了。

陈健君的提琴，曾下十余年的苦功，所以才有今日的成就，他演奏提琴音乐优美、和润、准确。他是副总干事的左右臂，兼任励志社美育科的主任干事。

陆钦侃君，是一位沉默而聪慧的人，他加入乐队小提琴组不久，因为用功，很能得心应手。

黄源洛君过去曾致力于长沙音乐运动，为长沙音乐界的功臣，他是在长沙演奏时才加入励志社的，他很想在中国的音乐运动工作上，卖一点力气。他是在小提琴组，兼负中音提琴之责。

张兴仁君的小提琴在本市的几次音乐演奏会中，给听众们已留下了很深刻的印象。他的技术用不着我再来赞述了。他是上海美专毕业的高才生，他的提琴是在课余与伟佐君学的，后来他考进音专做选科生，向音专小提琴组主任法利国教授学到了不少的技术，可惜他在美专毕业后就不能继续去音专深造了。他加入励志社已有好几年了，是该社音乐股来筑最早的一人。

黄源澧君，是一位天才的大提琴家，国内大提琴手除了张贞黻的资格最老而外，其次就要算到他了。他演奏起来，镇定，自然，发音异常圆润。

纪汉文君是音专大提琴主科学生，在校时非常刻苦努力，年纪很轻，前途未可限量。

劳景贤君是音专声乐队毕业最早的，是励志老音乐干事之一，他能作曲，《出发歌》即是出自他的手。他最初进音专时学过横笛，所以又能吹。他所奏出来的音色异常优美，为我国不可多得之横笛人才。他曾任天津、河北女师学院音乐系声乐教授，又为上海音乐馆的发起人，真是一位努力推行音乐运动的音乐家，他在乐队内担任横笛，为音乐队增色不少！

施鼎莹君，担任觱栗之责。他是我国音乐界的热心倡导者，是一位多才多艺的音乐家。他曾学会了若干种乐器，这证明了他是如何的爱好音乐！他不顾一切的维护音乐，已经十几年的历史了。他不怕人家非难，不惜物质牺牲，咬紧牙关的干。并常对人说："我们要以成绩贡献于社会，将来是一定可以发展的！"他音乐事业有很好的计划，我们盼望他能逐步的实现起来，他是励志社的副总干事，办事方法非常周密，做事很科学化，他虽然兼任着很多重要公事，可是每天仍是曲不离口，这种精神是特别值得佩服的。

陈玄君是吹第二觱栗的，同时又是一位歌唱家，天才卓越，觱栗虽非专长，但肯勤于练习，能够把乐曲的重点抓住。

方氏三兄弟，把铜乐部包办了。大哥方连生君，吹得一口好喇叭，据说在南京国府市府海军部各乐队吹喇叭的，没有一个可以及他，他努力，他谦虚，做起事来，不避艰险的一定要达到目的。二哥方扬生君，是吹伸缩喇叭的，他也会吹横笛，现在担任的并不是他的拿手，因为伸缩喇叭重要，所以很快的学会了。三弟方明生君，是吹小铜角的，他常和大哥二重奏，学了不到两年便奏得这样美好，真是一位天才音乐家。

张相影君，是一个新起的低音提琴手，他是全国难得的低音提琴老手，杜刚君去西北之后，努力加紧练习，在长沙演奏名曲“魔弹射手”中得到很好的效果与成功。

唐明汉君，担任钢琴之责，他是国立音专钢琴主科高才生，在乐队里常因某声部的缺乏要钢琴临时补充，这种技术是非常人所能干的。唐君技术优长，当然不成问题。

范继森君，是国立专音钢琴主任查哈罗夫的得意弟子，平素用心得很，他常常可以坐到钢琴旁边七八个钟头不动，但动起来却和孩子一样，他在乐队里用钢琴填补乐队中所有短缺的声部。

胡投君，正式学了将近十年的音乐，为国立音专声乐主科毕业的。他一向是刻苦自励的学习，他是声乐家、钢琴家，在乐队里担任风琴，这并不是他主要的工作，他的主要工作是指挥合唱团及独唱。

励志社音乐股管弦乐队是抗战建国期中的一支生力军，是精神国防的种子，盼望他在中国开出灿烂的花朵，结出美好的果实来。

一　心

（载1939年1月8日《贵州晨报》）

音乐家决意不事权贵
黄源澧愤然捍卫尊严

全国的军政机关都集中到重庆，使重庆拥挤得不堪重负，日常家居生活困难重重。我的大姑黄源竸（1903年—1994年）、细姑黄源健（1919年—1990年）随四伯住在重庆复兴岗戏剧学校宿舍，我父母则住在工作单位的一间小屋里。这时励志社管弦乐团的演出，有慰劳抗日将士，宣传新生活运动的音乐会，包括为援华的外国空军慰问演出、集体结婚演出。但是还有许多演出是黄仁霖专门为达官贵人的社交活动安排的。官员们举行宴会，甚至太太、公子、小姐的生日，公子、小姐的婚礼，都要乐队来做背景音乐。人家在那里推杯换盏，谈笑风生，而乐队却要端坐在乐池里不停息地演奏。音乐家们为这种酒吧间里洋琴鬼干的活计而不齿，称为吃饭音乐，备感侮辱。有一次乐队有慰问演出，上面同时安排了伴宴，指挥找到范继森请他一个人去弹钢琴，被范继森拒绝。后来因为考虑到怕乐队这么多人的演出要受影响，范先生才极不情愿地伴宴去了。他夹着一本谱子到了宴会厅。坐下之后，把乐谱子打开，无精打采地一条接着一条地弹奏，原来他用《拜厄》（钢琴最初级的练习曲）为饭局演奏了一个晚上，引为笑谈。

乐队队员在私下里，纷纷议论，说我们是音乐家，而我们演奏的是吃饭音乐，没有意思。父亲一方面因为置身于这种为人伴宴，伺候人的不堪处境里，深感这种低人一等的工作，有辱音乐家的尊严。此外，对薪水待遇也不满意，他不愿意干下去了，对于如此无聊的差事，实在忍无可忍，“安能摧眉折腰事权贵，使我不得开心颜”，终于毅然决然地离开了励志社乐队。在我父亲之前离开励志社乐队的有：戴粹伦，去了中央训练团音干班，江定仙到教育部音乐教育委员会任编辑，1940 年秋他们二人去了国立音乐院。

1939 年 6 月，父亲请辞不准。此时，金律声就职于中央广播电台管弦乐团，拉父亲到电台管弦乐团去，在金律声的策划下，父亲称病足足有三个多月，就是不去励志社乐队工作，家庭的生活则依靠金律声的借助，得以维持。1939 年 9 月，励志社在无奈之下，才同意他离职。父亲离开励志社之后，乐队队员对黄仁霖讨好权贵不满，范继森、朱崇志[①]、王人艺等集体辞职。由于大家的一致行动，最后导致励志社管弦乐队的解散。这在抗日战争的重庆是一件震惊社会的大事，朝野上下一片哗然，人人为之感动，为音乐家的铮铮铁骨而拍手称快。

1939 年 10 月，父亲到中央广播电台管弦乐团工作时，乐团还在开创训练阶段，没有多少演出活动。他的演出活动以重奏、独奏和对外广播为主。父亲材料里记述，中央广播电台管弦乐团的成员有：（队长兼指挥）金律声，（总务）邢耀华，（队员）黎国荃[②]、朱崇志（与黎国荃 1939 年 11 月离开电台乐队）、鲁之翰、刘铮、田煌、史广汉[③]、张少甫、张仁、袁仲侠、袁孝直、纪仲良、孟秋、郑国荃、郑立加、关占祥、关英贤[④]、曹曲康、宋乐寰、吴金宝、郑国华、殇明、康讴、陈意超、叶语[⑤]、俞鹏等。至 1940 年 4 月移交教育部，改为国立音乐院实验管弦乐团。

---

① 朱崇志（1919— ）大提琴演奏家、指挥家。江苏吴县人。1931 年毕业于北京大学艺术学院音乐系。抗战爆发，曾加入励志社管弦乐队、中央广播电台管弦乐团。后任四川省歌舞剧院艺术指导。音协四川分会常务理事。

② 黎国荃（1914—1966 年）小提琴家、指挥家。中央歌剧院常任指挥。1938 年—1949 年，先后在重庆任中央电台乐队、中华交响乐团首席。1966 年 8 月文革迫害致死。

③ 史广汉（1919— ）大管演奏家。江苏南京人。1936 年入南京市政府音乐队，后在中央广播电台管弦乐团、中华交响乐团演奏员。建国后在部队及华北文工团工作，曾任中央歌剧院大管首席。

④ 关英贤（1921— ）大管演奏家。1939 年任职于中央广播电台管弦乐团，1946 年上海音专毕业，1948 年入上海交响乐团，曾任大管首席。

⑤ 叶语（1918— ）音乐理论家。重庆人。1938 年沪江大学音乐系毕业。后任职于重庆中央广播电台管弦乐团、国立音乐院实验管弦乐团。音协重庆分会副主席。重庆市政协常委。

五、1940—1945年抗战时期活跃在重庆

黄源澧受聘三大乐团
周恩来留恋旧时配乐

励志社管弦乐队解体后，吴伯超到江津白沙女子学校教书去了。马思聪[①]是广东人，在孙科先生的支持下，以原励志社管弦乐队的大部分人马为主体成立了中华交响乐团。把这些高水平的音乐家再次聚集了起来。这是一支完全由中国音乐家组成的第一个符合双管编制规范的交响乐团，于1940年6月6日举行建团演出。据王人艺纪念册上的记载，参加过上海工部局乐团演出的王人艺被聘为乐队首席，我父亲被聘为大提琴首席。而我父亲说，他只是兼任中华交响乐团[②]大提琴首席。

---

① 马思聪（1913—1987年）小提琴演奏家、作曲家。广东海丰人。1925年赴法国巴黎音乐学院学习小提琴、作曲。1932年回国。先后创立广州音乐院、华南音乐院、中华交响乐团。历任中央大学、中山大学教授。建国后任中央音乐学院院长。全国人大代表，中国音乐家协会副主席等。1967年定居美国。代表作有小提琴独奏曲《内蒙组曲》、《西藏音诗》，《中国少年先锋队队歌》、管弦乐曲《山林之歌》、舞剧《龙宫奇缘》等。

② 中华交响乐团。1940年春成立于重庆，由马思聪等人发起，团员50多人，是当时较大的一个交响乐团。最初为民间团体，1942年开始由政府教育部接管。1940年6月在重庆中山公园举行建团音乐会，由马思聪指挥演出了其所作《思乡曲》、《塞外舞曲》和W·A·莫扎特的《第四十交响曲》等作品。1941年秋由郑志声接任指挥，演出过L·van贝多芬的《第七交响曲》、莫扎特的《第四十一交响曲》以及郑志声所作歌剧《郑成功》的片断和合唱《满江红》等作品。郑志声逝世后由王人艺代理指挥。1942年秋后，一直由林声翕担任指挥。王人艺、黎国荃先后担任首席小提琴（黎并兼任副指挥）。1946年4月，乐团迁往南京，1949年中国人民解放军占领南京前夕，该团解散。（作者：黄源澧）

当时在重庆共有三个乐团，一个是国立实验剧院管弦乐团，一个是国立音乐院实验管弦乐团，最后成立的是中华交响乐团。说是三个乐团，其实每一个团的人员都不齐，所以常常是你中有我，我中有你。兼职的现象非常普遍，一方面重庆的物资紧缺，人人生活窘迫，步履维艰，兼职给音乐家带来更多的实惠。国立实验剧院管弦乐团（原山东省立剧院弦乐团），只有10—20人。由陈田鹤[①]先生负责，郑志声先生[②]担任指挥。1940年4月由中央广播电台管弦乐团改制的国立音乐院实验管弦乐团，有40—50人。附设于国立音乐院，为国立音乐院教学介绍乐器、协奏、伴奏，试奏新作品等等。吴伯超[③]为乐队指挥，金律声为团长。中华交响乐团是最大的乐团，有成员50—60人，由郑志声、林声翕[④]、马思聪、王人艺先后担任指挥。

父亲主要就职于国立音乐院实验管弦乐团，并在国立音乐院

---

① 陈田鹤（1911—1955年）作曲家。浙江永嘉人。早年入温州私立艺术学院，1930年上海音专学习作曲。曾任教于武昌艺术专科学校，山东省立剧院从事创作及教学，国立音乐院作曲教授兼教务主任。1949年任国立福建音专教授。解放后，在北京人民艺术剧院、中央实验歌剧院作曲。作有钢琴曲《序曲》，管弦乐《广陵散》，编配歌舞音乐《采茶灯》、《荷花舞》等。

② 郑志声（1903—1941年）作曲家、指挥家。广东中山人。1927年赴法国留学，1937年获金质奖作曲、指挥双专业毕业。抗战爆发回国，任教于云南中山大学。1940年9月到重庆，在国立实验剧院任职。1941年任中华交响乐团指挥。代表作：合唱曲《满江红》、歌剧《郑成功》，在重庆演出获成功。

③ 吴伯超（1903—1949年）音乐教育家、指挥家、作曲家。江苏武进人。早年入北京大学传习所学习钢琴、二胡、琵琶、作曲。后留学比利时学习作曲、指挥。回国后任教于上海国立音专。抗战时期，任励志社管弦乐队、国立音乐院实验管弦乐团指挥。1942—1949年任国立音乐院院长。1945年创办国立音乐院幼年班。是我国少年儿童音乐专业教育奠基人。

④ 林声翕（1914—1991年）指挥家、作曲家。广东新会人。1935年上海国立音专毕业。历任职于中山大学、香港华南管弦乐团指挥，1942年任重庆中华交响乐团指挥。抗战胜利，随国立音乐院南京执教。1949年后再赴香港华南管弦乐团任指挥，后主持清华书院音乐系。有翻译世界名著伯恩斯坦着的《音乐欣赏》、著有《音乐六讲》。管弦乐与合唱《秦淮风月》《寒山寺的钟声》等。

兼课。1942年任训练部主任，1944年任总干事。城里的实验管弦乐团与在青木关的国立音乐院相距甚远。团里的主要成员还有金律声、康讴、陈健、胡静翔①、郝立仁、陈济略②、朱枫林等。乐团演出比较频繁，如：免费举行定期露天音乐会，参加抗敌协会举办的演奏会，为话剧《屈原》伴奏等。1941年5、6月出版的音乐杂志《乐风》上记载："中华全国抗敌协会为劝募战时公债。於四月十四日特请国立音乐院实验管弦乐团举行音乐会，演奏门德尔松，舒伯特之作品，并有洪达琦之女高音独唱，黄源澧之大提琴独奏，杨大钧之琵琶独奏，黄锦培之筝独奏。"父亲的材料里说这个时期的演出活动有：1943年12月在昆明慰劳美国空军音乐会，演出约十几场。担任大提琴独奏和乐队节目。1945年5月2日为庆祝捷克斯洛伐克解放，举办捷克音乐演奏会，担任独奏和重奏，有弦乐四重奏、弦乐五重奏等室内乐。为推进音乐社会教育，每月在国泰戏院举行一次音乐会等等。

往往还有为某件事临时组合的乐团。三大乐团的指挥由郑志声、吴伯超和马思聪等先生担任。马思聪、吴伯超，大家都比较熟悉，而郑志声因为去世太早，不常被人们提起，但是，他是一位非常杰出的指挥家。他留学法国，学指挥，堪称当年重庆首屈一指的指挥家。王震亚先生曾听朋友（与我父亲乐队同事）谈起，郑志声说："黄源澧大提琴拉得好。"我父亲作为三大乐团的大提琴首席与重庆的指挥家、演奏家建立了很好的友谊和十分良好的合作关系。

1940年6月30日，在我出生的当天，日本人轰炸重庆，警报声此起彼伏，成为我母亲挥之不去的记忆。在她临产时，突然响起警报，医生护士都纷纷跑到防空洞里去了，母亲肚腹疼得在

---

① 胡静翔（不详）小提琴教育家。

② 陈济略（1905—1990年）琵琶演奏家。四川铜梁人。1935年任重庆中央广播电台音乐组长。创建专业国乐团任指挥。后为四川音乐学院教授，四川琵琶学会主席。著有《琵琶音阶琶音练习曲》。

产床上呻吟，一个病友要过来帮忙，被她拒绝了，因为病友得的是性病，她怕殃及孩子。强忍着疼痛，坚持到解除警报，医护人员回来，她才顺利出生了第一个孩子——那就是我。一直到现在我对飞机的声音都有一种莫名其妙的恐惧。她为了照顾刚出生的女儿，不得不辞去电台的工作，参加了教育部组织的农村教育团，到重庆郊区长生桥的农村中学教书，这在当时是一件富有牺牲精神的事情。她带着孩子独自住在乡下的一个庙里，生活极其艰难。她胆子又小，到夜里总能听到一些怪声，老鼠在房梁上穿来穿去、甚至还听到老鼠爪子挠门的声音，猫头鹰的惨叫声从房前掠过，打更的、叫魂的……吓得她紧紧地抱着我发抖。父亲在重庆市里工作，因为交通极为不便，他只有休息日才能回来。1939—1940年，张定和先生到宜宾南岸小城的国立戏剧专科教音乐，当时夫人吕恩小姐是国立戏专的学生。第二年张定和与吕恩发生婚变，吕恩与文坛天才吴祖光先生结为伉俪。之后，张定和十分无奈地搬到重庆曾家岩小山坡我父亲的住处，张叔叔对我说"我就投奔你爸了。"然而，这极度的悲痛使他的身体几乎垮掉了，到我父亲住处时，突发胃溃疡大出血，父亲立即雇了滑竿，把张定和先生从曾家岩，送到长江和嘉陵江汇合处的仁济教会医院。2005年张叔叔说起这件事，还在庆幸他当日离开宜宾到重庆，去找我父亲。"要不然在那个偏远的小城里，没有好医院，就麻烦了。那时候有一个叫廖季登的，在那里吃了糯米糍粑，胃溃疡大出血，就死了。是黄源澧救了我一命。"父亲介绍张叔叔到中央广播电台管弦乐团工作，并与我父亲一起住在重庆市里的曾家岩，母亲则带着我住在郊区长生桥。我父亲和张叔叔差不多每星期都要从曾家岩到朝天门码头，再坐船到江对岸。然后，先需向上爬五里陡峭的山路。走着走着，在山间小道上，会有一个草席裹着的东西，挡住去路，那是村里人把死婴放在了山脊小道上，过往行人不得不跨过去，传说这样可以使孩子早投胎。他们爬过了山，还要走20多里的下坡路，打着火把，半夜才能回到长生桥的家。这都是张定和叔叔后来告诉我的。

在我的记忆里，妈妈很勤快，为了防止我们小孩子生病，把地板拖得一尘不染，家里总是干干净净的。当时音乐家的生活大多比较清贫，因为是战争时期，物资紧缺，物价飞涨，几乎人人家里都有一本难念的经。王人艺夫妇没有子女，只有他们两个人，但是，生活仍然十分拮据。可想而知我父母当时有多么艰难、多么窘迫。那个时期我父亲与吴伯超、马思聪、王人艺、戴粹伦等人，排练之后，为了省钱，常常在一起合伙做饭。他说："马思聪什么都不会做，只会下面条"，通常马先生都是在一边等着别人忙乎，然后同大家一起饱餐一顿。父亲笑着说，"马思聪，他可真是个有福之人哪。"他们通常谈的话题，就是怎么从小培养管弦乐队的演奏人才。后来我们住到重庆张家花园去了，殷雪妮（北京电视台导演）是我儿时的小玩伴，她的父亲小提琴家殷晋德先生，和我的父亲都是国立音乐院实验管弦乐团的演奏家。（当时的节目单在王人艺先生处得以保存）父亲成天四处奔波忙碌，几个乐团的演出自然少不了他，到处客串音乐会，担任独奏、重奏以及话剧、歌剧配音……我曾经在他珍藏的文件中看见过许多节目单、乐评以及各个时期的聘书，那时我也不怎么在意。可惜经过文化大革命的洗劫，已荡然无存。最近，我在王勇先生编写的纪念王人艺先生的文册里，有几份印有父亲那时独奏、重奏等演出活动的音乐会节目单，只好借用一下了（王人艺是聂耳的小提琴老师，所以他在文革中，没有遭到太多的折磨）。父亲参加的话剧、歌剧的配乐演出有着长长的剧目表：《秋子》、《屈原》、《虎符》、《红娘》、《棠棣之花》……

当时周恩来先生在重庆，是中国共产党八路军办事处的领导人，时常到剧场观看演出，比如《棠棣之花》，他就六次到剧场观摩。《棠棣之花》是郭沫若的旧作，皖南事变后，藉郭沫若50寿辰，创作生涯25周年的名义，而组织演出呼吁团结抗日，反对分裂。这部话剧的音乐由张定和作曲，由张瑞芳主演。当时的配乐，只用了两支长笛和一把大提琴，大提琴几乎是张定和为我父亲量身定制的。其中，有一首童声独唱《在昔有豫让》，由孩子剧团的周令芳小姐担任独唱。台上有一个盲艺人为她伴奏，演员自然不会弹琴，父亲用大提琴的拨弦，模仿古琴的演奏效果为独唱伴奏，惟妙惟肖，精妙之极，深受观众的欢迎，并且广为传唱。用大提琴的拨弦来模仿音区相近的古琴，实在是张定和的奇思妙想，可谓神来之笔，另一方面也足见张定和对我国传统音乐文化的熟稔程度和深厚功力。最近我见到严良堃①时，严先生马上就唱起童声独唱《在昔有豫让》，还用手势模仿我父亲用大提琴拨弦的动作，可见这段插曲给人留下了多么深的印象。张先生为《棠棣之花》作了12首插曲，女声独唱由著名演员张瑞芳担任，孩子剧团担当合唱，这些歌曲几乎都在大后方流行，广为传唱。而这些曲子的伴奏仅有三支乐器，悲切、激奋、抒情、思念……种种情思，溢于剧场，与剧情丝丝紧扣，相得益彰。难怪建国以后，已是共和国总理的周恩来先生，第七次到剧场观看乐队壮大了的《棠棣之花》，演出之后，接见剧组演员和作曲家张定和，总理依然留恋重庆演出时仅有三支乐器的配乐。

黄源洛谱写旷世经典
两兄弟协力抗日歌剧

1940年冬到1941年春，四伯黄源洛完成了二幕歌剧《秋子》

---

① 严良堃（1923— ）指挥家。湖北武汉人。1937年参加抗日救亡歌咏运动，加入孩子剧团任指挥，1949年毕业于国立音乐学院作曲系。建国后。任中央歌舞团指挥。1954年赴苏联学习，1958年毕业归国后在中央乐团任指挥，曾为该团团长、中国音协副主席，全国政协委员。代表作《黄河大合唱》、《东方红》大歌舞。

的作曲，剧本由陈定先生（中华交响乐团）根据《群众周刊》上的一篇反映日本人民反战的报道《宫毅与秋子》编剧，由李嘉先生（政治部三厅）写词，后来李嘉当了记者，又请臧云远先生[①]完成了歌剧剧本，他们设法筹集三万元（实得二万元）经费，临时组成了中国实验歌剧团。经过一年的准备和排练，于1942年1月31日至2月6日，在重庆国泰大戏院首次公演。父亲是该剧的演出委员，因为是我四伯的作品，所以，父亲忙里忙外，为四伯组织乐队，亲自挑选乐队队员，出任乐队队长。这是中国第一部真正意义上的歌剧，无对白，全是唱，如同西洋传统歌剧一样，对白采用类似宣叙调的唱腔。团长周贵德女士，曾留学美国，夫婿为当年国民党立法院的立法委员，孔祥熙的同学。周贵德女士利用这个关系得到了经费。没有她的努力，这个中国歌剧史上第一部成功的大型歌剧，是不可能完成演出的。当年这个歌剧极为轰动，在重庆一连演出了十几场之多。1943年1月19日—2月3日，又在重庆再度公演，仍由王沛纶指挥，张权[②]任女主角。1944年10月15日—11月5日又在成都国民大戏院第三度公演，由金律声任指挥，刘亚琴饰演秋子。人们争相前往剧场，去感受歌剧的魅力，盛况依旧。因为，人们在剧中看到中国军队最后光复扬州的场面，这样的场面，恰恰是大后方老百姓们久远的期

---

① 臧云远（1913—1991年）诗人、剧作家。山东蓬莱人。1932年参加中国作家左翼联盟，重庆全国文协及文工会研究员及创作员，济南华东大学教授、艺术系主任，青岛山东大学艺术系主任，南京艺术学院副院长、党委成员。江苏省政协委员。1932年开始发表作品。著有诗集《臧云远诗选》、大型歌剧剧本《秋子》、文艺理论丛书《艺术史的问题》等。

② 张权（1919—1992年）女高音歌唱家、歌剧演唱家。江苏宜兴人。1936年入杭州艺专主修钢琴，后改学声乐。1937年入上海国立音专声乐系。1942年毕业于重庆国立音乐院并留校任教。担任歌剧《秋子》主演。1951年美国依斯曼音乐研究院获音乐文学硕士毕业，后任中央歌剧舞剧院独唱演员、教员。出任歌剧《茶花女》主演。1961年调至哈尔滨歌舞剧院，1978年调回北京，曾任北京市音乐舞蹈家协会主席、北京市歌舞团艺术指导，中国音乐学院副院长、全国政协委员、中国音乐家协会常务理事。

待。于是，台上、台下，群情振奋，热流澎湃。我的四伯倾其全部的情感，精心创作出中国第一部真正的爱国主义的歌剧。周恩来副主席、郭沫若等人都莅临观剧。当时，在郭老重庆的家中，周先生赞扬道："臧云远先生他们的《秋子》，大歌剧形式也好嘛。"

当时音乐人才，特别是杰出的歌唱家，尚属凤毛麟角，四伯接受了黄友葵[①]教授的举荐，大胆地启用了刚刚从国立音乐院毕业的女高音张权出任女主角，莫桂新[②]饰演男主角宫毅，使张权、莫桂新夫妇一夜成名。人们评论："大多借鉴西洋大歌剧的创作经验，力图解决音乐戏剧化问题。在这些作品中，成就较高、影响最大者当推黄源洛的《秋子》。"但是，为了《秋子》，四伯个人的家庭却遭到大不幸。在他夜以继日地创作《秋子》的时候，他的儿子患感冒顾不上照料，转为肺炎发高烧，他从朋友处借到钱后抱着儿子去看病，但是，为时已晚，在去医院的途中，独子死在他的怀里。四伯贫穷得连儿子都养不起，以致夫人执意与他离了婚。四伯没有被生活的不幸所压倒，坚强地完成了歌剧《秋子》的创作。然而，更不幸的是，1957年他们都成了右派，包括所有的词曲作者，无一幸免。真是荣也《秋子》，辱也《秋子》也。主要演员张权调到了哈尔滨歌剧院，但是，她得到了周恩来

---

① 黄友葵（1908—1990年）声乐教育家、女高音歌唱家。湖南湘潭人。赴美国学声乐，获学士学位。举办过独唱音乐会。回国后，在东吴大学创办音乐系，赴长沙、上海进行多次独唱和歌剧演出，曾被梅·百器誉为第一女高音。抗日战争时，在昆明、重庆任教授和演出，任国立音乐院声乐系主任。后历任南京艺术学院音乐系主任、副院长。为中国音协常务理事，音协江苏分会主席，江苏省人大代表，政协常委等。作有专著《论歌唱艺术》。

② 莫桂新（1917—1958年）男高音歌唱家、歌剧演唱家。天津人。1936年入杭州艺专，重庆国立音乐院毕业后与张权结为伉俪，担任歌剧《秋子》男主演。抗战胜利曾见证芷江受降。在天津耀华中学任教。1951年受周总理之邀，张权由美国回国，他与张权先后被分到北京人艺，中央实验歌剧院。肃反时被划为历史反革命，1957年因为申诉，再成为右派分子，保留公职，劳动教养，去了黑龙江兴凯湖农场。1958年因食物中毒去世。

总理的关照。而我的四伯却没有那么幸运，当初，把他从大连调到海军政治部文工团的萧劲光大将，在文化大革命中也没有能力保护四伯了。于是，可怜的四伯被扫地出门，赶出北京，回到原籍湖南劳动改造，备受歧视。顺便说一下，80年代，有一次严良堃对我的先生钱芑说，台湾要演歌剧《秋子》，但是苦于没有总谱，他那里保存了部分乐队分谱，想拼出了一份总谱。我想大概也凑不全，之后演出了没有，我不知道。据四伯女儿黄辉说，歌剧《秋子》的总谱并没有丢失，被其中一位剧作家藏起来了。改革开放之后，此人把歌剧《秋子》总谱，捐给了上海图书馆。

在这个期间我的弟弟黄远浦、黄远泽相继出生，所以，父亲到处兼职、到处演出。当年重庆的演出活动是非常多的，文艺舞台相当繁荣。父亲在频繁的演出活动中，不仅担任乐队首席、还多次举行独奏音乐会，成为当年颇具影响力的大提琴演奏家。许多演出特邀父亲去担任独奏、重奏等室内音乐会，根据现在可以找到的节目单上的记录，他演奏的独奏曲目有：波波儿《匈牙利狂想曲》、德沃夏克《回旋曲》、柴科夫斯基《随想曲》等大提琴独奏曲。父亲和王人艺、黎国荃、范继森等人组织的重奏团到处演出，还组织赴西南各省市开音乐会，十分受欢迎，也赚了一些外快，以解决生活上捉襟见肘的拮据；还与王人艺、陈健、黄源洛组成四重奏团，藉以增加收入。

这里有一个故事，我父亲在励志社乐队工作期间，他的演奏技巧和动人的音乐，深深地打动了听众，也获得同行们的交口称赞。其中有一位崇拜者，他是励志社的职员，（他的名字母亲说过，我们没有记住），是一个虔诚的基督徒，也是痴迷的大提琴爱好者。跟我父亲学习大提琴，他拥有一把镶有18K金的意大利琴。一天，他突然找我父亲，要将这把昂贵的大提琴送给父亲，父亲感到非常意外，父亲当然知道这把大提琴的价值，执意拒绝。在推辞多次之后，虔诚的基督徒说：“我做了一个梦，梦见基督对我说‘你的大提琴应该属于黄源澧，到他手上才能发挥大提琴的光彩’。”他认为必须听从基督的安排，把琴送给了父亲。不久，这位先生在日寇的狂轰烂炸中不幸丧命。消息传来，父母皆唏嘘不已。在重庆一系列演出中，有一次，父亲与王人艺、陈健、魏开泰[1]（中提琴）组织了四重奏，为了宣传抗日，到云贵川山区演出。边演边走，走走停停，当时山路崎岖，道路危险，车毁人亡的事情时有发生。他们的一辆满载乐器道具的卡车，不幸堕入深渊。这一把昂贵的意大利大提琴，也摔入深谷，粉身碎骨，最终被上帝收回去了。回到重庆后，张定和见到我父亲没有好琴用，就把他那把大提琴送给了我父亲。我父亲用这把琴上台演奏、教学、练习，伴随到他的人生终了。

父亲作为一个大提琴演奏家活跃在大后方。我的一位宗亲长辈黄源潆先生1995年12月5日的回忆，大体上可以反映出我父亲当时在重庆音乐活动的风貌。黄源潆写道：“1943年，和沈思岩初次见面，他从名字上，便知源澧兄和我系宗亲关系。沈说他和源澧兄是同事，源澧兄拉大提琴，拉的非常好。这是半个多世纪前的初次谈话给我留下深刻印象。（当时沈思岩先生教歌时，我父亲曾经为他钢琴伴奏。）去年我的一个姻亲来郑州，带来一本南开中学重庆时期的一本校友通讯。其中有一个台湾将军写的文章，回忆当年南开中学的音乐活动。对一次音乐会写的很详细。参加晚会演出的音乐家有李抱忱[2]、还有中央广播电台首席

---

① 魏开泰（1915—2005年）作曲家、小提琴家。长沙人。抗战时期在国立音乐院实验乐团工作。解放后担任中国音乐家协会湖北分会副主席。作有《葛洲坝交响大合唱》等。

② 李抱忱（1907—1979年）指挥家、作曲家、音乐理论家。北京人。1935年，留学美国，获音乐硕士学位。卢沟桥抗战爆发后返国，投身抗日斗争，在重庆组织爱国歌曲千人大合唱，并任指挥，成为中国近代合唱运动史上的一大壮举。为1940年重庆国立音乐院建校功臣。创作《出征歌》《农歌》等爱国歌曲，编辑英文版《中国抗战歌曲集》。著有《合唱指挥》等。

大提琴家黄源澧先生，并记录了源澧兄演出的那些精彩曲目。看完这篇文章后，使我不禁为之神往。澧兄从晓东大伯开始便是音乐世家，高级人才颇不乏人。”（南开中学的演出应当在1939年10月—1940年4月之间）

严良堃对我说：“你爸那时候到处演出能够赚很多钱，他选择到幼年班去当孩子头儿，教小孩子，是付出很大牺牲的。”在这一系列的演出活动中，虽然，收入较好，但是，父亲还是为我国管弦乐如何提高而思索、探寻。那时候，我国的管弦乐水平相对比较落后，一个乐队里面，技术能力也参差不齐，大部分演奏员的业务程度较浅。所以，音乐界的同仁有一种责任感，希望能够迅速提高我国管弦乐的整体水平。最后，归结到音乐教育的落后上，管弦乐品质的提升，必须从少年儿童音乐教育开始。培养建立我国高水平乐队，建设我们自己完整的正规音乐教育体系，成为他梦寐以求的理想。

1945年7月，国立音乐院实验管弦乐团宣布解散，发了三个月的遣散费。我父亲面临几个抉择，先后有中华交响乐团来聘请父亲去担任大提琴首席，而中央训练团音干班施鼎莹先生，则立即送来了教授的聘书，（施先生自励志社乐队解体后，随其表兄邵力子先生出使苏联三年，回国后到中央训练团担任音干班主任）。我父亲正在犹豫之际，国立音乐院院长吴伯超亲自跑到重庆张家花园，找到了我父亲和王人艺，聘请他们担任国立音乐院教授。吴先生办事是非常细致的，他设身处地地为他们着想。比如，吴先生另外用王立的名义，为王人艺支付第二份薪水，因为没有办法安排王师母的工作。聘请我父亲为大提琴教授，并担任幼年班的副教务主任，同时还请我母亲到幼年班任教。父亲和王人艺是作为重庆的知名演奏家，被邀请到幼年班教学的。吴先生这样来处理他们二人的工作，也反映出吴先生办好幼年班的迫切心情。当时我的父亲还未到29岁，干了八年多乐队，已经是三个孩子的父亲，家累很重，孩子尚幼，也需要一个安定的工作环境。而且幼年班，是一个从少年儿童开始的正规的音乐学校，正合了他多年的夙愿，他放弃了乐队和其他工作，义无反顾地走进了国立音乐院幼年班的大门。于是，我们举家迁至离重庆市区50里的乡下青木关，这时我刚刚过了五岁的生日不久。

得知父亲到幼年班工作以后，中央训练团音干班的施鼎莹非常生气，因为他们是在国立音乐院实验管弦乐团解体的时候，第一个给父亲发聘书的。施先生还对黄源洛发牢骚，父亲为了了结此事，同意到他们那里兼课。那里只有一个大提琴学生，不久又改学了民乐。他与王人艺等组织四重奏团，参加了中央训练团音干班演出。大约几个月时间，他与王人艺每周都要往返于青木关与重庆之间。

六、国立音乐院幼年班的筹备

演奏家呼吁从小培养
吴伯超受命兴建学校

我国的西洋音乐的专业教育，始于北京。1916年北京大学成立了“北京大学音乐团”，1919年改组为“音乐研究会”，设钢琴、提琴、古琴、琵琶、昆曲五个组。蔡元培先生聘请海外归来的萧友梅博士[①]、杨仲子先生[②]，以及国乐大师刘天华先生[③]等担

---

① 萧友梅（1884—1940年）广东中山县人。1901年起先后赴日本东京音乐学校、东京帝国大学和德国莱比锡音乐学院、莱比锡大学留学，获哲学博士学位。1920年回国，在北京执教多所院校的音乐系且担任领导工作。1927年到上海创办我国第一所高等音乐院——国立音乐院。长期致力于我国音乐教育事业并作出重要贡献，是我国现代音乐教育的奠基人之一。其创作的钢琴曲《新霓裳羽衣舞》是我国第一首以民族历史题材而写的大型钢琴曲。

② 杨仲子（1885—1962年）音乐教育家。南京人。1910年考入日内瓦音乐学院，主修钢琴和音乐理论。1918年回国，任教于北京大学、北京女子高等师范学校音乐体育专修科、北京大学文理学院、北京女子文理学院等校任教授。1932年，就任北平艺术学院院长。1938年起，在重庆历任国立女子师范学院教授、国立音乐院院长、教育部音乐教育委员会主任等职。1947年在南京任全国音乐学会理事长、国立戏剧专科学校教授等职。建国后，在江苏省文史研究馆任职。

③ 刘天华（1895—1932年）民族器乐作曲家，二胡、琵琶演奏家、音乐教育家。江苏江阴人。曾在江阴举办暑期国乐研究会。1922年受聘于北京大学音乐传习所，任该校导师。1926年在北京国立艺术专科学校和北平大学女子学校文理学院音乐系任二胡、琵琶、小提琴教授。教学之余，随外籍音乐家学习小提琴及西洋作曲理论，兼修戏曲音乐。作品有《良宵》、《病中吟》、《空中鸟语》、《光明行》、《月夜》、《歌舞引》、《改进操》等。

任导师，开设乐理、和声、作曲法、音乐史等课程，加强了音乐理论的学习与研究。直到1922年北大音乐研究会改组为北京大学附设音乐传习所，才有了我国第一所专门的音乐教育机构，办了近五年，为我国培养了一批早期的专门音乐人才，其中有后来成为国立音乐院院长的吴伯超。

1927年，蔡元培与萧友梅先生转而到上海，开办了中国第一所音乐学院——国立音乐院，这是真正意义上的一所音乐专门学校，第二年改为上海音乐专科学校。同时在全国各地也有不少音乐院系，培养了一批音乐人才。但是，由于上大学的学生年龄偏大，学习乐器演奏太晚了，在掌握音乐技能上往往不够完善，所以，很难使管弦乐演奏有明显的提高。许多人都萌生出要办少年儿童音乐学校的念头。我父亲对我说：从励志社管弦乐队到中华交响乐团、国立音乐院实验管弦乐团，他与吴伯超、马思聪、戴粹伦、王人艺等，常常在一起议论从小培养乐队人才的问题。我父亲他们那一辈人多么盼望，或者说他们幻想着有一天能建立一个教育体系，培养出像上海工部局乐团一样好的中国人的管弦乐团。

父亲与吴伯超比较投缘，谈得也更深入一些。他们在国立音乐院实验管弦乐队开始合作，后来吴伯超担任国立音乐院院长后，建立少年儿童音乐学校的设想便提到了日程上来了。我的祖父在家乡主持蒙学，我父亲从小就深有体会，细伢子最初并不懂什么是孔孟之道，但是，打好了文化的基本功，对人的一生成长会起到非常重要的作用。他自己从小学习音乐，虽然不正规，却打下了良好的音乐基础，对后来正式学习大提琴益处良多。所以，音乐人才要从小培养，要正规化办音乐学校，这样，才能根本改善我国的管弦乐水平的落后状态。

演奏音乐需要很强的技术要求，需要很深的童子功，年纪大了，手指就硬了，再想提高是很难的。在西方一般家境比较好的人家都要学习音乐，他们的音乐普及率相当高。而中国人的家庭相对比较穷，就是买得起乐器，也学不起乐器，支付学费就是一笔很大的开支，连生活都难以维持，学音乐根本就不可能。我父亲认为，这样会埋没许多音乐天才，极为可惜。我父亲本人就深有体会，他的家庭虽然不算最穷，但是，他也差一点学不成音乐。在上海美专上学的时候，他就曾经幻想过如果能有一个管吃、管住、管学的音乐学校多好啊。

在形成少年儿童音乐学校的构想的时候，认为应该招收穷人家的孩子，他们能吃苦，学习努力，容易成才。问题是怎么能搞到钱，给他们创造必要的学习环境呢？最好能把学生的吃住包下来，让他们安心学习音乐。一方面，学生可以衣食无忧；另一方面，住校又可以统一管理，督促学生练琴。让他们从小打好基础，包括耳朵训练和手指技能训练……请最好的老师教他们，有条件送他们到国外深造等等。在多年的乐队工作中发现了两个突出的问题，一是技术问题，二是音准的问题，需要认真解决。当时我父亲和王人艺都有意愿投身到音乐教育里去。这个管弦乐同仁的共同愿望终于在 1945 年达成，吴伯超受命建立国立音乐院幼年班。所以，从呼吁、游说、筹建到建造幼年班的前前后后，吴伯超与我父亲和王人艺时常商议如何办幼年班，和如何办好幼年班的各项事宜，吴先生也得到了我父亲等管弦乐界同仁们的强有力的支持。

父亲主管专业教学工作。一方面是由于他们之间办学理念相通；另一方面，也出于父亲对管弦乐的了解和熟悉。从此，我父亲开始了他一生为之奋斗的少年儿童音乐教育事业，一生淡泊名利、一生安贫乐道、一生达观超然、一生无私奉献，不思索取、始终不渝。

关于成立国立音乐院幼年班的问题，要从两个方面来看，我父亲后来在回忆创建幼年班时，感慨万千。他说：“国立音乐院幼年班的创建不是个别人的愿望，而是当年管弦乐界同仁的共同的心愿，”这是一个方面。另一个方面，是由于国民党当局的有识之士的努力，这里包括当过国立音乐院院长的陈立夫先生，在任的教育部长朱家骅先生，以及张道藩先生等。梁定佳[1]在1946年12月写道："教育部长朱家骅先生深叹我国音乐之不发达，及演奏人才之缺乏，同时又洞悉音乐专门技术，若非从筋骨柔和之幼年开始训练，实难望其有登峰造极的成就。""去年（1945年）暮春，朱先生那一蕴藏心中已久的宿愿，再度得涌"，"在抗战最严重的关头，命重庆国立音乐院，创立音乐幼年班。"国立音乐院幼年班，既倾注了许许多多音乐界同仁和各界人士的心血，也得到了国民党政府里的有识之士的支持，陈立夫、朱家骅、张道藩等都是建立国立音乐院幼年班的有功之人。1945年初，吴伯超得到了二百万元的政府拨款，开始建校舍、买乐器、聘教员、招兵买马。要知道这时正值抗日战争的紧要关头，国家满目疮痍，经费困难，各方面条件都十分艰苦。在此时能够拨款来办国立音乐院幼年班，不失为远见卓识之举。吴伯超一方面赶建校舍，一方面积极招选音乐天才儿童。我父亲写道："吴伯超先生毅然艰辛创业，是功不可没的。"他为幼年班鞍马劳顿、人前马后，"是出过很大气力的"，他的事业心与责任心为大家做出了表率，没有他的努力这件事不可能办得如此神速的。而吴伯超对我父亲的业务能力、特别对他的人品和敬业精神十分赏识，他们的办学思想是一致的。吴先生选择黄源澧，事实证明是非常正确的，他用对了人。

据章彦先生[2]回忆，早在1944年，章彦先生就参与国立音乐

---

① 梁定佳（1947年初病故）音乐教育家。广东人。就学于上海国立音专，国立音乐院幼年班创始人之一，重庆——常州国立音乐院幼年班教务主任。

② 章彦（1912—1992年）小提琴教育家。广州人。重庆——南京国立音乐院、中央音乐学院管弦系主任、教授。译著有《小提琴演奏技术入门》、《外国小提琴家词典》。

院幼年班的筹备会议，当时的国民党宣传部长张道藩先生是章彦夫人程静子女士[①]的亲戚，章彦是作为音乐专家参加筹备了工作。章彦起初推荐他在上海国立音专的同学梁定佳先生，到国立音乐院幼年班来担任第一任班主任。此前，梁先生是国立音乐院教授，担任音乐欣赏课。后来，吴伯超觉得梁定佳为人热情开朗，又懂业务，担任教务主任负责日常教学工作更为适合。并向张道藩先生要了他的秘书俞文先生任幼年班的班主任。由梁定佳出任教务处主任。幼年班班主任俞文不常来学校，学校的管理工作便由教务处正副主任梁定佳和我父亲承担。吴伯超的女儿吴漪曼教授说："黄源澧先生和我父亲是志同道合的朋友，不论在电台里工作还是在幼年班。在建校的基础工作、创立幼年班及施教的工作上，黄先生和梁定佳先生都是我父亲的左右手，在一起合作。抗战时期，生活最困难的时候，他们都是共渡患难的。"

我们一家人到达青木关国立音乐院幼年班时，幼年班经过半年的紧张施工，刚刚修建完成，幼年班建在国立音乐院斜对面。在公路上，就可以看到用木栏和竹篱笆搭起的校门。那里有一座大一些的建筑，是幼年班的礼堂兼食堂。后面是几座大教室和学生宿舍，最后一排是教师宿舍，我家住在这里。幼年班校园，红顶白墙煞是好看。琴房则像一座座岗亭，因为四川天气潮湿，为了防潮特意架高了一尺左右，足见吴先生用心良苦。学校大门口挂着一个牌子——国立音乐院幼年班。

我们从朱家骅根据吴伯超先生的意见呈报行政院的追加经费的文件中，可以看到裁撤国立音乐院附设管弦乐团，是为了办幼年班，以管弦乐团的经费，再追加一些经费，在国立音乐院添办

① 程静子（1918—1983年）音乐教育家。江苏人。先后在福建国立音专、国立音乐院声乐系任教。1950年入中央实验歌剧院，1957年中央音乐学院附中、华侨大学艺术系任教。

管弦乐队幼年班。吴伯超先生给教育部的呈文说：“过去我国音乐专门学校均招收初高中毕业生，其年龄在十八岁以上，肌肉已发展成形（型），在技术上受生理之限制，不能有高深之造就。故我国提倡乐教已垂卅年，迄无理想之成就。为谋根本改进计，创设音乐幼年班，招收八岁至十二岁之儿童，施以专门技术之训练，……预计将来必能养成一般真正之音乐专门专才，庶与世界乐坛之水准并驾齐驱也。”朱家骅接受了管弦乐同仁的倡议，在国立音乐院上呈教育部的文件上批示：“该班原为成立一首都大乐队而创立，故第一期之学生必须取足二百名，随时补充，务使淘汰后至毕业时，至少尚有一百五六十人终身服务于乐队。”也就是说，当初办幼年班，是为了建立一个国家管弦乐团，原打算招收200名，但是幼年班开办后，抗日战争胜利了，于是，停止了扩大招生的计划。朱家骅写道：“故不得招收普通富家子弟也。”招收穷人家的孩子成为幼年班招生的准则。

廖宝生先生[①]说，他是夏天（6月）参加招生工作的，先去中央大学儿童教育系，学习检测儿童智商的方法。他说，他与我父亲是教务处的同事，当时他是吴伯超的学生，还没有毕业。任务是招生，年轻人，路近的步行或骑自行车，路远坐公共汽车，肚子饿了，一碗面条就打发了。吴伯超真会精打细算，现在说起来轻松，廖宝生可吃了不少苦。他走遍重庆周边几十个保育院，挑选出来大约100多名天才儿童。八年抗日战争，许多家庭妻离子散，家破人亡。宋蔼龄、宋庆龄、宋美龄三姐妹在国际援助和政府出资下，开办了收留流离失所的少年儿童的孤儿院、保育院，是国共合作最成功的项目。八年抗战，老百姓苦难重重，而最苦的是儿童，他们有的与家人走散，有的因父母无力抚养而成

① 廖宝生（1921— ）音乐教育家。广东人。国立音乐院幼年班创办人之一。武汉音乐学院作曲系教授。译有作曲技术理论教材丛书。

为孤儿，于是成千上万的孩子被战时儿童保育院收留，也给幼年班提供了生源。幼年班的孩子中，来自战时保育院的较多。当时在重庆有一些学校里面也有学习音乐的，比如陶行知先生办的育才学校，实际上是一所难童学校。设有音乐、戏剧、美术、舞蹈、文学等，学生中知名的音乐家有杜鸣心、陈贻鑫、杨秉荪等人。那时候，常常有人到保育院去选学生，一方面是出于对流离失散的儿童的同情，另一方面，因为保育院儿童非常集中，可以省却不少工夫。

创办战时保育院、孤儿院一事，宋美龄先生一生引以为荣，而且的确是一件功德无量的善事。据马育弟说，宋美龄晚年居住在纽约时，只要是重庆战时保育院的孩子去探望她，老夫人必定亲自接待他们，并与他们照相留念。然而“这些保育院孩童遭各级经办人员的层层克扣，饭不饱、衣不暖、冬天赤脚草鞋冰上走”。难童们苦不堪言，幼年班分期分批把他们接到青木关时，一个个面带菜色，衣衫褴褛。

招生的考试方法，主要是听唱片和笔试，这张唱片来自美国，名叫《西萧儿音乐才能测试》，学生通过赏听唱片的音响，来分辨音高、节奏、和弦变化等，难度相当大，有时第一个音与第二个音之间相差不足四分之一个音，或者一个和弦只变化一个音……等等，来考察孩子对音乐的敏感程度。这种科学测试学生的方法一直延用到60年代。这对于从未接触过音乐的孩子来说，是非常不容易的，有的孩子还吓得差点尿裤子。另外还有面试，包括唱歌、模仿、节奏、记忆等，让孩子们画画，测试学生的观察力和记忆力，面试时观察学生的反应能力等。但是，通过这些简单的考试来测定智商和音乐才能是远远不够的，也不可能做得那么准确。所以，学校制定了严格的淘汰制，甄别学生是否适合学习音乐。所有留下来的同学日后几乎个个都是出色的音乐家。

招生时，特别注重考生的耳朵，他说“所谓聪明，就是耳聪目明嘛。”比如，当时毛宇宽14岁了，因为耳朵好，被破格录取了。幼年班学生是陆续到达学校的，这些孩子到校后，经过短期基础训练（钢琴和视唱练耳），摸清楚学生的特点后，他们一个个都来到我父亲的面前，伸出手，再看看嘴唇、牙齿、耳朵等各方面条件，由我父亲替他们选择和分配专业。学大提琴的有盛明耀、马育弟、田保罗（田丰）、李仲平等。学小提琴的有毛宇宽、赵惟俭、李桐洲、张应发、陈长泉、熊天声等。一直到天津少年班，学生的专业分配都是他亲自安排的，1952年进学校的吴思一，至今还清楚地记得父亲为她选专业的情景。幼年班的专业是按照一个双管编制的管弦乐团设置的。管乐器先不开课，因为要用气，怕小孩子伤身体，当时没有管乐器可供学生使用。（我国那时候还没有制作管乐器的能力，加上战争时期管乐器不好买）。除了大、小提琴外，一律都学钢琴。这是一个全新的事业，他们试着去做前人没有做过的工作。1987年父亲写道：“因为开办这种专业学校国内外没有蓝本，又无经验可循，除了文化学习外强调了视唱练耳和音乐欣赏，挑选一部分人学习弦乐器，其他都学钢琴、风琴和视唱练耳。”先按年龄和文化程度分为四班。专业课分为主科与副科，主科有小提琴、大提琴、钢琴，弦乐的学生一律以钢琴为副科。同时还设有视唱练耳、乐理和音乐欣赏等音乐基础课程。文化课包括国文、算术、常识、社会和英语，以及体育课。学生那时候很小，不知道为什么要学音乐，明确的概念是在日后长久学习的过程中逐渐形成的。后来，似乎人人都知道，将来我国管弦乐团的发展就要靠他们了。所以，这些学生大多勤奋好学、刻苦努力，所以，学业进展神速。学制暂定九年，毕业时达到大学水平。

开学以后，又招进西安保育院的何金祥、张孔凡、高经华，他们是学过乐器的，一到幼年班就登台表演，令同学们羡慕不已。高经华拉了《金婚式》，还有一个女孩子叫李秀英，学小提琴的，也到了青木关，当时她和田保罗还挺好的呢。由于吴伯超坚持不招女生，他认为："女孩子吃不了苦，加上管理不便"，"好不容易学出来便嫁为人妇，对音乐不能从一而终。"所以，幼年班的学生，在青木关国立音乐院幼年班校门前，留下的照片上都是光头，一个个"小和尚。"一直到解放前幼年班招收的学生，清一色，都是男生。我们数一数青木关幼年班门口的学生合影照片上，大约有100人，加上一些没有来照相的学生，当时招收的学生准确的数字，应当在100名以上。

我在文化部机要档案处查找解放前国立音乐院的档案，其中有1945年度幼年班的学生籍贯统计表，现在抄录于后：

幼年班卅四年度（1945年）第一学期学生统计表

浙江10人　河南5人　四川38人　湖北32人　安徽8人　湖南7人　山东2人　江苏6人　河北2人　江西2人　天津1人　广东8人　广西4人　北平1人　南京4人　上海1人

大提琴19人　小提琴67人　钢琴47人。

如资料所记，当时青木关幼年班招收的学生共计133人，后来陆续又招了一些学生。根据梁庆林的叙述，他是1946年幼年班东迁时从宝鸡考入幼年班的，当时他的学号是141号。幼年班学号的排序是按照先后排列的，处理或甄别后不重新排序。梁庆林是141号的话，可以推断，青木关幼年班的实际招收的学生数目应当为140人。

七、1945—1946 年国立音乐院幼年班在青木关

青木关草创音乐学校
黄源澧肩负专业教学

位于重庆西南郊的青木关幼年班，离重庆约有一个小时的车程。沿途山峦起伏、山路崎岖，途经歌乐山，后来小说《红岩》问世，我母亲还对父亲说，歌乐山离我们（青木关）那么近，我们怎么没有听说过这些事啊。当时学校的条件虽然简陋，瓦房和砖头砌的墙比较少，大部分是竹篱笆墙，外面抹上泥土石灰。但是，却有礼堂，有食堂，有教室，有琴房，有学生宿舍，有教师宿舍，还有澡堂，一应俱全，有两座长条形的学生宿舍，分隔数间，每间屋约住二十个学生。每间宿舍都起了名字，有“创造斋”、“自由斋”、“和平斋”、“胜利斋”等雅号。一进幼年班的木栏门，有旗杆，琴房散布在山坡上，像岗楼一样的小亭子，除了有人练琴，周围的竹林是很幽静的。我们年龄小，不常到前院去。后院离琴房近，有时妈妈带我们去琴房，那里有野花，琴房空着的时候，她会教我弹一二支曲子。我才五岁，不认识谱子，模仿母亲，她弹一句，我弹一句，学得还挺快，时常受表扬，我自然很高兴。老师们的宿舍在最后一排，每家一间，我们全家挤在两张床上。因为没有电灯，都点油灯，晚上隔壁摇曳的灯光晃晃忽忽地透过来。房子不隔音，常常能够听到有一家打骂买来的

丫头，时不时传来嘤嘤的哭喊声，令人不寒而栗。我和远浦一般只在自家门前玩耍，每次下大雨房顶漏雨，门外积水，有时候水涌进屋子里，我的父母忙着往外面舀水，我们则高兴地在床上又蹦又跳，看着屋子里漂浮着的物件，板凳、鞋、盆……像在河里一样，以为好玩。到了白天，我和弟弟去踩泥坑，滑滑的烂泥几乎埋到腿根，弄得一身的泥巴，害得我妈妈还要辛辛苦苦给我们洗衣服。每家房子北边都有个厨房，一根长长的竹子把山泉水引到门前，这是大家的生活用水，长流不息，也是我们嬉戏的好去处。幼年班的周围有篱笆墙，隔着水田，我们去抓过蝌蚪。再远一点的地方有一家造纸厂，永远漂着臭味，妈妈带我们去看过他们造纸。郑华彬老师住在我家旁边，我们常常到他那里吃糖果，去看他贴在墙上的蝴蝶标本。在青木关生活的日子是那么遥远，只留有依稀记忆而已。

从保育院、慈幼院、贫儿院来的衣不蔽体、食不果腹的穷苦孩子，一到幼年班，就像进了天堂。尽管抗战时期后方的学校和孤儿院、保育院也管饭。但是他们在孤儿院、保育院时常常受到凶狠的老师和霸道学生的欺负。据说要等到这些人吃好了，他们才能开始吃饭，往往那些大佬用过之后，已经所盛无几。弱小的同学从来就吃不饱，只好挨饿了。到了幼年班，吃的是白米饭，有菜有汤，有肉吃，不仅管吃、管住、管学，还发衣服，一切全都包了，甚至还发一些零花钱。生活的变化，使这些面无血色的孩子的健康状况，很快就得到了改善。消息传开，又有许多人来报名，很多学生是冲着这个学校吃饭不要钱而来的。这对于战时的孩子，充满着诱惑力。有的人甚至考了二三次，一时间搞得沸沸扬扬，甚至还要借用普通中小学的课室公开招生。也有来自一般学校的，如马育弟、毛宇宽、岑元鼎、陈忠明等。马育弟是他姐姐听严良堃说有这么个学校，由姐姐送来的，毛宇宽是父亲送来的，熊天声的伯母在国立音乐院医务室工作……当时孩子们听说有一个管吃、管穿、管住、还能读书学本事的好去处，自然争先恐后惟恐不及。而当时有这种条件的其他学校，就只有培养飞行员的空军幼年班了。

父亲主管专业教学。他在文化大革命中交代“罪行”时说，第一次幼年班校务会议上，他就提出了一整套“反动”的办学措施，充当吴伯超在幼年班的得力干将。他提出学生年纪小，“学校大门不能随便出入，要营造良好的学习环境，让学生关起门来专心学音乐而心不外骛。”他提出每天查琴房（一直到现在学校琴房的门上都有一个玻璃窗口），每周要考察学生的学习进度，不能让学生有丝毫的懈怠。要特别注重技术训练，打好技术的底子。音准和技术是主要应该解决的课题。视唱练耳、音乐欣赏、音乐理论和钢琴这些基础教育要抓紧。因为学生们大都没有接触过西方音乐，要开阔他们的视野，让孩子们更好地认识音乐，同时训练他们的耳朵和手指技能。用戏班子的科班制度来严格管理……这样才能有望经过九年的时间，把他们培养成管弦乐团的主力。他赞成实行严格的淘汰制，他认为，如果音乐天赋不够，早发现早送回，学别的还可以成才，免得耽误孩子们的前程。他的主张得到了大家的认可，成为幼年班的管理模式，有的主张则一直延用到如今。我父亲和老师们坚持每天查琴房，经常考核学生的学习进度，外出学校要请假等等。音乐欣赏和音乐理论课则由教务主任梁定佳担任；每个学生都要学习钢琴，钢琴等同主科。他认为钢琴是音乐的基础，对耳朵、手指、视谱的训练是至关重要的。“所有的学生的视唱练耳要重视起来，基本上等同主科。”视唱练耳则成为考核学生能力的重要因素，如果一个学生的视唱练耳不好，将有可能遭到淘汰。我先生钱苣说，他在中央乐团工作时发现幼年班出身的同事耳朵都比较好，像木管乐器里的李学全、刘奇的耳朵都很灵敏，不得不说这与当时校方的重视和严格要求分不开的。我父亲坚信，只有严格的管理才能培养出我国管弦乐团的精英人才。幼年班的学生们在青木关短短的七、八个月的时间里，演奏技能突飞猛进，有的学生甚至都可以演奏协奏曲了，取得了令人振奋的成绩。

父亲说："当时，最大困难是乐器，院部（有15架钢琴）调来四架旧琴……还有几架小风琴和一架手摇唱机。钢琴声如破锣，高低音不分。唱机必须用手摇动，时转时停，其音响可想而知。"我父亲还负责监制大小提琴，由国立音乐院的一位能工巧匠林炳炎先生制作了大小提琴共计20多把，缓解了学校大批学生的急需乐器的紧张状态，即便是这样，也要二三个人合用一把琴。"真是筚路蓝缕，创业维艰！"

青木关时期有教员26名，职员工友9名，共35名。教师队伍由吴伯超亲自挑选，小提琴老师有王人艺、关筑声①，以及刚刚从分院毕业的高才生盛天洞（盛雪）②，张季时③以及杨毓芝等人。盛天洞举行了当时少见的学生毕业音乐会，立即接到聘书，到幼年班授课。大提琴老师有我父亲黄源澧（教授）和王友键（副教授），钢琴有范镇南（教授）、马幼梅④（讲师）、毛月丽、赵玉华（助教）、彭维明⑤（助教）以及王慕理等人，还有教音乐共同课和文化课的老师十几人。班主任是俞文，通过训导处来管理学生，当时训导主任是彭善宝先生（副教授），黄蕊秋（讲

---

① 关筑声（1911— ）小提琴、作曲家。北京人。国立音乐院幼年班小提琴教员。建国后，上海儿童剧院音乐指导、中国儿童艺术剧院创作组。作有儿童剧音乐《马兰花》等。

② 盛雪（1919—1984年）小提琴教育家。江西人。1945年任教于国立音乐院幼年班。中央音乐学院少年班、京艺术学院教授。

③ 张季时（1918— ）小提琴教育家。四川新都人。1945年任教于国立音乐院幼年班。1949年，先后任教于四川艺专、四川音乐学院。四川省政协委员。

④ 马幼梅（1918— ）钢琴教育家。杭州人。1945年任教于国立音乐院幼年班。1951年赴美国留学，后在中央音乐学院、南京艺术学院任教。

⑤ 彭维明（1920—1977年）钢琴教育家。四川夹江人。1945年重庆国立音乐院毕业。后在国立音乐院幼年班任教、1949年在中央音乐学院钢琴系工作。

师），刘文英和钱宝华老师，她们刚刚从国立音乐院毕业，来校当助教，教视唱练耳，同时作为训导员管理学生的生活。我们从国立音乐院档案里查到，最早到幼年班教书的还有：陈德义（理论作曲教授）、江子麟（算术教授）、张栋承（体育副教授）、梁宝娴（英语副教授）、刘漱汾（英语、常识、自然、社会讲师），贾丽仙（国语讲师）、陈宗娥（国语讲师）、岳泓（讲师）、廖宝生（教务处注册员）、王辉庭（我母亲注册员兼钢琴）、游志清（事务员）、蒋祖宝（事务员）、周玉琳（助教训导员）、刘光爱（护士）。幼年班复员后，有些人由于种种原因离开了学校，这些人与幼年班只相处了半年多，同学们也记不清了。

有二栋学生宿舍，一栋是小同学的，请了两名当地的女佣和学生同住，给孩子们洗衣服，每天督促学生睡觉和起床，晚上盖被子，喊孩子起来上厕所。有时学生尿床，还要为他们晾晒被褥。另一栋是大同学的宿舍，隔壁是黄蕊秋、刘文英、钱宝华老师的宿舍，与学生宿舍之间，有一道篱笆墙，不通顶，上面放着油灯。夜里有人要起夜叫老师，她们起来点着半截墙中间放着的桐油灯，宿舍门口放着一个大尿桶，供学生解手之用，第二天，有工人抬走。她们还要为学生们解决疥疮、瘌痢头和虱子等问题。比如，给学生除虱子就是一件又脏又累的苦差事，又洗又煮，里里外外的大扫除，而刘文英、钱宝华、黄蕊秋老师还只是二十岁刚刚出头的姑娘。幼年班就是由这样一群无私付出的老师，在默默地做着各自的工作，她们无怨无悔地为幼年班奉献出自己的青春，怪不得学生们与她们亲如家人。父亲虽然体育不怎么好，但是，喜欢踢足球（退休以后，总爱看足球比赛）。就他个人的体会，学音乐的打篮球不好，容易把手指挫伤。为了保护学生们的手，提倡游泳、踢足球等运动，所以幼年班的足球是很有名的，不少学生都踢得非常好，像李仲平、马育弟等。

郑华彬先生原来在贫儿院工作，工作认真负责、为人厚道仁慈、富有博爱精神。他那无私奉献的高贵品质被吴伯超看中了，特地请他来幼年班管总务工作，郑先生为学生们的衣食住行费尽心计、日夜操劳。他是一位印度尼西亚的爱国华侨，为了抗日战争，把自己经营的铺子卖掉，慷慨地捐给政府买飞机，打日本。他从缅甸公路进入祖国，又经过漫长的跋涉，千辛万苦到达重庆，就是为了抗日救国。他一生未婚，始终与幼年班、少年班、附中、音院的成长为伴。他每天挑着担子去市场买菜，买又便宜又好的菜，他还亲自下河摸鱼捞虾，同学们不仅吃得饱，还能吃得好。学生病了，他做好病号饭，送到生病同学的屋子里，或亲手煎汤喂药，送饭送水。从幼年班到附中到院部，从青木关到天津到北京，直至他撒手人寰，从没有间断过。受郑华彬照顾的学生不计其数，所以学生们亲昵地称他为“郑妈妈。”在文化大革命初期，我父亲和两个弟弟被打成了“黄家村”反党集团，大字报铺天盖地，他非常着急，逢人就说：“黄源澧可是好人啊”，为我父亲打抱不平。不料一生与人无争的他，一生只做好事，从不做坏事的大好人，也被揪出来批斗。某些‘造反派’没完没了地纠缠他解放前的历史……毛宇宽曾经半夜带张锡生去看郑先生，他们对郑先生说了些宽慰的话。没想到 1968 年冬天，在他工作的医务室门前的大树上，郑老师终于不忍屈辱，万念俱灰而了却一生，令人心碎。听到郑先生自尽的消息，我母亲不禁流泪，当年生死与共的同事以这种方式撒手人寰，叫人难以接受。许多幼年班到附中的毕业生，也被深深地刺痛了，这么好的一个人也没有躲过文革的厄运。

梁定佳是创建国立音乐院幼年班的功臣，他是吴伯超任命的第一任教务主任。亲自给学生上音乐欣赏和理论课，常常要使用大量的资料，需要借助很多唱片。只要有一点唱片的线索，他就要到重庆市里走一趟。他时常到美国驻重庆新闻社去借唱片，旅途劳顿自不必说，结果还往往无功而返。1946 年奉命提前到南京参加接收和筹备幼年班的迁校，不幸染上了伤寒，病危时刻还在关心学生们的琴，拉得怎么样？同学们闻知他去世的消息，悲痛不已，都禁不住嚎啕大哭。他是一个执着、敬业、具有深厚人道情愫的音乐教育家，梁先生为把对音乐一无所知的学生领进了音乐圣殿，为幼年班的建设，不辞辛劳，可谓鞠躬尽瘁了。正是由于这些优秀教师们的无私奉献，才有了我国如今交响乐事业的辉煌。

我父亲说，他也时常要到重庆市里去，那时候的公共汽车班次很少，往往汽车上挤得密不透风。他给我们讲他的一次惊险的经历，他手提着借来的乐谱，最后一个挤上车，但是车门关不上，他只好一只手握着车门把手，另一只手抓住前面的车灯，身子悬在车门外，路途崎岖，颠簸不平，在经过歌乐山蜿蜒曲折的陡峭山路的时候，汽车从陡坡上倾斜而下，那该有多悬哪！父亲说，“经过歌乐山的时候，真的有点害怕，亏得年轻啊。”

父亲与吴伯超、梁定佳对于怎样办幼年班是有共识的，可谓志同道合。并在为人处世方面相互信任，在办学理念上也心灵相通。梁定佳和我父亲则全身心地投入到幼年班教务处的工作中去，互相支持、互相帮助，把幼年班办成为当时全世界绝无仅有的全日制少年儿童专业音乐学校，从而确定了我国少年儿童专业音乐教育的基本格局。

抗日战争胜利后，有些学生被家长领走。例如，岑元鼎 1946 年 1 月就办了退学手续，随父母迁往南京。陈忠明被父母亲接回武汉。临走的时候说：“格老子，再也不要那个白本本儿了。”白本本，就是学校油印的乐谱。剩下的孩子里，有一部分才能和业务能力尚差一些，吴伯超主张为了不影响孩子的出路，学校只留下天才儿童。在我父亲主持下，吴先生亲自出席，逐个地对学生进行甄别。1946 年 4 月经过甄别后，只留下了 40—50 名学生，其余的都送走了。建校初期，在设立学习科目的时候，就已经想到音乐是需要天赋的，不合格的学生搞音乐非常困难，勉强不得，对他们其他方面才能的发挥也是一种埋没。所以，幼年班特别重视文化课目的教育，所请老师都是很有学识的专家，像彭善宝先生①，江子麟老先生（江定仙的父亲）等老师。江子麟教数学，彭善宝是一位剧作家，学养深厚，他教国文。为的就是让学不了音乐的孩子能够跟上普通学校的课程，不至于耽误这些孩子们的前程。

1945 年第一学期完成学业的学生有 116 人。1946 年 3 月便结束了学业，4 月，朱家骅批示，幼年班不招生，因为，国立音乐院要迁回到南京去。吴伯超在南京玄武湖边古林寺，购地四十亩建国立音乐院校舍，而幼年班准备用张清山先生捐赠的一所房屋作为校舍。张清山先生出身清贫，清末年间到南京创设张福记营造厂，略有积累后，自建这套房屋，在南京太平科巷，大小房屋百余间。“垂暮之年，深感昔年失学未受教育之苦，自愿将毕生所有的（全部）房地产捐献作办教育之用。”后来因为原住户“拒不迁居，以致无法接收”，“房屋构造，完全不合适学校之用。”只好把常州作为幼年班的暂栖地。那就是常州椿桂坊灵官庙。(查自南京国家档案——附中留存。)

在从重庆青木关迁到常州灵官庙时，梁定佳安排彭善宝、刘

---

① 李洪辛（1916—1994 年）原名彭善宝。剧作家。湖北天门人。1931 年便开始文学创作，先后在武汉进步刊物《文学》、《北斗》等刊上发表抗日宣传文章、诗歌、小说和戏剧。1937 年加入“战区学生移动民剧团”，担任编导，参加创办救亡刊物《呼声》、《流逝》。后改编为“抗敌演剧了第六队”，担任导演和编辑，编导了《保卫卢沟桥》、《放下你的鞭子》、《九・一八以来》、《打回老家去》等剧目。先后在贵州军校新生剧团任编导、教育部第三戏剧教育队、川康教育队戏剧团训练班任正、副队长。1945 年，任重庆国立音乐学院幼年班副教授。抗战胜利后，创作了《大凉山恩仇录》由香港文化影片公司拍摄成影片，在全国放映。新中国成立后，先后发表了电影文学剧本《两家春》、《有一家人家》。1956 年调上海电影制片厂，任编辑部主任，编剧。创作了电影剧本《燎原》、《血碑》、《南昌起义》、《燎原》（续编）、《大泽龙蛇》、《瞿秋白》、《向警予》等。在创作《康熙皇帝》期间，突患高血压中风，右手瘫痪，他坚持左手写作完稿。《南昌起义》获 1981 年文化部优秀影片奖。

文英、黄蕊秋老师一路护送学生，梁先生奉命去南京接收和筹备去了。那时候四川没有铁路，一直到宝鸡才能换乘陇海铁路。彭善宝、刘文英、黄蕊秋老师带着学生分乘二辆烧木炭的破卡车，经过广元历经千辛万苦才到达宝鸡。西安保育院的梁庆林、袁世正同学当时在宝鸡，碰到了关筑声老师，关先生出资带他们乘火车到达常州。后来经过考试，梁庆林、袁世正进入常州幼年班。

父亲把学生们送走后，与其他教师在青木关等候交通车辆。因为重庆的政府机关也都要回迁，交通极其困难，我们在青木关等待了一段时间，才到重庆等候飞机。当时重庆的土匪盗贼猖獗至极，到重庆后，我家临时住在一个旅馆里。但是，在我们外出吃午饭的时候，不幸的事发生了。我们的住处停了一辆车，光天化日之下，明目张胆地把我们全家的行李洗劫一空。我父母几年积攒的家当都没有了（包括原打算到上海买钢琴的钱），我还记得当时屋里乱糟糟的样子。幸亏三弟黄远涪没有被抱走，还在床上，我母亲一进门就把远涪紧紧地抱在怀里。这次对我父母的打击太大了，我们直到解放后才从修钢琴的师傅那里买了一架旧钢琴。我父亲拖儿带女的，沮丧地把我们送上从上海开往青岛的轮船后，便立即赶到南京与梁定佳会合。此时南京国立音乐院是一片杂乱的工地，父亲在办公室的桌子上睡了一宿。到常州，他们齐心合力很快就把学校打理停当，幼年班按部就班地进入正常的教学轨道。这时班主任换成赵东元先生，还换了训导主任。等幼年班安顿停当后，我们才与父亲会合。

重庆青木关进校的学生有：

一班

王国文——（王平波）贵阳群众艺术馆，民间音乐专家。收集整理大量民族民间音乐。

何文深——南京军区前线歌舞团单簧管演奏家，钢琴家。群众艺术馆，民间音乐专家。

陈长泉——中央乐团中提琴首席。现居美国。

白哲敏——中央乐团单簧管演奏家、钢琴教育家。现居香港。

毛宇宽——音乐学家。中央音乐学院资深音乐理论家、翻译家，现居香港。

龚世则——小提琴演奏家。

陆有瑞——中央乐团小提琴演奏家。

李桐洲——小提琴演奏家。中央歌舞团、天津交响乐团首席。

高经华——中央乐团小提琴演奏家，曾任交响乐团首席，乐队队长。1949年4月获上海少年儿童器乐比赛二等奖。已逝。

张孔凡——（张子文）钢琴家、作曲家、指挥家。曾任中央乐团指挥，西安交响乐团指挥。交响诗《穆桂英挂帅》主创之一。已逝。

何金祥——曾任中央民族学院小提琴及乐理、视唱教师，已逝。

夏自强——钢琴，下落不详。

二班

盛明亮——中央乐团小提琴演奏家。

盛明耀——著名大提琴演奏家，中央乐团大提琴首席，现居加拿大。1949年4月获儿童音乐比赛大提琴头等奖。

陈稼华——南京军区前线歌舞团小提琴演奏家，团长。

马育弟——大提琴演奏家，中央乐团大提琴声部长，中央歌舞团管弦乐团大提琴首席。交响诗《保卫延安》主创之一。1949年4月获儿童音乐比赛大提琴二等奖。

杜家治——（杜又施）重庆市歌舞团小提琴演奏家，作曲家。

林　岭——（林贤良）山西大学音乐系教员，已逝。

何民权——南京军区前线歌舞团长号演奏家。

李学全——中央乐团长笛演奏家，长笛学会会长。新中国第一个国际金质奖章获得者。中央乐团长笛首席，乐队队长。2003年去世。

顾顺庆——北京木偶剧团长笛演奏家。

陈光明——天津音乐学院双簧管导师，后为人民音乐出版社资深编辑。

刘志奇——上海儿童艺术剧院，后去佳木斯，状况不详。

朱焕炜——钢琴，下落不详。

沈兴华——天津音乐学院及解放军艺术学院长笛教授，1949年4月获上海少年儿童器乐比赛二等奖。已逝。

吴光绪——圆号，南京第一文化宫。

张传德——中央民族歌舞团钢琴家、手风琴演奏家。后回成都。

李仲平——中央乐团大提琴演奏家。

张应发——中央乐团小提琴演奏家，中央乐团首席。

林　深——中央乐团小提琴演奏家，现居住在香港。

王永新——中央音乐学院长笛教授。1958年毕业于捷克布拉格高等音乐学院。任教于中央音乐学院。他的学生在各个交响乐团任职。编著《长笛经典名曲集》等。

陈忠明——武汉音乐学院大管教授。已逝。

田中浩——小提琴演奏家，重庆市歌舞团小提琴首席。

三班

景宗模——西南师范学院钢琴教育家，教授。

赵惟俭——中央音乐学院小提琴教授。中央音乐学院考级委员会副主任。著有《国际青少年小提琴比赛名曲集》、《小提琴每日练习》、《小提琴双弦音阶快速练习》。

朱肇基——广州乐团小提琴演奏家。

熊天声——中央音乐学院小提琴导师，中央乐团小提琴演奏家。

汪光五——南京军区前线歌舞团大提琴演奏家，已逝。

阿克俭——上海交响乐团小提琴演奏家，作曲家。

刘守贵——广州星海音乐学院钢琴教授。

耿高明——中央乐团长号首席演奏家，首席。已逝。

罗　成——上海交响乐团中提琴演奏家，首席，现在新加坡。

黄伯荣——中央乐团小提琴演奏家，已逝。

罗锡蛟——小提琴，广西临桂县四塘中学。

张应元——小提琴演奏家。天津歌剧舞剧院乐队首席。

严正平——大提琴教育家。天津音乐学院大提琴教授，管弦系主任。

四班

严福保——山西艺术大学小提琴教授。教研室主任。

田　丰（1935—2001年）原名田保罗。1949年参军，1957年考入中央音乐学院学习作曲，1962年任职于中央乐团创作组；并在云南创建了“云南民族传习馆”。主要作品有六首交响合唱《毛主席诗词》、交响诗《刘胡兰》、合唱组歌《云南风情》。

吴光庭——小提琴演奏家，重庆京剧团。

张绪昌——大提琴演奏家，广州民族歌舞团指挥。

刘松林——钢琴，下落不详。

杜家华——小提琴演奏家，成都。已逝。

岑元鼎——中央乐团中提琴首席。

李仁杰——小提琴，下落不详。

幼年班这四个班是按照学生的文化程度，从小学三年级至六年级划分的。常州初期到校的学生还有钢琴尚显武、范荣彦、谢根生、罗学礼、刘永浩、张洪泽、黄成大、张良卿，袁世正，小提琴梁庆林、刘苹、陈忠明、岑元鼎，大提琴周寿民，铜管孙騊亨。

八、1946—1950年国立音乐院幼年班在常州

幼年班聘请外籍名家
黄源澧初建少年乐团

1946年5月学生们到达常州。据我父亲记述，南京无法安置幼年班，而常州是吴伯超的老家（常州武进雪堰桥镇），一来是他的家乡，人头熟，很多事情比较好办；二来他不愿让幼年班受到大学生们闹学潮的干扰。况且南京到常州，两地相距也并不远。且离上海很近，有诸多方便。

常州幼年班的校址，在常州椿桂坊灵官庙，原来是一个贫儿院，抗日战争胜利后，许多孩子被亲人领走了，出租了一大半给幼年班。灵官庙是一座废弃的庙宇，日本占领期间，曾关押过中国战俘。刚刚进去的时候，感觉阴森森的，墙上还残留斑斑血迹，有的墙上还有模糊难辨的字迹。后来由贫儿院占用。院子南边靠城墙处是贫儿院，他们的大门开在城墙旁边，北边靠近小运河即是常州国立音乐院幼年班。

学校门口（原庙门口）有一对石狮子，门前一条石板路沿运河而造。运河很窄，上面来回摇曳着木船，大多数是运粪船。河的两岸常常有人洗衣、洗菜、刷马桶，很热闹。我和远浦每天到琢初桥小学上学，沿运河要走十分钟，所以，印象深刻。1948年年底，国内局势很乱，我经常看到河里漂着尸体，又惧怕、又好奇，我会不知不觉地跟着大人看热闹，以至于常常迟到而被罚

站，要面对白墙站一节课。幼年班的地方不大，为两进院子。第一进院中是木制的二层楼房，呈马蹄形，两边都是长条的房子。前面的楼上大部分是老师的宿舍，以及办公室和课室，其余是学生宿舍，这是学校教学的主体场所。通向二楼的楼梯是露天的，在楼梯口住着盛雪和廖辅叔[①]两家，上下楼正好从盛雪的家经过。所以，他的儿子盛中国练琴时常挨打、挨骂以及盛雪哄他的模样，路过的人都能看到。正中间有一个大殿，成为临时礼堂，大殿由四根大圆柱子支撑，原来放神位的地方成了讲台，左右各有一个门，左边门进去是食堂兼大课室，右边门过道有教务处办公室，再进去是伙房和浴室。第二进院子小一些，两边是二层灰砖楼房，楼上楼下都是教室。正南面，楼下是贫儿院，二楼的一半也是贫儿院的，只有一半是老师的宿舍。但是两个学校是隔开的，并不相通。我们一家以及王人艺、刘文英老师等住在这里。那时每个老师家只有一间屋子，王人艺住在我家侧面。楼下的院子很小，冬青树围着的一个花圃，种了一些花草，还有一座纪念塔。后来在西边又开辟了一个小院子，盖了二十多间琴房，琴房的屋顶是用草铺的，冬天融雪的时候会结成黄黄的冰柱子，门窗不严实，冬天练琴是很冷的。小院子的南边，还盖了间大一点的教室，有钢琴，在这里上视唱练耳和乐理课。大教室后面有一小院，长满了野草杂树，这是我们姐弟和年纪小的同学一起玩的地方，琴房的院子有一个可以活动身体的空间。但是，体育课常常要到校外去，在贫儿院门口、城墙边上。

幼年班到达常州后，即在上海和附近的一些地区公开招生，

---

① 廖辅叔（1907—2002 年）音乐学家。广东惠州人。1927 年在广东法官学校读书时加入共产主义青年团，同年参加广州起义。1930 年进入上海音专。1946 年任南京国立音乐院教授、1950 年转入中央音乐学院，历任图书馆馆长、文学教研室主任、音乐研究所教授、博士导师。曾当选中国音协理事、全国政协文史资料研究委员会文化组成员。著有《中国古代音乐史》等。

幼年班的公费和寄宿制度，吸引了许多穷困人家的孩子踊跃报考，不仅减轻家庭负担，而且还发衣服，衣食无忧，真是天大的好事。当时总务处的也不知道从哪儿弄来的制服，幼年班里的学生每个人发一身，都是用国民党士兵的军服改的，黄黄的，俗称“老虎皮”。穿上后就和国民党兵一样，那时候国民党的伤兵很霸道，见到“老虎皮”，老百姓惹不起。幼年班的学生常常冒充国民党兵混进去看电影，年龄大一些的同学还带着我和弟弟去看过电影，可以不花钱，我最爱看的是《人猿泰山》系列电影。冬天，发的是灰布棉袄，有时还会碰到棉袄上面有子弹弹孔和血迹。许多家长看好幼年班的前景，纷纷把孩子送到幼年班。比如，朱工七，朱工悟兄弟。那时朱工悟才五岁，因为年纪太小了，晚上不肯一个人睡，要跟哥哥挤在一张床上睡觉。还有特地从其他省份来报考幼年班的，比如，刘奇，就是从河南开封闻讯而来。考进了幼年班之后，开封的报纸上恍若金榜提名一般，祝贺河南天才童子刘奇高中国立音乐院幼年班。

到了常州以后，由于环境比较稳定，逐年招生，学生人数激增，最多时达到200名左右，幼年班进入稳定的发展阶段。这个时候，学校的物质条件比起青木关要强多了，有了电灯，住的是二层楼房。买了十二架上海产的钢琴，添置了管乐器、弦乐器。由于学生人数增加，那些小型的大、小提琴不够分配了，要几个人合着用。然而，这种小型的大、小提琴，上海也很少，并且都是进口的，价格十分昂贵。于是，为了解决教学的需要，请来了木匠做琴，黄晓和的文章记载了这件事：“在黄源澧先生的指导下，拆开一把正规大提琴，按比例缩小，是模是样地自制了若干把小型大提琴。在上漆之前，黄先生试奏过，声音明亮，相当满意。可是等上了漆以后，声音朦胧，判若两样。因为木匠用的是一般家具的油漆，封死了琴板的震动，声音就出不来了。”不过，我们也不能要求这些木匠能够创造出什么奇迹，那些意大利制琴大师，漆的配方就是秘方，只有大师自己明白。不仅最后这一道上漆关键工序是保密的，甚至上漆要上几遍，上什么漆，都是独门手艺、看家本领，是决不外传的。意大利的制琴大师他们把漆上好了，声音不仅不会损失，反而能够美化提琴的音色。解放以来我国多少制琴大师经过不断地摸索，这一难题也还不能说完全解决了，何况当时呢？这些小型的提琴虽然音色不怎么美妙，对于幼年班的学生来说毕竟有琴练，不必五个人合用一把琴了，解了幼年班的燃眉之急。

幼年班那时候按照文化程度共分五个班，每班二三十人，在专业上都是从零开始。这时候学校的学习空气非常好，课程都是按照法国国立音乐院的课程设立的。应该说，吴伯超当时的办学思想就已经与国际接轨了。吴先生和父亲都对视唱练耳极其重视，在甄别学生的时候，父亲就是舍不得把耳朵好的学生处理掉，不少学生就是因为耳朵好而留下来了。所以，同学们对视唱练耳课的学习都非常认真，那时候吃饭前先在那里等着，要宣布一声才开始盛饭。在等待的时间里有的同学就在那里敲碗，大家就在那里分辨这个碗是什么音，那个碗是什么音，学习的气氛很浓，即便打破了一个碗，同学们还在练耳朵。第二年听了学生的演奏，他们的琴艺突飞猛进，使吴伯超欣喜万分。这是因为一方面是学习环境安定，同学们大部分都十分努力。另一方面，这时候师资的结构也有了很大的改进。常州离上海、南京都很近，吴伯超把当年最好的教员都请来了，学校的师资力量得以加强。在校的老师有：

赵东元——幼年班班主任，相当于校长，兼任地理课和主持每周一的周会。在抗日战争前是中央大学附中校长。办学有方、经验丰富。

梁定佳——教务主任。兼任音乐欣赏课。为学生安排各种学习生活，不幸染上伤寒于1947年初去世。

黄源澧——副教务主任，大提琴教授，负责乐队训练，主持学校的专业学习。1947年任教务主任。

王人艺——小提琴教授，小提琴演奏家。在抗日战争之前，与上海工部局乐团合作演出小提琴协奏曲，是参加上海工部局乐团工作的少数中国演奏家之一。后在上海音乐学院任教。

盛天洞——即盛雪，小提琴教育家。著名小提琴家盛中国、盛中华的父亲。后在南京艺术学院执教。11个子女，除一人外，都从事音乐工作。

张季时——小提琴教育家。后在上海音乐学院任教。

关筑声——小提琴教育家、作曲家。从西安带来了五名优秀学生。后调到中国儿童艺术剧院幼年班任教。作品有儿童剧《马兰花》音乐。

杨毓芝——小提琴教育家。

夏之秋——管乐教授，作曲家。主授小号、圆号及乐理。创作大量的作品，如《思乡曲》、《歌八百壮士》等抗战歌曲，影响深远。

廖辅叔——著名音乐学教授，音乐学家、教育家、翻译家。早年参加过广州起义。请到幼年班主授国文，并担任级任老师。梁定佳先生过世后，主持幼年班的音乐欣赏、作品分析。学识渊博、平易近人，是幼年班同学的良师益友。

王友键——大提琴教育家，副教授，马思聪内弟。

潘美波——杰出的女钢琴家。俄国查哈罗夫和拉查雷夫教授的得意门生，在上海多次举办独奏音乐会并录制唱片，不幸染伤寒，英年早逝。

赵玉华——钢琴教育家。

马幼梅——钢琴教育家，时任讲师。

王辉庭——钢琴兼教美术。

黄若素——美术讲师，留美归来。

刘文英——视唱练耳教师。后在上海音乐学院工作。

刘佳音——视唱练耳教师，后在上海音乐学院工作。

刘眠星——和声、视唱练耳教师。(解放前后，南京国立音乐院调幼年班工作。)

钱宝华——视唱练耳教师。

陈宗娥——语文讲师，级任老师。

梁宝娴——英语副教授。

邱扬华——英语教师，级任老师。

陈福廉——英语教师。

李佑铭——英语教师。

吴建平——英语教师。

王兴廉——语文、生物、数学教师。

鲁启昆——语文教师。

潘良云——体育教师。

丁稚奎——副教授兼总务处长，吴伯超中学同学，任职于常州国民党县党部。

吕浩忠——总务处教师。

薛祥兴——总务处教师。总务管理，为幼年班和中央音乐学院作出了卓越的贡献。

郑华彬——总务处教师、生活主任。1945—1946 年在重庆幼年班，1946—1947 年南京国立音乐院，1948 年下半年应幼年班同学要求，重新调回常州幼年班。

汪秋逸——副教授兼训导处主任，音乐欣赏教师。赵东元的同学。1949 年初离校。据传解放后曾任镇江音协主席。

凌永煦——训导处教师。

游志清——会计兼出纳。

周俊材——教务员，1948 年回四川。

殷锡琪——抄写员。

何德邻——教授兼院医。

陶斯咏——医师。

王尊五——护士。

吴伯超又为幼年班请来外籍教师，有的原在南京国立音乐院兼课，有的则应邀专程由上海到常州任教。当时，乐坛演奏名家大都居住在上海，尤其是外籍音乐家，由于路途遥远，大多不愿到常州来任教，吴伯超甚至于跪下来哀求，请他们到常州教幼年班的孩子。晨纲的文章说："后来很多音乐家不辞劳苦在沪常之间往返任教完全是出于感动。很多外籍教师来到学校后，看到如此多的孩子在学习音乐，都吃了一惊，听到他们的演奏后，更是惊叹，年纪如此幼小的孩子竟有着这样的才能。吴伯超的诚挚和孩子们对音乐的热爱打动了这些外籍教师，他们有人看到这里生活清苦，每次从上海来都会提着大包小包的糕点糖果，其中一位是上海工部局交响乐队首席中提琴普杜什卡，他知道幼年班经费短缺，买不起大量的乐谱，就自己动手抄写给孩子们用。在他任教期间，手抄的各种乐谱，堆在一起足有一两尺高，而在吴伯超请来的国内教师中，黄源澧、廖辅叔都在后来获得过金钟奖，可见吴伯超眼力之佳。"吴伯超先生这种为祖国的音乐事业不惜屈尊求贤的高尚的事业心，强烈的爱国主义精神不仅感动了这些洋教授，也深深地感动了我父亲，影响了我父亲的一生，他义无返顾地投身到我国的音乐教育事业，不论遇到困难、挫折、冤屈、打击，他都无怨无悔、永不退缩。我对父亲的印象是，他永远在默默无语的工作，饶有兴味地为学校和学生们做着最基础的事情，哪怕重复了千百次。

从上海请来的外籍教授和国内专家有：

普杜什卡——奥籍，中提琴、小提琴教授。
阿德勒——奥籍，小提琴教授。
佘甫磋夫——俄籍，大提琴教授。1950年回苏联。
奥　门——奥籍，长笛教授。
皮钦纽克——奥籍，长笛教授。
菲奥尼克——奥籍，单簧管教授。

还聘请了国内的知名音乐家来校兼课，他们是：

范继森——钢琴教授。
徐威麟——小提琴教授。
章　彦——小提琴教授。
陈传熙①——讲师，兼课老师，双簧管、视唱练耳。
张隽伟②——钢琴教授。

还有丁善德③、吴乐懿④等教授。我妈妈说，在重庆时吴乐懿很喜欢抱我，爱逗我玩。

---

① 陈传熙（1916— ）上海电影乐团指挥、中国音乐家协会理事、中国电影家协会理事。1916年5月生于广西水口关。早年毕业于上海国立音专本科钢琴系，副科双簧管。1946年入上海工部局交响乐团任双簧管演奏员。历任国立音乐院常州少年班、国立上海音专、上海音乐学院教授。陈曾为《林则徐》、《聂耳》等200余部电影指挥配乐。

② 张隽伟（1911— ）钢琴教育家。辽宁辽阳人。1941年上海国立音专毕业，曾在国立音乐院少年班、苏州社会教育学院、上海沪江大学、上海音乐学院任教。

③ 丁善德（1911—1995年）作曲家。江苏昆山人。早年入上海国立音专，学习钢琴、和声、配器。曾任天津女子师院音乐系教授，私立上海音专校长，南京国立音乐院教授。1947年赴法留学，入巴黎音乐学院专攻作曲。1949年毕业回国，为上海音乐学院教授、副院长。中国音乐家协会副主席。主要作品有交响曲《长征》、钢琴独奏曲《儿童组曲》、《新疆舞曲一、二号》、《中国民歌主题变奏曲》等。著有《单对位法》、《复对位法》、《赋格写作技术》等。

④ 吴乐懿（1919— ）钢琴教育家。上海人。先后毕业于上海国立音专、巴黎音乐学院。上海音乐学院钢琴系主任、教授，全国人大代表政协委员。

1946年梁定佳染患伤寒，1947年春旧病复发不幸去世，吴伯超急命我父亲担任教务主任。幼年班的重担就落在了他的肩上，每学期招生、排课表、主持考试、聘请主科老师及外籍教员。父亲更加忙碌了。刚刚招收的新生，经过一段基础课的学习后，父亲逐一检查学生的手、嘴、耳朵的条件，并按照一个大型交响乐团的编制来确定专业。他接待外籍教师，还要充当外籍教师的翻译，等于陪着学生上课，无形中增加了许多工作量。不过，他说，在陪外籍教师上课的过程中，同时也学到了不少知识，并对学生的业务水平和教学进度了如指掌。学校给学生创造了尽可能好的学习条件，然而，对学生的考核和测试也是非常严格的，所以大多数同学都懂得用功，以免遭遇淘汰。

在对业务精益求精的追求上，身教胜于言教，教师们为人师表给学生们树立了榜样。夏之秋先生的号声，关筑声先生的小提琴声，赵玉华先生的钢琴声……都留在大家的记忆里。我父亲白天忙于工作，晚上方可抽身练琴，我和我的弟弟们常常在父亲淳厚的大提琴乐声中进入梦乡。后来我在为大提琴伴奏时，常常觉得一些大提琴协奏曲好像在上一辈子听过的一样，好耳熟啊。不少学生都提到了他与王人艺、潘美波在琴房一起演奏小提琴、大提琴、钢琴三重奏。使许多路过的学子驻足聆听，给学生们留下了难忘的记忆。这首钢琴三重奏是夏之秋特地为他们写的，不知道这份手稿还能否找到。我至今仍然清晰地记得潘美波老师的美貌，和她那优雅的钢琴声音，可惜她28岁因患伤寒而离世。工部局的外国老师在大厅里举行室内乐音乐会，并作示范演出，对学生的影响是非常深远的。

很多同学能够自觉的抓紧学习，如：起床铃声一响，张孔凡的音阶就从大殿里响了起来；马育弟的大提琴声音从琴房里传出；龚世则在走廊里一练就是八小时，脖子上长出的斑痕，一层又一层。学生们刻苦练就了一身过硬的童子功。马育弟工作以后，还专门到天津找我父亲上课、后来又到上海找佘甫磋夫教授上课，以提高自己的业务水平。1950 年到东欧演出的一年多时间里，李学全、刘奇、方国庆等，利用在国外的机会，每到一地都拜当地的乐团或音乐学院的专家教授为师，他们把出国演出变成了出国留学，使他们很快地就掌握了先进的演奏技术，成为我国著名的演奏家和一代宗师。金湘在 1990 年 7 月赴美国西雅图任华盛顿大学访问学者时，已经五十多岁的人了，还在努力学习作曲技巧，进一步完善自我。他创作了几部歌剧和交响乐，其中歌剧《原野》在国际上获得好评。现在是中国音乐学院作曲系教授和博士生导师。

常州时期，文化课沿袭了青木关的设置，有国文、算术、英语、历史、地理、体育、美术等，与外面学校的课程相等，使学生能够受到完整的国民教育。体育课有时在琴房前的院子里，有时在城墙下的贫儿院门口，那里较宽敞，体育老师带他们去大运河游泳。附近还有些小池塘，立有警示牌，有血吸虫，禁止游泳，同学们不知道什么是血吸虫，以为是水蛭（俗称蚂蝗），结果不少人在解放以后才查出得了血吸虫病。到天津后，我清晰地记得我父母亲神态严肃的谈话，又有同学得了血吸虫病，年幼的我感到事态极其严重。我母亲教钢琴和美术，大殿里挂了许多音乐家的画像，是我母亲和黄若素老师（梁定佳夫人）带着白哲敏、陆有瑞、方国雄等同学一起画的，使大殿成为学校充满艺术氛围的殿堂。有巴赫、亨德尔、海顿、莫扎特、贝多芬、舒伯特、舒曼、韦伯、布拉姆斯、门德尔松、李斯特、柴科夫斯基……等大音乐家。我还记得大殿里常常不开灯，昏昏暗暗的，有时候我会伫立在画像面前，仔细端详那些长头发、大胡子、花领子的外国老头子的模样。大殿的左边是学生食堂，食堂常常兼作大教室用，廖辅叔先生就在此上课，用那一架老爷唱机，走走停停，时不时要用手推一下，为学生讲授音乐知识、介绍世界名著，交响乐、室内乐……学生们印象深极了，同学们常常期待着廖先生来给他们上课。夏天则搬到院子里上课，大家围坐其间，其乐融融，兴奋无比。我有时也会在一旁静静地听着，那时虽然困苦，肚子还吃不饱，但是，我们的生活却很充实。在纪念幼年班50周年时，香港的同学发电报说："我们的幼年，也许是苦难的，但是我们是幸福的。我们头上长虱子，我们很脏，我们很幸福，为什么呢？因为我们和莫扎特、贝多芬在一起。"我们有他们的陪伴，我们不穷，很富有，我们是和他们一起度过来的，所以我们的童年很幸福的。

幼年班的学生不论什么专业都以钢琴作为副科，而钢琴专业的同学要选一门管乐器作为副科。所以，钢琴琴房就成了学校最繁忙、使用率最高的地方。由于琴房紧张，我学琴都是打游击，因为我们家里没有钢琴，只好见缝插针去练琴。2005年我在纽约见到陈长泉，他还说那时候我老打他的游击，占他的琴房。一开始是赵玉华老师教我，她手拿一支笔，在我错的地方敲一下我的手指，我只好噙着眼泪弹下去，后来她疏散了，走了。就把我交给了留校的学生白哲敏，他才大我几岁，我一点也不怕他，他也没有办法。我们姐弟四个，小的还听话，妈妈管得住。而我和远浦则是顽皮到了家了，除了早上去上学，都在外面疯玩，一般不在地上呆着，不是在树上就在房顶上。远浦爬树的本事还真令幼年班的学生惊讶，熊天声还清楚地记得远浦爬树的样子，说："他爬树像猴子一样快。"我学钢琴时，常被母亲关在琴房里，不许出来。有一次，我偷偷从窗口爬出去，玩得忘了时间，不及爬回琴房，被她发现。她把我拖到大庭广众之下，痛打了一顿，让我出了丑。从此，我就不敢再逃出琴房了。后院有一棵杏树，杏子还是青涩的时候就被我和远浦吃得精光了。一次，幼年班上课的时候，房顶上突然伸下来一条腿，是我在房顶上跑时把房顶踩塌了一个洞。父亲从幼年班成立起，他就事无巨细，始终尽心尽力、全心奉献。在我的记忆里，父亲只管学校的学生，很少管家里孩子们的事情，我们已经习惯了。他每天都去查琴房，督促学生们练习，从没有一天停止过。他就像一个更夫，不管刮风下雨，恪尽职守。他又是一位慈父，何论儿女美丑，皆于呵护。

我生活的环境里，家里只有我一个女孩子，学校里又全是男孩，所有男孩子玩的，我全都会，所以，形成了“假小子”的性格。周围几个老师家里有梁定佳先生的女儿，比我大得多，玩不到一起。而盛中华，那时候还是个小不点，和我们玩不到一起。后来我在上学时体育比较好，可能与此有关。我们在这个环境中也受到了音乐熏陶，虽然顽皮，音乐却深入到了我们的骨髓里，以后学习音乐的时候，接受就比较快。盛中国的父亲对子女非常严格，他家住在楼梯下面，我们这些顽皮的孩子总在盛中国练琴的时候，去招惹他出来玩，时常看到他父亲正在吼他或打他，会吓得我们赶快溜到一边去了。盛中国也没有让他的父亲白操心，他的成功也是幼年班的骄傲。盛师母特别能干，自己会做粽子糖，请我们吃。

从 1946—1948 年底，在两年多时间里，学生的学习热情非常高涨，学校又自成一统，外面发生什么事情都不知道，学校与常州外界社会没有联系。所以，这样的安定环境，使幼年班的教学水平得到飞速发展。学校按部就班地运行着。吴伯超院长从重庆开始就时常到幼年班来，一方面督促检查学生们的学习，幼年班每次考试他都来听。另一方面，到处看看还有什么可以改进的地方。幼年班搬到常州之后，他隔三差五就从南京来，处处都要亲自过问。可见，他对幼年班何等重视。他聘用的总务处丁稚奎、吕浩忠都非常负责，各种生活学习条件也不断得到改善，校园里没有上体育课的地方，在新开辟的院子中间竖立起一个长竿，上面绑着沙袋，以锻炼臂力。还时常踢足球，或在院子里大殿里玩斗鸡、跳马、跳绳、弹球、官兵捉贼……这些运动都不伤手。吴先生到常州不是找赵东元和我父亲就是找总务处的负责人谈工作。我是到常州以后才对吴伯超先生有印象的，他总到我家楼下薛祥兴家吃饭。我在外面玩常能遇到他，他很慈祥，平易近人，没有当官的那股威严的样子。我叫声吴伯伯，有时候他摸摸我的头，我记得有一次他对我说，“哪一天你弹琴给我听啊？”

学校每周开周会，由赵东元先生主持，升国旗、背颂（孙中山）总理遗训，然后总结一周来的学习和纪律，对同学们提出要求。我去上学的时候总要经过前院，经常看到这个场面。学生们的一日三餐由郑华彬老师安排，那时改善伙食叫“打牙祭”。因为学校老同学都是从四川招来的，青木关幼年班有两样独特风格传了下来，一是讲四川话，有许多从常州招进来的学生，根本没有去过四川，但是也讲一口流利的四川话，却没有人讲江苏话和常州话；二是几乎人人都爱吃辣椒，一直延续到天津少年班到北京附中的学生也都爱吃辣椒。

1947 年父亲主持增设了一门新课——乐队合奏课。一开始只有弦乐器，合奏一些像莫扎特《弦乐小夜曲》、苏佩的《诗人与农夫》等乐曲，后来加进管乐和打击乐，练习的作品越来越艰难，一支管弦乐队从此开始了它逐步成长的历史旅程——中央乐团的雏形。这一门课，对于学习管弦乐器的学生来说，是一门基础课程，也是全面培养学生业务能力的课程。对学生的音准、节奏、各种乐器的配合及相互之间的协调能力……都是不可或缺的训练。学生们后来说：“通过乐队课，提高了视谱能力，合作经验，养成听的习惯。”这对他们的成长和以后的工作，都起到了非常重要的作用。经过几年的训练，他们的视谱能力显著提高，获得了乐队的合奏经验，使他们后来到乐队工作的时候能够游刃有余，如鱼得水。盛天洞（盎雪）、关筑声先生也轮流分担了乐队排练的工作，指挥这个学生乐队。

在相对稳定的环境里，学校的一切虽然简陋，但是，父亲和老师们都付出巨大心力，为培养中国未来的演奏家而勤奋工作。1947年底，父亲到南京商谈音乐会节目时，为幼年班争取多出些节目。然后他带着幼年班乐队的大部分人去了南京，参加与大学部的同学一起组成的弦乐队，为小提琴协奏曲协奏，独奏由幼年班黄晓和和大学部的陆费铵担当。当时乐队弦乐器组有52人，幼年班就占了44人，黄晓和演奏的是维瓦尔第a小调小提琴协奏曲，由陈洪先生①担任指挥。音乐会上的其他器乐节目里，有幼年班的盛明耀和马育弟的大提琴独奏。排演过程中，我父亲和吴伯超始终在场，他们在国立音乐院的礼堂及南京市里的“介寿堂”演出，教育部长朱家骅先生到场聆听，给予很高的评价。他们首次在公众面前的亮相，反响非同一般，已经显露出幼年班的潜力。

有的学生回忆他们走到我父亲的面前，我父亲为他们选择专业的情景。他们感叹道：“是黄先生为我们打开了音乐之门”，“没有黄先生就没有我们的今天。”当年那些苦孩子从社会低层来到幼年班，学了一手本领，为国家做出了贡献，也为自己打下了安身立命的基础。若无当初吴伯超的开创和我父亲后来的执着，也许今天他们（包括我们少年班和附中的学生）的命运和国家的音乐事业发展会是另外一个样子。我时常想，我已经66岁了，我现在还可以教一些小孩子学习钢琴，除了社会上的需要，也因为我学有一技之长，使我增添了不少乐趣。如果没有当初那个环

---

① 陈洪先生（1907—2002年）音乐理论家。广东海丰人。早年在上海美专学习美术和音乐。后赴欧洲留学，1930年回国后，在广东戏剧研究所内，与马思聪先生共同创办管弦乐队。又与马思聪合作建立了私立广州音乐院，任副院长，后任代理院长。1937年8月，陈洪先生被聘为上海国立音专教授兼教务主任。1946年抗战胜利后，陈洪先生任南京国立音乐院教授兼管弦系主任。1947年兼任中央大学艺术系教授。1949年解放后任南京大学音乐系教授兼系主任。从1952年起，任南京师范学院音乐系主任直至1983年，后任名誉系主任直到2000年。

境，没有母亲的督促和同学们的竞赛，我便可能碌碌无为，或许会坐在马路牙子上闲聊，整日里无所事事，这完全是另外一种生活景象。有时候我还想，吴伯超伯伯没有遇难，又是什么样子，或许我们随幼年班到了台湾，我们可能到美国留学……我父亲没有任何政治背景和复杂的社会关系，他领导学校的日常工作，考虑事业乃至每一个学生前途的时候，还要无时无刻地排除左右风潮的影响。他为培养我国优秀的演奏家而日夜操劳，默默地奉献自己的智慧和精力，从不气馁、从不放弃。我从来没有听他夸耀过自己的光辉，他所做过的许许多多的好事我都是听别人讲的。而这一切只是来自于一个理想：建立中国人的交响乐团，一个立于世界音乐之林的中国人的交响乐团。

他刚刚到上海上学，找到工部局乐团大提琴首席杜克逊教授学习大提琴，便决心“要把外国人的琴艺学到手”。当时，上海作为远东乃至世界闻名的文化城市，成为外国音乐家们的乐园，吸引了许多蜚声世界乐坛的音乐家，来到可让犹太人施展本领的中国，来到包容世界的大上海。工部局乐团的这些音乐家都是欧洲著名的演奏家和教授，他们有的是在俄国十月革命后逃离到上海的白俄音乐家，有的则是被德国纳粹迫害的犹太音乐家。其中有意大利钢琴家帕器，奥地利维也纳歌剧院首席阿德勒和大提琴家杜克逊；曾在俄国彼得堡音乐学院任钢琴教授的查哈罗夫……他们把欧洲最优秀的音乐经典带到了中国，为中国培养了许多优秀音乐家。这些外国音乐家此时此刻能在中国，是我国管弦乐发展的幸运。父亲在重庆与吴伯超先生共事于各乐队的时候，他们畅想建立儿童音乐学校时所聘老师就需像工部局乐团的专家教授那样的杰出人才，把他们的本事学到手，组织我们自己的交响乐团，办成世界一流的乐团。我父亲与吴伯超、梁定佳、王人艺、夏之秋、廖辅叔、盛雪……他们聚拢在这里也是历史的必然，他们是中国管弦乐事业的先行者、奠基人。

考进常州幼年班的学生有：

一班

袁世正——南京军区前线歌舞团单簧管演奏家，指挥。已逝。

梁庆林——中央乐团小提琴演奏家。

二班

方国雄——长笛演奏家。已逝。

朱信人——小提琴演奏家。曾任第二提琴首席。中央乐团团长、党委书记，中国交响乐团党委书记、总经理。

方国桢——小提琴演奏家。现居美国。

金　湘——作曲家，任职于北京歌舞团、中国音乐学院、教授、中国艺术研究院博士生导师。歌剧《原野》、《楚霸王》，《杨贵妃》、《八女投江》，交响诗《塔西瓦依》，小交响曲《巫》，音诗《曹雪芹》、《红楼浮想》，民族交响组歌《诗经五首》，作有交响午狂想曲《天问》。其中，歌剧《原野》相继在美国肯尼迪艺术中心及德国、瑞士、台湾地区公演。外国媒体称金湘为“东方的普契尼”、“当代东方新浪漫主义的代表”，在国内荣获文华大奖。

郑石生——小提琴演奏家，上海音乐学院小提琴教授，管弦系主任。

叶摩西——（叶宇）甘肃艺术学院长笛导师。

三班

刘一瀛——小提琴演奏家。中央歌剧院乐团首席，香港泛亚管弦乐团首席，音乐事务统筹处主任。

尤　奎——中央乐团低音提琴演奏家。

祝　盾——中央音乐学院双簧管教授。

方国庆——打击乐首席演奏家，中央乐团打击乐声部长，中国打击乐学会会长。

邵根宝——低音提琴首席演奏家，中央乐团低音提琴声部长，中国低音提琴学会会长。

王　卓——随父王沛纶先生去台湾。现居美国。

芮文元——小提琴演奏家，常州解放参加常州地委文工团，戚墅堰机车制造厂铁路中学高级教师。

四班

李向阳——中央音乐学院小提琴教授，曾任中央音乐学院附中副校长。

黄晓和——音乐理论家。1961年被柴科夫斯基音乐学院授予“音乐学家—理论家”。中央音乐学院音乐学系主任、教授。博士生导师。苏联音乐研究会副理事长兼秘书长、中俄友好协会理事。1949年4月获儿童音乐比赛小提琴头等奖。主要著作有《苏联音乐史》上卷、《艺术研修——中外音乐美术欣赏》、《外国音乐史简史》。

胡炳余——中央音乐学院长号教授，曾任中央音乐学院附中副校长。

胡国尧——中央乐团大提琴演奏家。

王子仁——解放军总政治部文工团小提琴演奏家。

陈思敏——中国福利会上海市少年宫音乐教育家。

刘　奇——中央乐团首席大管演奏家，中央乐团木管声部长，中国大管学会会长。

谢厚鸣——中央乐团首席圆号演奏家，中央乐团铜管声部长。

洪威廉——中央乐团小提琴演奏家。现居美国。

闵乃权——上海电影乐团首席，小提琴演奏家。

刘天明——（原名温天明）中央歌剧舞剧院小提琴演奏家。

屠　棠——华东师范大学教授，博士生导师。

王恩悌——中国歌剧舞剧院常任指挥，中提琴演奏家。已逝。

陆云庆——单簧管演奏家，中央民族大学音乐系教授。

张锡生——大提琴演奏家，兰州歌剧院大提琴首席。

王师禹——上海交响乐团小提琴演奏家。

李一民——上海，下落不详。

五班

蔡纪凯——小提琴演奏家。广州交响乐团首席。

殷汝芳——广州交响乐团圆号演奏家，首席。

朱工七——中央乐团小提琴演奏家。

朱工悟——总政治部文工团小提琴演奏家，已逝。

徐多沁——上海音乐学院小提琴教授。

闵乃铎——广州交响乐团低音提琴演奏家。

胡玠华——广州交响乐团中提琴首席。

黄维儿——上海儿童艺术剧院乐团。小提琴演奏家。

由于严格的淘汰制和其他原因，学习到毕业的时候，还不足100人。

九、1948—1949年常州解放前夕

1946年国共关系破裂，内战爆发，刚刚从抗日战争泥潭里苦苦挣扎出来的民众，还未得到些许喘息，又陷入惶恐不安之中。国民党节节败退，今天听说某地失守，明天又听说某地陷落，虽然为了稳定人心，国民党仍鼓吹长江天堑，固若金汤。但是，战争局势发展之快出人意料，败军、伤兵加上逃难大军涌向江南，搞得人心惶惶。难民中不少人家为逃避战火盲目出逃，弄得沿街乞讨，其状惨不忍睹，同时频频传出国民党溃不成军的各种消息。败军、伤兵更是肆无忌惮，开口“妈的巴子”，闭口“老子前方流血流汗”如何。横蛮不讲理，胡作非为，打人、伤人，砸东西，甚至抢劫米店、商户……无所不为。以至于幼年班也驻进了国民党的军队。老百姓对国民党完全失望，一片怨声载道。

1948年11月，各地政府机关和各团体单位都已无法正常工作，南京国立音乐院指示全院师生，学校停课，大家尽量投亲靠友，离校疏散，以保全人员的安全。常州幼年班也照此办理，能走的尽快离开，向学校说明去处，待战争结束，时局平定再恢复上课。我父亲写道：“廖辅叔和邱扬华一家，王人艺一家以及刘佳音都到上海去了。夏之秋一家回湖北汉口，盛雪带家眷回南昌去了，周俊材（教务员）去了四川。刘文英先把她家的老太太和侄子（也在幼年班上学）送回湖北了，她自己收拾行李，把坛坛罐罐都送了人，记得她有一个小孩藤床给了我家。她和彭善宝到上海去了。”家住在江浙一带的学生大部分有地方去，离校的学

生每人发一块银元，以充路费，马育弟还记得他跟着大家排着队从口袋里摸出一块银元，后来他又不愿意走了，退还了银元。邵根宝的父亲是学校的职工，他回家仍在学校里，他说，至今还保留着当时领的那块银元。谢厚鸣本应该回南京家里去，他向马育弟诉说家中人口多，生活艰难，希望留在学校和大家在一起。马育弟跟我父亲反映了谢厚鸣的困难，父亲十分理解谢厚鸣的境况，于是，同意他留在学校了。约有六十名同学留在常州，大部分都是从四川招来的，没有地方可去。还有一些因为打仗，交通阻断，回不了家的，如刘奇等。昔日热热闹闹近三百人的学校顿时冷清了下来，一时间师生总共只剩下七十余人了。留下来的教职员已经很少，业务教师最后只有我的父母亲，还有赵东元、郑华彬以及常州本地人吕浩忠、汪秋逸、游志清、凌永煦、丁稚奎，文化教员陈福廉、王兴廉。离开学校的老师各有去处，刘文英、钱宝华她们开始还来往于上海和常州之间，为学生上视唱练耳课。从上海请的教师和外籍教师起初也按时来常州上课，后来局势越来越紧，火车上拥挤不堪。其中有一位外籍教师，因为人太多无法上厕所居然尿了裤子……于是，他们渐渐也都不来了。留下来的师生不免有一种孤寂、失落和遭到遗弃的感觉。

古林寺伯超情托挚友
灵观庙源澧义护琴童

1948 年下半年，父亲主要抓学生的专业学习和安全。他每天安排上、下午的乐队排练，留校的同学年龄大小不一，程度的深浅迥异，父亲为了把学生拢住，心不外骛，他规定只要会拉音阶的学生都要参加乐队，这样的乐队，显然给排练带来了更大的困难。晚上请钱宝华老师上视唱练耳课。有时候钱宝华到上海去，父亲晚上还要亲自给学生上视唱练耳课。1949年春天刘文英和彭善宝又回到幼年班居住，晚上刘文英给学生上视唱练耳课，父亲才稍微轻松了一些。他的想法是，在专业老师不能按时上课的情况下，学生的业务无论如何不能荒废。哪怕能够保持一些练习、也不至于丢掉基本功，至少，不至于丢得太多。他们的年龄小，自觉性差，专业课是他们安身立命的根本。再说，时局如此纷乱，最安全的措施就是把他们紧紧地拴在一起，省得外出惹是生非，发生危险。

这期间，父亲与吴伯超有两次重要的接触。一次是1948年10—11月，吴伯超院长突然到常州来了，先找赵东元，后又找我父亲、郑华彬、吕浩忠、钱宝华一起谈论学校的各项工作。吴伯超说："已经与教育部谈好了，把幼年班迁到台湾去，赵东元在教育部里有熟人，他的社会关系也比较广泛，上面的人他认识得多，人也能活动，好办事，到台湾找校址安顿幼年班。"不久，赵东元便去了台湾。吴伯超让我父亲主持学校的工作，把这些孩子管好，不要让他们到大街上去，注意保护学生的安全等等。他担心地说，要把一个学校迁到台湾不那么容易。赵东元去打通各个部门关节，只好想办法尽快把幼年班迁到台湾去。

自班主任赵东元先生被吴伯超派到台湾之后，维持幼年班的日常工作就落在了父亲、吕浩忠、郑华彬先生身上。当时主要的工作是人员的安全和大家最关心的经济问题。原来发行的中央券，一元能折一块大头（银元）。1948年8月，国民党强行发行了金圆券，起初80元金圆券尚能兑换一块银元，不久金圆券狂跌，米价一日暴涨好几次，到1948年下半年800多金圆券才能换到一块银元。人们对金圆券的无休止的贬值，无可奈何，唉声叹气。一开始，金圆券尚为小面额，后来，一张金圆券的面额竟然以亿元来计数，小面额的钞票犹如废纸一般，有人甚至说用它当草纸用，比买草纸还便宜。而学校的一切开支：教师的薪水，学生的伙食、生活费用，学校的房租、电费、乐器耗材等一切开销，都要等到每月发薪时，到南京国立音乐院去领，发薪的时间也愈加不准，在南京当日用同比的金圆券如果可以换 10 块银元，隔一天到常州只能换到三块银元。所以，如何从南京领款以最快的速度回常州，就成了全校师生十万火急的头等大事，只要钱一到，学生们就分头到各处去兑换银元，哪怕早一分钟都可能使大家的碗里多一点内容。连老师的工资也要同学帮助一起兑换银元，毛宇宽帮廖辅叔兑换，马育弟帮我父母兑换。马育弟十分感慨，我父母怎么对他那么信任？他那时候也只是十五、六岁的孩子。也使我们可以从另一个方面，看出幼年班的师生关系是何等亲密，幼年班同学对我来说，像大哥哥，总有一种一家人的感觉。那时我 8 岁，我和弟弟总和幼年班小班的同学一起玩，他们从来没有欺负过我们。

另一次，就是我父亲与吴伯超最后的交往。1949 年 1 月下旬的一天，父亲接到吴伯超写来的信，邀请父亲和王人艺去南京，信上说："时局危急，请火速到南京音乐院共商'应变'大计。"吴先生不知道王人艺已离开常州，父亲在材料中写道："我写信约好王人艺同日去南京伪国立音乐院。当时国立音乐院已经冷冷清清，见不到什么人。我到吴伯超的办公室，见吴与会计主任正在争吵。原来吴伯超与会计孟复森正在为南京剩余的款项划分而发生争执，音乐院教务主任陈田鹤在一旁打圆场。"父亲和王人艺听了一会儿，才知道是有关经费分配的问题。吴伯超看见他们便说："你们来的正好，我要走了，不走不行，在这里一天也安分不了。赵东元还没有回来，来信说，找不到房子。他这个人门路多，社会上很活络，他不一定会回来了。你们是搞业务的，这里就是我们的事业，是自己终身的事业。你们一定要把幼年班维持好，小孩子听话，好管理，不像这边的大学生，我是对付不了啦！但是，小孩子也要管得严一些，不能放纵了，不要与外面接触，受影响。我去台湾看看，还有没有什么办法想，能不能把幼年班搬过去？如果战局平定下来，我还要回来的。”

吴先生把国立音乐院二百多亿金圆券分为两份，我父亲在给杜家华的回信里说：“由院部与幼年班各得一半（幼年班得以维持近一年的生活）。”① 孟复森把造好的教职员的名册和支票交给了父亲。吴先生对幼年班的照顾，是颇费心机的。吴伯超还问父亲幼年班学校和学生的情况，父亲向他汇报了幼年班的情况，有家的孩子都走了，剩下50多学生。由于主科老师不到常州来了，只有用乐队排练，想一些办法让孩子们在业务上能够有一些提高。每天上下午两次排练，晚上由钱宝华给他们上视唱练耳。吴先生说，如果可能尽力让上海老师再来上一二次课。

在南京拿到支票以后，王人艺返回上海，吴先生让我父亲晚上住到他家，说“明天才能到银行去兑换现金，身上带着支票不安全，我那里晚上有人打更。”父亲到达吴先生家的时候，见到薛祥兴正指挥工友们在帮吴先生打理行李，家里乱糟糟的，吴先生的家人早先已经去了台湾。晚上还停电了，吴先生与我父亲，点起了煤油灯，继续白天的谈话。吴先生郑重地把幼年班的存留之事托付给了我父亲说：“你是搞音乐的，不能跟赵东元他们比，他们可以两只脚一溜，一走了之。你可不行，你一定要悉心把学校维持好，保护好这些学生。我把孩子交给你了，留住这些孩子，我们还有希望建设好中国最高水平的乐队，实现我们的理想。”吴先生还说：“我不得不走，我收到许多匿名信，共产党要杀我的头。”父亲终于明白吴伯超院长去意已决的原因。关于会

---

① 杜家华在《回顾艰辛话当年》的文章里记述了这件事：“同学们又怎能忘记，现已白发苍苍的一代大提琴教育家黄源澧先生，也是渡过这一段艰难的日日夜夜，奔波到南京领取维持最低生活的经费。斯文一派的黄先生，把用麻袋装起正以惊人的速度贬值的金圆券扛在肩上，冒着生命危险，犹如“盗贼”一般爬到火车车厢顶上赶回学校，为的是争取时间能多购回一点大米。”

计游志清账目不清的问题，吴伯超说，“这次让你来就是要隔开他”，吴先生当即写了一张条子，上面写道：“经费由黄源澧、郑华彬负责。”父亲与吴伯超商议：“这些驻军在学校非常麻烦，乱拿乱扯，在大殿里擦枪走火，弄得学校不像学校，与学生对峙，学生与驻军时常发生摩擦，关系很僵。”吴先生告诉他，“在常州丁稚奎对外可以解决很多事，国军驻校的事可以找他，他是常州市党部的人。”父亲赶回常州后，马上找到丁稚奎。不久，国民党驻军果然搬走了。父亲悬着的心才放了下来。之后，他们的谈话，大都还是如何管理和保护孩子，以及保护幼年班财产之类的事情。

第二天父亲便去银行兑现支票，那里已经是人山人海，他排队到下午六、七点钟，天都漆黑了，才取出一麻袋满满当当的金圆券。回到古林寺音乐院时，在大门口碰到一个大学生说：“吴伯超走了，你知道吗?”，“我知道他走，不知道这么快就走了。”当晚，父亲在国立音乐院客房住下，把钱作了伪装，社会混乱，他不得不有所防备。父亲心里有事，一夜无眠。一大早，他急忙赶到火车站。看到火车站里里外外，乱糟糟的，逃难的人群如过江之鲫，铁道两边挤满了人和行李，不少人就地而眠。到常州的火车大多是去上海的，而去上海码头和飞机场的人都要挤这趟火车，火车又没有准钟点，好不容易盼来了一列火车，人群蜂拥而上，我父亲抱着一大麻袋的金圆券，根本不可能从车门和车窗里挤上车，急得他满头大汗，心里直琢磨晚一天到常州，就要损失多少钱？情急之下，他顾不得自己平时彬彬有礼的知识分子形象，学着跑单帮的样子，果断地爬上了火车车顶。火车顶上已经有不少人了，当时每个人都有财物随身，所以他的大麻袋并不显眼。那时候火车每一个小站都要停，而且不知道为什么总是走走停停。停下来后，火车头开走了，半天才换来火车头。平时从南京到常州三小时就可以到达，如今还没有到镇江，他一直担心镇江过隧道时会不会发生意外？父亲说，他过隧道的时候，伏下身紧紧抱住装钱的麻袋，因为这可是他呵护的孩子们的命根子，不能有任何闪失。其实隧道还挺高的，过了隧道后，他心神稍安之后，发现他附近有一个人不见踪影，也不知道什么时候下车了，或是掉下去了？再看周围人的脸，一个个都被煤烟熏黑了，他也顾不得那许多。他从未想到过自己会以这种方式坐火车，没有准备水和干粮，江南的一月份的天气阴冷阴冷的，饿了能够忍受，口渴就不好受了，他可尝到什么叫做度日如年的滋味了。事后他回忆这次惊险经历时说：当时只急于赶快回常州，能多换一些银元，能够多换一些大米，减少经费上的损失。他庆幸自己还算机灵能爬到车顶上去，庆幸自己没有遇到抢劫，庆幸没有人注意到他麻袋里装的是钱。

火车在路上走了八小时后，终于到达常州，他立即找到游志清，一方面让游志清照花名册把教职工的工资划分出来，另一方面他和吕浩忠带领几个大一点的学生何金祥、张孔凡等同学，到火车站附近的大成米厂把剩下的所有的钱全部买成了米（大约有一百石），并存放在大成米厂。后来经常听父亲和幼年班的同学们说：什么现如今世风日下、人心不古，想当年那个大成米厂的老板做生意规规矩矩，讲诚信、有品格。几个月里米价不知道涨了多少倍，但是，大成米厂的老板还是按照原先的价格，供给幼年班大米。这可是救命的粮食啊。我的小弟弟黄庆国曾问过父亲，你拿那么多钱，为什么不带着全家一走了之呢？父亲说：“我连这个念头也没有过。我走了，那60多个学生就会饿死，我怎么能这么做呢？”父亲不但要管自己的家庭和孩子，从十二岁到十六岁的学生，也是孩子啊，他这一生的命运已经和他们连在一起了。

很快，父亲到上海去请教员，请他们到常州给低龄学生上课。父亲还去了廖辅叔、王人艺等老师家中，一方面给他们送薪水，一方面请他们照应一下到上海来上课的孩子，他们以前也都悉心照顾去上海学习的孩子。因为大同学可以自己到上海去老师处上课，但是有的孩子当天回不了常州，要在上海住一个晚上，一般都安排住在廖辅叔或王人艺的家里。所以好多幼年班的同学，仍然清晰地记得王师母、廖师母待他们的种种好处。在内战发生之前，王师母做的蛋糕、廖师母做的冰淇淋，我母亲做的红烧肉，不少同学都有过口福。王人艺伯伯去世后，我父母怕王师母一个人在家里触景生情，过于伤心，请她到北京来散散心，在我家住了一段时间，让她舒缓一下情绪。幼年班的不少同学到南线阁（中央音乐学院教授宿舍）去看她，请她吃饭，使她的情绪好多了，给了她莫大的安慰。马育弟说：王人艺去世的时候，在北京的幼年班老同学专门派李学全等，代表幼年班去上海参加追悼会。他们一见到王师母就痛哭起来，当时上海人觉得奇怪，怎么从北京来的几位吊念者对王先生会有这么深的感情。幼年班的师生关系比一般的师生关系更亲密，就像廖辅叔所说：幼年班的师生关系，以前没有过，以后也不会再有了。幼年班的学生感叹道：这一生最想念的还是常州的那些日子，虽然生活是那样的艰辛，那种命悬一线，同甘共苦、同心合力、同生共死、唇齿相依的情结，回忆起来总是那样的温馨，那样的回味无穷。我想，当年幼年班师生患难与共，那份深情，很难用言语来表达。

不幸的事发生了，吴伯超匆匆乘坐的太平轮在驶出吴淞口后与一艘货船相撞而沉没。吴先生遇难的消息传过来，引起震惊，父母亲和在校的老师同学都非常痛惜，我从大人们嘴里听说他去世的消息后，当天夜里竟然还做了噩梦。所以，吴先生的去世在我的记忆里是那么的深刻。在我长大以后，也和父亲讨论过这个话题，他说："吴伯超是一个有才华、有造诣的音乐家，其实，他和政治没有什么瓜葛。他对中国音乐事业的贡献是不应该被抹杀的，也是有目共睹的，他只是一个有理想、有责任心的音乐家而已。”“吴先生不是一个政治家，而是一位执着的爱国者，他背负着音乐界几代人的梦想，艰辛地创建了幼年班，是出过大气力的。”在政治斗争里他没有什么责任，他是作为国立音乐院院长来管理国立音乐院和幼年班的，只是出于为中国人争一口气，通过自己的努力能够建立一个不愧于中国大国地位的管弦乐团，他临走还念念不忘要把幼年班搬到台湾去，也是为了建立一支训练有素的中国人的乐队。

我父亲虽然平时少言寡语，但是他对吴先生的感情却是非常深厚的，而且，非常敬重吴先生的为人，他们之间由共同的事业和共同的理想建立起来的同事与友谊的关系，是经过长期的了解和合作建立起来的。他们从励志社乐团演出中相识，在重庆演出时，一个是指挥，一个是大提琴首席，有了更多的合作，为了帮助听众理解音乐作品，父亲协助吴伯超寻找相关资料，比如，舒伯特《未完成交响乐》、《满天星序曲》等曲目的解说。从中央广播电台管弦乐团一直到1940年中华交响乐团，特别是国立音乐院实验管弦乐团，他们有了进一步的了解。父亲的为人，对事业的执着追求以及他的老成持重得到了吴先生的赏识，在国立音乐院实验管弦乐团里，吴先生聘请他出任乐团的总干事（相当于现在的乐队队长）。他们在建立幼年班从小培养管弦乐人才的见解上不谋而合，他们之间的互信、志同道合不是三言两语可以概括的。对吴先生的不幸遇难，父亲内心的苦痛是我们这些小孩子们难以透彻理解的。他肩负着吴先生的托付，实际上主要由于他的责任心、使命感，继续了吴先生的事业，吴先生的理想。把幼年班支撑了下去，保存了这一批我国交响乐的优秀演奏人才。解放后，在党和政府的大力投入和领导下，他得以把这个音乐摇篮建设得更加完善、更加系统、更加专业化。

我父亲在幼年班的学生中享有崇高的威望，幼年班的学生说：只要有黄先生在，就有幼年班在，即使那些疏散到各地的幼年班学生，只要他一声呼唤，可以说招之即来。他们还说："不光是学习大提琴的学生得到了黄先生的教诲和恩惠，幼年班所有的学生都得到了黄先生的教诲和恩惠。"何金祥曾对我说："那时候黄先生是我们的主心骨，只要有他在，我们的心就安定了。"

在解放以后几十年的漫长岁月里，父亲一直背着沉重的包袱。加罪于他的逻辑是：幼年班是为了建立国民党的御用乐队，为蒋介石政权服务，当然是反动的。他是吴伯超重用的人，也就是国民党重用的人，自然就是反革命。这使得一个不闻政治的，一心只为办好学校，为国家培养合格的音乐人才的音乐家，蒙受了许多年的不白之冤。特别在文化大革命中，反复交代历史，更有大大小小的批斗会，没完没了的交代检查……我从废报纸堆里意外翻出了他在文化大革命中的交代底稿，在这些无序而又没有条理的文字里，我找到了记述父亲生平事业的依据。我父亲特别注重为人的尊严，也尊重别人的尊严，他尊重学生的尊严，尊重教师的尊严。但是，文化大革命使他斯文扫地，什么脸面、什么尊严都成了一种奢望。至于与吴伯超的关系，在当时的政治氛围里，躲避尚恐不及，哪敢在公共场合有所表示。既然，解放前的努力都成了为国民党反动派培养御用音乐人才的罪过，那么他与吴伯超的关系更是百口难辨，他只能长期缄口不提吴伯超，也不提解放前后在幼年班的那些感人至深的故事，对子女他也少有谈及。在一篇交代材料里，他希望子女能够轻松、单纯地生活，不要像他一样背负着父兄的历史包袱，他不与我们谈论过去。文革之后，他才逐渐在聊天时不系统地说到一些往事。

当王次炤先生以音乐学家的视野，历史性地看待中国音乐史，看待国立音乐院与中央音乐学院的发展脉络时，我父亲已经遭受脑梗塞后遗症的折磨。我告诉父亲："黄旭东主持为吴伯超正名，平反了。"他点点头，眼睛里闪着光。我想，他是为老院长和老朋友而高兴。但是，他已经丧失了语言表达能力。他与吴伯超先生之间的秘闻往事，也永远封闭在他那曾经极其睿智和富有逻辑的头脑里。我感谢黄旭东先生不懈的努力，挖掘出几十年前的历史，他诚心诚意地鼓励我写这篇文章，才使我萌生写我父亲生平的念头。如果这件事情早十年发生的话，这一切由我父亲自己来说，请笔杆子来执笔，肯定会有更多的故事。

幼年班身处危险境地
黄源澧面临生死共存

我们家当时也有机会离开常州，出去避避风头。我的大姑父周自强先生时任京（南京）沪杭警备司令部的副参谋长，是汤恩伯手下的一员要将。他毕业于陆军大学，主修俄语。早年在张辉瓒部队任职，是一个下级军官。我的大姑黄源競（1903 年—1994 年），在张辉瓒家做家教，经张师长的介绍，她和周自强结了婚。大姑父先后进入军官学校六期、四期受训。大姑父是军人，与大姑他们离多聚少，他们的两个孩子基本上由大姑一人抚养。在重庆的时候，我家和大姑、四伯、细姑，时常在一起聚会。

抗战胜利后，我们从重庆到南京的时候，飞机票很难买，还是大姑父帮忙，让我们坐军用飞机到了南京。这驾飞机里面没有座位，中间堆放行李，两边坐人，人要用带子固定，我和大毛弟（远浦）同一个座。在飞行中舱门突然松了，大家都很惊慌。不知道什么时候，大毛弟挣脱了，从座位上溜下去，凑到门口看热闹，叫不回来。大人们急得要命，一个个拉着手，让我在最前面，把他拽了回来，这个细节我记得特别清楚。到南京后我们一家还在大姑家住过几天，表哥带我们去开吉普车，还让远浦和我试着踩油门，我们几个重庆乡下来的土包子可开了洋荤。当时国立音乐院还在修建，常州幼年班也在修建。到了上海，买到船票后，我们随母亲去了青岛，父亲则赶回学校。我们在青岛姥姥家住了一段时间，我还在那里上了一段小学，到常州的时候满口青岛话，到常州没几天，我们又“伲故偶故”满口常州话了。

父亲与大姑的关系非常好，在长沙，大姑生孩子的时候，父亲还到大姑的小学校代她上过课。父亲小时候聪颖乖巧，得到他大姐的爱护与照顾。祖父要把父亲送到陶瓷厂学瓷画时，大姑就坚决反对，父亲得到她和哥哥的呵护和资助才能够到长沙上中学。抗战胜利后，父亲每到南京，都去看望姑姑一家。我记得大姑特别喜欢我，总夸奖我聪明可爱，那时我六、七岁。1948 年，大姑父到常州来视察工事，常常抽空看望我们。

常州地处沪宁之间，是以纺织和机械为主的工业名城，历来为兵家必争之地。当时疏散幼年班师生，也基于这一现状的考虑。特别在淮海战役之后，国民党已陷入恐慌无章、危如累卵。1948 年下半年，战事趋紧，国民党负隅顽抗，在常州城墙上挖了许多战壕工事，就在距离学校直线不足百米处。城墙向北的一边，是一个坡形，我们常常爬的城墙上去玩。坡面长满了青草，原来有许多土坟，平地有农田和水塘。有一次，大姑父到常州来视察工事，他到幼年班来看我们时，发现我们家离战壕不远，他手指着城墙那边密布的战壕，忧心忡忡地对父亲说：“要是打起来，你们在射程之内（我们家在学校最北面，离城墙最近），如果是炮弹，就更不堪一击了，整个学校都将被炸毁，你要想法离开此处。”搞音乐的父母亲从来没有这方面的经验，一下子惊呆了。面对全家的生命安危以及 60 多个孩子的命运前途，他们应当作怎样的抉择呢？姑父说：“我可以送你们到上海，想去台湾再想办法。”我父亲想了一会儿说：“我不能走，这里只有我一个大人能够撑起这个学校，学生们都依靠我，如果我走了，这个学校就要垮了。学生们还小，毫无生存能力，他们的命运将不堪设想。在这样危急的情况下，我们一家人离开他们，良心不安，活得也不舒服。我只能和他们在一起，生死共存。我不能走，要死，死在一起。”大姑父了解父亲的为人，也看到幼年班的处境。于是无奈地说：“也好，共产党重视文艺，也许你还会有一个好的前途，不过你们要懂得保护自己。”姑父还给我母亲说了一些如何保护孩子们的方法。母亲后来和我们聊天时说：“姑父给我们弄好了去台湾的飞机票，还带了勤务兵，开了吉普车来接我们，你爸不肯走，不愿意离开幼年班的学生。”我现在还能强烈地感受到我父亲当时的悲壮气概和他对幼年班学生们的无限的爱。由于，父亲留意已决，姑父的道别，竟成永诀。

姑姑一家到台湾之后，就没有了音讯，一条海峡阻隔了他们姐弟的亲情。我当时已经八岁，对大姑一家有些印象，我的三个弟弟，就没有什么记忆了，特别是解放后出生的远津（我妹妹）和庆国（小弟弟），与大姑从未谋面，然而，在知青上山下乡的时候，别人看了档案后告诉了他们，他们的档案里的社会关系一栏上，赫然记载着大姑在台湾。这在当时是一件不光彩的事情，甚至是一件相当可怕的社会关系，多多少少对我们有一点影响，亏得后来没有任何联系，否则，这个政治包袱对我们将是相当沉重的。文化大革命以后，我们在家里常常议论，要是我们当年去了台湾，命运又会如何呢？

八十年代，台湾开放了老兵回大陆省亲之后，大姑来信说：姑父因心脏病于 1981 年在台湾荣总医院去世，享年 80 岁。后来表姐去美读书，表姐又资助表哥留学美国（又见黄家以大帮小的传统）。表哥、表姐已在美国成家立业。她本人在姑父去世后，到美国与子女住过一段时间，终因难以适应美国的生活，回到台北，住进内湖安养中心颐养天年，她的儿女为她支付所需费用。

我们看到大姑的回忆录上写道：“我们母子三人到了上海，住在龙华机场亚洲大厦……上海街头上都是工事，沙包，乱极了。因外围作战日渐内移，炮声震耳，警报声时起，街人匆忙逃窜……在上海不多时，汤恩伯派专机来接周参谋长家眷去台湾。我们上了空中霸王号飞机，一个多小时到了台湾松山机场。”我的先生钱芑和远泽1992年随中央交响乐团去台湾演出时，在台北市交响乐团的同行的帮助下，找到了大姑的安养中心，代表父亲去看望了大姑，并用摄相机摄了像。父亲看到大姑的影像之后，沉思良久，而后，感叹人生之沧桑，岁月之无情。我们感受到的是一丝丝不可名状的悲凉，别有一番苦涩在心头。大姑于1994年去世，享年91岁。

赵东元义返常州古城
幼年班名噪大江南北

1949年2月初，赵东元从台湾回到常州，他告诉父亲，幼年班迁到台湾的事已经不可能了，因为台湾就那么一个小岛，去的人太多，根本安排不下。原来师范大学那里表示过欢迎，但是，要来这个地方的人排大队，个个来头都不小，一个比一个大。党、政、军机关，富豪，政要，纷纷涌向台湾，这个小岛已无立锥之地，根本轮不到幼年班。他当时就打电报告诉过吴伯超，“在台湾没有找到幼年班的校址。”吴伯超遇难后，他更加一筹莫展，于是，回来了。赵东元是一个言而有信的谦谦君子，凭他的社会关系，况且已经到了台湾，完全“可以两只脚一溜，一走了之。”但是，他还是回来了，做事有始有终。他在几年管理幼年班的日常行政事务中，付出了许多辛劳。他与幼年班一起渡过了幼年班最艰苦的时刻。迁到天津后，不知道为什么，他主动辞了少年班班主任的职务，院部任命我父亲接任少年班班主任，他任副主任。后来他调到音乐学院图书馆当主任。在解放初期，整风、肃反等运动开展之际，也许因为他参加过国民党，也许去台湾的事情讲不清楚？在一次运动中，一夜之间他的头发全变白了，显得非常苍老，幼年班的同学碰到他，吓一跳，都快认不出他来了。中央音乐学院1958年迁到北京的时候，他调到保定河北省文化学院。我去找我的同学宋宝印，在保定文化学院见过他。据说，他后来退休回到南京，和侄子生活，一个人在一间平房里住，晚年相当凄凉。我小时候有一点怕他，他总是一脸严肃，不苟言笑。我想他的台湾之行，解放后是一段扯不清的历史问题，特别在文化大革命中，肯定没有少吃苦头。这苦头是为幼年班吃的，幼年班不应该忘记他。

常州灵官庙幼年班只有一个大门，关上大门自成一统，与外界完全隔绝，父亲领着幼年班的学生每天上、下午排练，教员休息室有收音机，又常锁门，而我家的收音机，又被调皮的远浦弄坏了，所以，父亲基本上听不到战事的消息。赵东元因为家住在南京对岸的仪征县，经常往来于南京和常州之间。他常带来一些消息，如：国共和谈可能有希望；李宗仁要以长江为界，南北分治；国民党有五十万大军驻守沪宁，要在沪宁决一死战，长江是天堑，共军不可能渡江……等消息。当时蒋介石下野，李宗仁上台。选总统的事，我印象非常深，上学的路上，街上各家各户广播里不断地在唱票："孙科，李宗仁，李宗仁，孙科……"

吴伯超在离宁前也曾经提起过各机关成立应变会的问题。大约1949年2月一天，赵东元从南京回来说："南京各公教机关都成立了应变会，国立音乐院自从吴伯超走了之后，一时间无人负责。宋广祥自告奋勇出来承担代理院务（一说吴伯超在临走时，托他代管），他是代理，没有名分，许多事情做不了主。应变会由教授会、讲助（讲师、助教）会、职工会、学生会和一部分行政人员的代表组成，现在有了应变会了，推举宋广祥为应变会主席。这样，有事便可以找到负责人，就好办事了。"父亲不明白，便问："这个应变会是否就代表院务会呢？"赵先生说："差不多，是这个性质，院长没有了，教育部也没有委派新院长。宋广祥自告奋勇又没有名义，这么一来。可以报教育部，就取得合法手续了。”他又说“宋广祥这个人办事还公道，懂的事多，对人也和蔼。南京的师生喜欢他，他才有胆子出来挑担子。他知道解放区的事情，什么打土豪、分田地。也知道共产党是保护学校的，特别是音乐，共产党走到哪里唱到哪里。所以，将来还是有出路的……”（宋广祥在南京国立音乐院教授历史地理，训导主任，解放后，到天津中央音乐学院任秘书处主任，后调到文化部，又调山西大学，文革后心情抑郁，办了退休回山东，已故。）

赵先生又说，南京要求常州幼年班也要成立应变会，他要我父亲当应变会主席。父亲说：“你这个班主任又没有走，如果南京音乐院有什么事情，就开会谈谈，让大家知道就行了。”赵东元召集教职工开了会，讲了南京的情况，幼年班需要大家一起来维护，不要让学生与外面的人往来，小孩子年纪小，不知道轻重，千万不要出事。赵先生说：“学校的事情也不多，尽量节省经费，万一打起来，京沪交通一断，一时间领不到钱，那就有断炊之虞，如果我不在学校就找黄先生，不必等我。”会上有人推举赵东元先生当应变会主席，赵先生说：“我离开常州一段时间，许多事情不接头，我还经常要出去，黄源澧和同学接触多，和学生说得上话，学生也听他的，黄源澧更合适一些。”这样，父亲就被推举为幼年班应变会主席了。

此后就不常见到赵先生了。实际上，这个时候辽沈战役、淮海战役、以及随着北平的和平解放，平津战役也结束了。在此之前，赵东元曾拿了一张表格，要父亲填写，父亲一看就说：“我不是国民党党员，填这个表格做什么？”赵先生当时非常惊讶，你不是国民党员？言下之意你不是国民党党员，怎么会让你（他）当领导呢？父亲看到他一脸迷惘，又肯定地告诉他：“我不是国民党党员。”他才没有再说什么。于是，赵东元先生有意回避了幼年班的事务，也很少出头露面了。父亲写道：“赵东元从台湾回来以后，他老不在，而且老是躲躲闪闪，不肯露面。”父亲认为，他淡出幼年班的工作“可能是为了给自己留有余地。”幼年班的工作，包括业务、生活、经济的担子都落在我父亲肩上。

为了幼年班的安全大家纷纷想办法，郑华彬先生曾提出把幼年班迁到太湖边鼋头渚的一个和尚庙里，以躲避战火。父亲因为大姑父的提醒，“幼年班在炮火的射程之内”，怕学生发生意外，十分担心，便同意郑华彬率领十几个学生徒步到太湖去联系，与那里的老和尚也谈好了，同意将幼年班搬过去。他们回来都非常兴奋，并且，准备搬一部分粮食过去。父亲把包括这个动议在内的幼年班各项事宜，写信给南京音乐院的宋广祥，希望从宋广祥那里得到回答。父亲在1969年4月17日的补充交代里写道：自从1949年2月奉南京音院指示在常州组成应变会，我担任应变会主席以后，我知道南京音乐院应变会是宋广祥负责，我曾给宋广祥去过二次信，一次是二月份，信中的大意是：“常州幼年班学校学生都是孤儿，无家可归，一切全赖学校，而且目前留常教职员不多。如果将来战事爆发，常州地处京（南京）、沪之间，二边不靠，万一接济不上，实有断炊之虞，盼望念及常州苦衷，予以照顾。倘若共军渡江，学校将如何办，也希南京方面给指示。”“幼年班这些孩子还小，尚没有谋生的能力，如果有什么意外发生，没有能够保护好这些孩子，怎么办？共产党过了江，学校是否存在？教职员怎么办？希望得到南京方面对幼年班给予更多的照顾。”

父亲写道：“当时，我的想法，是尽力向南京音乐院诉苦，争取同情，在经济上得到照顾，能够多储备一些粮食，作维持长久打算。”宋广祥的回信说：“常州情况特殊已在意料之中，经费问题，只要南京方面有办法，绝不会亏待常州，希望你们好好维持下去。能上的课争取先上起来，不然学生年幼终日空闲，也不好管理。常州方面还有一个丁稚奎，是一个有权有势的人。有他在，发生问题，他可以帮助解决。至于经济问题，他也不至于看到孩子们挨饿。有关战事问题，现在政府和中共正在和谈，共军也无进攻的动向，恐怕和谈还有希望。如此便可万事大吉。至于学校及我等前途，现在还不可预卜。赵东元兄能经常来宁，一切自然可以沟通。”宋广祥回信还说：关于迁到太湖的事情，“一动不如一静，还是留在常州为宜。常州并不是什么重要的地方，要把学生安定下来，不要让学生与外界接触，轻信谣言，免得人心浮动。”

父亲召集开过几次应变会，他们虽在常州已经呆了几年，与外界却很少联系，所以南京的做法在常州不怎么适用，如护校队等。就常州的具体情况，开会作了如下决定：

一、给有地址的教职工发信，告之学校近况及应变会的决议，有关学生生活费的处理，及教职工薪金分发的办法（按照南京方面的决定）。

二、给离学校的学生发信，在未接到学校通知之前，不要回学校。回学校也不能提供伙食。

三、伙食按照人口称米，按顿称米。节约粮食，使现有的粮食尽可能地多维持一些日子，以免断炊之虞。

四、付清贫儿院房租、电费的欠费。

五、把乐器的配件分发给学生各自使用、保管，如簧片、琴弦等。

六、汪秋逸提出学生不要听收音机，以免扰乱民心，造成混乱，决定锁上教员休息室（幼年班仅有的一架收音机）。

七、常常有学生到上海探亲访友，必须请假，获准后方能离校。离校者必须报告，来访者也要报告。

八、请上海的老师三人艺、廖辅叔、刘文英等老师尽可能回常州给学生上课。

九、有了经费多买粮食，剩余的钱全部购置棉纱，用以保值（丁稚奎的主意）。

十、清点学校财产，登记在册。

十一、万一战事发生，如何把学生化整为零，分散到乡间躲避。并作了相应的安排。

随着时光推移，一个月过去了，学生的粮食已经消耗过半，物价飞涨，金圆券狂泻……父亲又给宋广祥写了一封信，信的大意："我已听说关于发应变费三月薪金的问题，但是这笔钱迟迟没有下文，又说要等谁签字。又说李宗仁同意了，下面没有钱发等消息。物价飞涨、如果等南京通知再去取款，又不知涨多少倍。"请南京音乐院方面能及时通知幼年班，好派人去南京领款，或请派专人送到常州来。后来宋广祥果然把最后一笔经费让张姓事务员专程送到常州来了（并造好了名册），与南京发薪相差不过几个小时，可见宋先生办事之严谨。

三月初学校的教员有赵东元、汪秋逸、钱宝华、刘文英（刚刚从上海回常州）、刘眠星（南京音乐院毕业生，吴伯超走后，二月份由宋广祥调到幼年班来教和声）以及职员吕浩忠、郑华彬、游志清等。1949 年 2 月，局势更加紧迫，使人感到了紧张的气氛，丁稚奎（常州国民党市党部的，人称大善人），从三月份就不露面了，突然不见了，父亲怕存在他家的那些棉纱有什么闪失，幼年班会有什么损失，安排同学到他的家里把学校存在丁稚奎家里的棉纱取了回来。汪秋逸领了三个月的应变费后走了，当时他在收拾行李，父亲问他"为什么要走?"他说"我和你不一样，你是搞业务的，我得罪多少人，还能在这里呆下去吗?"训导员凌永煦早就不见人影了……

随着时局的变化，不断有人离校，给大家造成不安和恐慌，不论在路上，还是在排练时，总有人问父亲“你走不走?”同学们眼睛里流露出来的那份无助、惊恐与期盼，使我父亲怜惜之情油然而生。他知道在这种情况下，他就是这些孩子的依靠，保护人，是他们的主心骨。他每次都坚定地告诉他们：“我不走，我和你们在一起。”父亲总是利用排练的机会，设法做安定同学的工作，总要和同学们谈谈，把他所知道的情况尽量告诉学生：现在国共正在进行和谈，和谈可能有希望，大家不要惊慌。如果成功就不打仗了，大家松口气。南京国立音乐院组织了应变会，吴伯超不在了，还是有人负责。经费上没有问题，他们会管的。何况现在已经准备了粮食。但是，要节省，定人定量，可以多维持一些日子。希望大家不要轻信谣言，共军的广播不要听，现在决定封闭教员休息室（免得给人口实）。外头抓人是抓得厉害的，万一出了什么问题也不好办。另外，少往外跑了，没有事，上海也少跑。干什么去要请个假，才知道你是干什么、到什么地方去了，这都是为大家的安全着想。我是不会走的，跟你们在一起。你们要多听郑先生的话，把伙食、卫生搞好。一次，有人反映，总有一个大人来找陈光明。父亲找陈光明了解情况，原来是南京国立音乐院拉小提琴的同学，家在常州找陈光明玩，交流琴艺。父亲写道：“当时只有我一个业务教员，学生生怕我要走，他们除了和郑华彬要好外，就信任我……这时候，我便是学校里与学生说得上话的人，他们也听我的。”他与学生相依为命。学生说，“当初他们从来没有想过黄先生会离开，没有为什么，就因为他是黄先生。”“他就是定心丸”。这是他与学生相处多年的必然。马育弟说：“黄先生的地位无人可代替，黄先生不光是大提琴老师，所有幼年班的同学都是他的学生，他是师长，又是家长，所有人的业务，他都管。在最困难的时候，他整天和我们在一起。”

在这危急时刻，乐队排练和视唱练耳，就是他们的主科了。留下的学生大约有60多人，最大的15、16岁，小的10岁左右。这些孩子年级不同，学习时间也不一样，当然，业务能力也不一样（有的孩子刚刚拉音阶）。可以想见，父亲给他们排练有多不容易，有多困难。但是，为了他们的安全，也是为了让他们能够从唯一的与主科有关的课程里得到提高，作为指挥的父亲想尽了一切办法，选用最简单的乐由开始，通过一个个的抽查，一个个声部的仔细地练习，规范节奏、音准、和声，尽量把乐队水平搞齐。记得7、8岁的我，以及6岁、4岁和2岁的弟弟在大殿周围玩耍，他们排练的乐曲我们都可以倒背如流，可见排练之细之多。像莫扎特的《小夜曲》，莫扎特的《费加洛的婚礼》序曲，莫扎特的《第四十交响乐》，威伯的《猎人合唱》，苏佩的《诗人与农夫》，布瓦迪《巳格达酋长》，柴科夫斯基《弦乐小夜曲》，舒伯特《军队进行曲》……等。有的学生说："黄先生会在乐队排练得比较完整的时候，让乐队自己演奏，他离开指挥台，靠在柱子上，闭着眼睛欣赏。当我们乐队演奏到令他满意的段落，他脸上流露出得意、享受的表情。"他对学生们所取得的进步流露出那份满足感令幼年班的学生印象深刻。

在这种氛围里，我们不知不觉地受到了感染和熏陶。父亲对我们的观察，发现他的孩子传承了音乐方面的才能，感到很欣慰。他也没有过高的期望，只要我们学有一技之长，将来能够养活自己，就不用担心我们的生活了，如此而已。

他有一个信念：中国交响乐的希望就在这些孩子身上，保护这些孩子，是他此时此刻无可推卸的责任。在没有主科老师的情况下，通过排练，学生的业务水平非但没有退步，反而，获得乐队合作的经验，增强了相互配合的能力，提高了视谱能力，学会了同时听不同声部的演奏，辨别和声音准。通过作品的排练，扩大了艺术视野。由于天天排练，减轻了学生对战争的恐惧，减轻了学生精神上的压力，使他们置身于学校的学习氛围里……无论发生什么事情，孩子们没有罪。我父亲热爱、熟悉并深切地关心着每一个学生，他在排练时反复地讲："不要惊慌，不要轻信谣言，到外面去，去干什么，都要请个假，才知道你们的下落。""只要能安全渡过这场战争，如果共产党得势，音乐仍然是需要的。"父亲还对他们说："我听过《中国人民解放军宣言》，共产党要办工厂，也要办学校。共产党很重视音乐，他们走到哪里就唱到哪里。共产党里有很多搞音乐的，好多是我的同学和同事，不是什么青面獠牙。不少人是从上海和重庆过去的，所以，共产党来了我们也不怕。怕就怕现在乱的时候，要打起仗来就不好办。特别是怕拉锯战，你来我往，交通断了，粮食吃完了就难过了。人不能散，人多，在一起，总有一个照应，有办法好想，否则逃到哪里也不行。"我父亲尽可能地安定学生们的情绪，把日程安排得满满的，就是他常说的让学生们"心不外骛"。

1949 年解放前夕，幼年班的生活已穷困到了极点，学生食堂随着时间的推移，存在米店里的米越来越少，原来每天两稀一干变成了两稀，副食只有一些蔬菜。因为郑华彬先生不会记账，所以，父亲派大一点的学生帮助郑华彬先生，计划如何尽量提高和维持学生们的伙食。他们陪郑先生上街去买菜，帮他算账、记账。吕浩忠、郑华彬联系了一家豆腐厂，每天派学生去打豆腐渣，以补充营养。父亲也常常与郑先生一起算计柴米油盐，后来他说："这也不失为一种生活的体验和锻炼。"菜金不够他与郑先生就把工资补贴进去一些。父亲那时的薪水大约 400 多元，加上母亲的讲师的薪水，应该属于中等收入。但是，由于金圆券的贬值，实际所得大大减少，补贴幼年班的伙食后（虽然也只是杯水车薪），我家还有四个小孩子需要抚养，所以，我家的生活也过得相当拮据。文化大革命期间，红卫兵抄家时，从我们家只抄出了十三块银元（当然都不翼而飞了），这就是我家解放前留下的全部家当。

有时我母亲做一些饼子，只要我们拿到外面边吃边玩，就会有一些比我们大不了多少的低班学生过来，不是讨要就是抢，因为他们也馋得要命。常州的烧饼是有名的，经过烧饼店，闻一闻就其香无比，所以，我们到那里，不免要深呼吸几下。但是，只有姑父和父亲的好友张定和叔叔来我家，我们才能吃到。他们常常会带些常州烧饼来，平时我们自己是没有钱买的。在门口的小铺里有糖卖，用铜板买，我和弟弟只能在那儿看半天。在伙房门前常常堆放着一些带泥的胡萝卜，我们俩有时会偷偷拿走一根，分而食之，冬天的胡萝卜像棒冰一样，但是，我们两个人竟然吃得津津有味。妈妈时常带着我们上城墙边上去挖野菜，如荠菜、水芹菜、野葱、野蒜等等。我记得一种叫金花菜，炒了吃，特别香。我家的生活，父母也是省了又省，平时大孩子的衣服小了，给小点的孩子接着穿。有一次，母亲给我和弟弟一人做了一条工装裤，我穿着感觉很神气。出去玩的时候，一开始还小心翼翼的，不久，就玩得忘乎所以了。一不小心把裤子刮破了，我在外徘徊，不敢回家。见到一个客人到我家去，急忙跟在后面，一进家门，就抢着告诉妈妈："不知道裤子怎么破了。"当着客人的面，妈妈不好发作，我免了一顿皮肉之苦。那个年岁，什么衣物都费，爸爸怕我的脚长得太快，给我买了一双38码的回力球鞋（上海产的名牌），希望能够多穿一阵子。我才8岁，鞋太大了，我穿着活像一个唐老鸭。（有照片为证，我和两个弟弟在幼年班后院金启生女士纪念碑前的照片。我现在的鞋，才35码半。）

学生们正是长身体的时候，所谓"半大小子吃死老子"，他们每天吃饭都如饿虎扑食一般，一边排着队，一边狼吞虎咽地吃下第一碗，然后，再盛下碗稀饭，然后慢慢吃。有的甚至十碗、八碗的招呼。所以，他们当中得胃病的人特别多。长年的清汤寡水，缺荤少油，肚里的馋虫时常作怪。于是乎八仙过海、各显神通。林深有一手打弹弓的本领，有时我们和小同学一起帮他搓泥球，用火烤干，充作子弹，我们常跟着他，到后面小院去打鸟，腌了晒干，就是美食。有一次李仲平跑出去，到鱼塘游泳，偷偷拉了一根带着许多鱼钩的鱼线（鱼线是袜子上拆下来的），布置在鱼塘里，两头固定好，居然钓到了一条硕大无比的鱼。于是，他请幼年班的同学美美地吃了一顿，每桌有一碗红烧鱼，给长期不见荤腥的同学们带来了一片欢声笑语。有的学生甚至还偷偷杀了人家的狗，狗主人找到学校，郑华彬和我父亲只好给人家道歉、赔钱了事。诸如这样的事情发生后，常常会把主要的几个带头的学生叫来，由训导员训他们一顿。那时候还流行养洋虫，说吃洋虫的排泄物有营养，我们也跟着学生一起养。总之，那段苦不堪言的日子，现在的孩子真的难以想象。不过，我回忆起那些幼年班的学生同甘共苦的生活，虽然苦是苦了一些，还真的充满了儿童时代的无穷乐趣。

作为音乐家和一个有身份的知识分子，父亲从来没有把“钱”放在嘴边，若不是为了这些孩子，他是不会去央求什么人的。在之后的日子里他又多次到南京等处，请求宋广祥等多多体恤幼年班年幼的孩子。他到处去化缘，不要说“为五斗米而折腰”，即使是一斗米，他也在所不辞，需要折腰就折腰吧。后来他在回忆这段日子时说：“我就像化缘的和尚，背着口袋，为幼年班到处化缘，脸面啊什么的，全然不顾了。”50 年代，在批判电影《武训传》时，他实在不知道武训为了办义学到底有什么错。但是他在不甚了了之余，只有沉默不语而已。

1949 年 4 月在上海举行了“儿童音乐比赛”，这是中国第一次西洋乐器演奏比赛，规模不大，是宋美龄基金会出面，由戴天吉先生主持。钢琴第一名由刘诗昆夺得，其余所有奖项包括大小提琴、管乐器、钢琴等，均被幼年班学生囊括，黄晓和夺得小提琴第一名，高经华为第二名；盛明耀夺得大提琴第一名，马育弟为第二名；沈兴华夺得长笛第二名；方国庆以个人的身份参加了钢琴比赛，得了第二名；一时间国立音乐院幼年班名声大震，引起音乐界的广泛关注。得奖之后，举行了获奖音乐会。有些人没有参加比赛出于各种原因，比如，张孔凡，他担任了所有人的伴奏，而没有参加钢琴的比赛。李学全，据说他当时的演奏状态没有沈兴华好。还有一个说法：因为他与同学赌花生米，被训导主任训了一通："李学全啊，李学全，你什么都学全了，连赌也学会了。"所以作为处罚，决定不让他去参加比赛。解放后李学全在参加海军的时候，把赢来的一箱子花生米，分给同学们。父亲选了各种乐器的几个学生去参加比赛，也忙碌了一番。幼年班良好的成绩也使老师们兴奋不已，作为奖赏，廖辅叔先生把他们带到工部局交响乐团排练厅去听排练，而如此好的成绩也令工部局的音乐家们无比激动，虽然参加比赛的同学里没有普杜斯卡教授的学生，他感到必须对学生有所表示，于是，他立即拿出钱包，把一沓钞票交给廖先生："请你快给他们买些东西吧！"同样由于同学们的出色表现，佘甫磋夫先生也破了财，他拿出一沓钞票，表达了同样的愉快心情。在这次观摩工部局交响乐团的排练中，同学们领略了真正的专业管弦乐团的光彩和魅力，于是，他们的心气更高，也更自信了。

父亲是一位音乐家，教育工作者，他也不了解共产党。但是，他听过电台广播，多少知道一些共产党的政策和主张。况且，他在重庆、上海的不少同学、同事和朋友去了延安，如吕骥、贺绿汀、李元庆、张贞黻……等。过去与这些同事、朋友的交往中，知道他们都是很好的人，都是音乐家，当年也都是有血有肉的年轻人。比如李元庆、张贞黻都学大提琴，在一起拉乐队，关系一直很好。他们在乐队工作时建立了互信，相互间是了解的。张贞黻先生比父亲大十岁左右，对父亲还满照顾的。张贞黻先生是一位非常优秀的大提琴演奏家，曾经是上海工部局乐团为数不多的中国演奏员。张贞黻先生到延安后，还和父亲通过信，他与杜矢甲先生等，在延安成立了延安国立音专同学会，张先生被推举为同学会会长。直到幼年班迁到常州后仍然保持着书信往来。1949 年 1 月底，吴伯超先生去台湾前的那一晚，父亲住在吴先生家中，吴先生把那些匿名信拿给父亲看，其中就有一封匿名信写道：张贞黻要回来当音乐院院长，你就死了这条心吧（大意）。父亲还劝过吴伯超，说张贞黻这个人不错，他们（共产党）还是需要音乐的，你是搞音乐的，不会杀你的。后来了解到，张贞黻先生在延安担任中央管弦乐团副团长，长年患肺结核病，于 1948 年底，在进北京的途中去世。只不过当时信息不畅，父亲他们还不知道张贞黻已经过世而已。在临解放前，关于自己的命运，父亲这样想："我不是资本家，不是地主，是靠自己的劳动和本事吃饭的音乐家，共产党不会对我怎么样。再说，蒋介石的统治也太腐败了，国民党人心失尽、老百姓民不聊生，哀怨之声不绝，换个天下也好重振国民风气。"他在忐忑不安，又有几分期待中等到了解放军的到来。

下篇：

承前启后托起中央音乐学院
继往开来完善音乐教育体系

十、1949—1950年解放后的常州幼年班

访吕骥迁移几经周折
无任命寻求学校归属

1949年4月21日，这是常州解放的那一天。解放军渡江从江阴突破，常州没有打起来，就平静地解放了，幼年班终于安全地渡过了战争。从深夜到清早或疏或密的枪声给学校里带来了一阵忙碌，常州解放前后，父亲在学校坐镇，学生在警惕地护校。清早，父亲上街去转了一圈，看到解放军衣服都变色了，露宿街头、纪律严明，不干扰老百姓，留下了很好的印象。我父亲坚信“得民心者，得天下”，共产党得民心，所以得天下，民心所归嘛。当天晚上，赵东元回到学校（因为他的家在长江以北，回不了江北了，他白天在常州一个税务局的朋友家里），父亲与他一起商量写标语，写些什么内容，他们也加入到同学们组织的活动中，大家分头写“热烈欢迎解放军”等各种标语，于是，父亲漂亮的毛笔字也贴在了常州的大街小巷。第二天，就在常州最热闹的钟楼上挂出了一幅巨大的横幅“我们解放了”，每个字有桌面那么大，这是幼年班同学连夜挂上去的。事后，解放军派了一个女干部到幼年班来，她吃惊地说：“我还以为国立音乐院是个多大的机关呢，全城都是国立音乐院贴的标语，原来是你们这些小鬼啊。”

在解放前夕，父亲生怕大成米厂倒闭，存在那里的粮食会发

生什么变故，他让何金祥、高经华等大孩子组织幼年班的同学，采取一个传一个的方法，把存在大成米厂的米，全部运回了幼年班，就晾在我家旁边的教室里，工友还经常要去翻一翻，生怕米发霉。这些米，一直吃到解放后，接上了人民政府发的米为止。一天，有学生回来报告："游志清租了一条小船，想逃到上海去，就在学校旁边。"父亲让同学们把他追回来了，游志清是一个会计兼出纳，他要是走了，学校的财物账目就无法搞清楚了。还传说国民党要炸电厂，我们家走廊上可以看见远处的发电厂，国民党的飞机在头顶上飞来飞去。妈妈怕我们遇到流弹，把我们塞到桌子和床底下，上面盖上厚厚的棉被，时间一长，我们就在里面"过家家"了，那时吃不饱，馋的不得了，我就给弟弟们编故事，什么巧克力山，牛奶河，面包树……

由学生会牵头，幼年班师生都投入到了文艺宣传的行列里去了。首先是声援上海解放的音乐会，在常州的文庙大厅举行，其中两个器乐独奏，一个是张孔凡的钢琴演奏了格林卡的《云雀》、拉赫玛尼诺夫的《小丑》，一个是盛明耀的大提琴独奏，拉了柴科夫斯基的《六月》，曲目是父亲让他们选的，你们就选俄国作曲家的小品吧。他当时以为中国共产党与苏联共产党是一回事，所以，演奏苏联的曲子就是拥护共产党。苏联就是俄国，所以，演奏俄国的曲子当然就是拥护解放军。同时，父亲想培养一个学生来担当乐队指挥，他选择了毛宇宽，培养他当指挥，因为毛宇宽的程度深，耳朵好，这些宣传活动父亲尽可能地让毛宇宽去锻炼。（毛宇宽指挥我有印象。）但是毛宇宽不理解，还是郑华彬告诉他，黄先生想培养一个年轻人当指挥。然后又挑选了张孔凡，后来张孔凡真的当上了中央乐团的指挥。还有一件不可思议的事发生了，使同学们都非常吃惊。当学生们为演出《斯大林颂》找不到男高音独唱而烦恼的时候，父亲自告奋勇地出来担当起男高音独唱，然后让他们更加吃惊的是"大提琴家黄源澧居然拥有一副漂亮的男高音嗓子！唱得棒极了”！他们不知道，我父亲在上海美专专门学过声乐的。母亲还画了一幅斯大林的像，后来在天津礼堂里挂的毛主席像也是她画的。

三野政治部宣传部派人到幼年班来参观，并听了幼年班乐队的排练，对幼年班乐队的演奏水平十分欣赏，促成了三野文工团与幼年班合作排演《淮海战役组歌》的大型演出活动，由张锐同志①指挥。父亲趁这个时机，向三野的领导同志陈述了幼年班所处的困境，希望军管会来接管和领导。五月下旬，三野（第三野战军）宣传部长陈其五同志派马旋、张锐来学校宣布接管幼年班，师生按供给制待遇，给学生分发了军衣、被褥，教师按津贴（小米计），那时教师人少，津贴大都划拨到学校伙房，大家一起吃饭。这对于几个月缺衣少食的师生，无疑是久旱适逢及时雨。我们一家也与学生一起在伙房里吃饭了。大伙房很热闹，觉得特别好玩，值得骄傲的是我和我弟弟也享受过供给制。我的小名叫“细细”，远浦叫“大毛弟”，远泽叫“小毛弟”，1946 年三弟远涪出生，学生们就叫他“小小毛弟”，我们出去玩的时候，我背着小小毛弟，小毛弟拽着我的衣服，大毛弟则早已跑得无影无踪。这就是我们几个孩子在常州幼年班的形象。

1949 年 6 月，常州军管会文艺股段昆同志来联系工作，布置任务。从此幼年班同学就参加了军管会组织的一系列活动及演出工作，如《白毛女》、《黄河大合唱》、《兄妹开荒》、《不要杀他》、《猴群》……等大小型节目，在常州周围演出近百场。乐队还到常州电台演播《诗人与农夫》。演活报剧时，因为幼年班没有女

---

① 张锐（1920—　）作曲家、二胡演奏家。云南昆明人。其父为民间音乐家在其父指教下，12 岁即能熟练演奏二胡、京胡。1937 年始从事抗日救亡歌咏活动。曾进重庆音乐教导员训练班写作曲、指挥。1942 年入重庆国立音乐院从陈振铎专学二胡，肄业。历任南京军区歌剧团团长。中国音协理事。作品有歌剧音乐《红霞》、二胡曲集《雨花拾谱》、独奏专辑《蝴蝶泉》。

生，只好由长得秀气一点的同学何金祥、金湘包上头巾扮演女的，马育弟总演坏人，跪在地上挨斗，裤子都跪破了。他们还参加扭秧歌、打莲湘等当时流行的群众游行活动。我们几个孩子也跟着幼年班的同学后面学着扭秧歌、打莲湘……他们当时唱的歌曲我们小孩子都会唱。在之后，幼年班多次演出《黄河大合唱》的时候，《黄河颂》的独唱又用上了父亲的那副好嗓子。

幼年班在常州三年，一直不与外界接触，关起门来一心一意办学，忽然展现在世人面前，备受军管会及常州各界人士的赞许。工作很繁忙但是热情很高，成为常州军管会的一支得力的文艺队伍。他们为军管会完成了大量的宣传演出任务，深入到工厂、农村、学校和街头演出；还培训和辅导了一些中小学的老师；过去曾经与幼年班为一些小事打架的贫儿院，这时候也处得非常融洽。后来在贫儿院、幼年班的地点上建立了常州第一中学，每逢纪念日，都要请幼年班的同学参加庆典活动，称幼年班是他们的老校友。说明他们对曾经发生的历史念念不忘，虽然幼年班与贫儿院没有共过校，但是毕竟是在同一个屋檐下，同时代走过来的难兄难弟。军管会来了以后，还组织一系列的政治学习，对于解放区的一些新名词，父亲不大明白，还要请教彭善宝先生，比如：什么是“变工组”等等，这些对父亲来说都那么的新鲜和兴奋。彭善宝则对解放军的工作方式比较适应和熟悉，学生为宣传排练节目也经常请彭先生来指导。

幼年班的学生会，毛宇宽是学生会主席，马育弟是文艺委员，还有陈光明也当过。他们在此时做了不少工作，出黑板报，搞宣传……大小事情都要开个会，半大小子第一次觉得自己能够独当一面了。直到现在谈起往事，依然兴致勃勃。马育弟在演出中担任主持人、舞台监督，跑前跑后。每个人都在极度的兴奋之中。各种演出都由学生会出面，军管会刚刚进城，对什么人都不信任，只相信学生。战地文工团刚接收学校的时候，把一切财物都打上封条。外面来联系工作，找学生会，部队文工团来借人，也找学生会……比如，高经华和盛明亮就是由学生会文艺委员马育弟派到部队去参加演出工作的。高经华和盛明亮由于1949年10月以前到部队工作过，退休时获得了离休的待遇，而派他们到部队去的马育弟，只能享受退休的待遇了。除了少数参军的同学外，幼年班的师生们都没有获得离休的资格。虽然我父亲参加革命的日子写着“1949年4月”。幼年班是1949年5月就参加了革命工作，并接受了军管会的领导，享受了供给制，小米津贴……文革以后，在办离退休的时候，才知道这段历史的重要性。于是去找常州及南京政治部，那些当事人马旋、张锐以及段昆等同志都写了证明材料，结果没有下文。只有极小部分人算作离休人员，其余一概是退休。我真是搞不懂，有人离休，有人退休不知道是怎么回事情。

当同学们满怀热情地投入革命文艺宣传工作时，父亲想得更远一些，他为幼年班的前途和归属而操心。幼年班的事业刚刚开始，学生的学业不能中断。父亲为学校的前途未卜而心存焦虑。他日夜思索、四处探询，在常州遇不到延安的老朋友，他几次自费（无处报销）到上海，南京去，每见到解放区来的人就打听，吕骥、贺绿汀、向隅、李元庆、张贞黻等人的下落。他七、八月间终于在上海遇到了抗日战争以前的友人黄燎和洛辛，从他们那里得知吕骥、李凌①、李元庆正在北京筹备建立音乐学院的事情，

① 李凌（1913—2003年）音乐评论家。广东台山人。1937年去上海在新华艺术专科学校学习。1938年赴延安鲁艺音乐系学习。1940年在重庆主编《新音乐》月刊。主持新音乐社活动。1943年任陶行知育才学校音乐组主任。后在上海、香港等地继续主编出版《新音乐》，并在上海创建中华星期音乐学院、香港中华音乐学院、并任院长。1949年后历任中央音乐学院教务副主任，中央歌舞团、中央乐团团长、中国音乐学院院长，全国文联书记处书记、中国音乐家协会副主席，中央乐团顾问等职。著作有《音乐杂谈》、《音乐漫谈》、《歌唱艺术漫谈》、《音乐艺术随笔》、《音乐美学漫谈》等。

吕骥先生是湖南同乡，早已相当熟识，李凌是中华交响乐团的同事，李元庆更不必说，同行并且在一起工作多年。父亲立即写信给吕骥、李凌和李元庆，联系幼年班的归属问题。

我们从 1949 年 12 月 15 日，以国立音乐院幼年班留校学生的名义，写给吕骥先生的信里，可以清楚地看到父亲的处境，他为幼年班的忙碌，并没有得到任何任命，他的工作都是自己的个人行为。“现在不说上课的先生没有，就连学校实际的负责人都没有，因为没有一个先生得到了聘书。”

又见盛明耀、胡国尧为我父亲所写的证明记述：

“黄源澧先生……是我国大提琴演奏和教学中老一辈的人才中的代表人物之一。最突出的历史功绩是：全国解放前夕，大军即将过江，国民党向海岛逃窜之际，黄先生当时任常州少年班的班主任……他冲破障碍毅然只身北上和当时音乐界的负责人吕骥同志联系，商定把全体少年班师生带到天津（音院所在地）……”

父亲为人中规中距，按照他的处世准则，本应该是不在其位，不谋其政的。可是，这一次我看到了一个不像我父亲的行为。在当时，他既没有任何任命，也没有名正言顺的职位，甚至对他还有些不信任（可能把他当作国民党的留用人员对待）。军管会在查封幼年班的财产的时候，把我父亲私人的大提琴也一起查封了，就是证明。但是，他依然挺身而出。据父亲说，他曾多次北上去找吕骥。当时已决定把学校安置到天津了。1949 年 10 月父亲接到中央机关发来的电报，北上开会商定国立音乐学院之大计。在天津，他得到令人振奋的消息，12 月中即可迁津。父亲回到常州后，立即召集教职员工和同学开会传达好消息，全校师生无不兴高采烈，个个满怀希望，使幼年班终于有了盼头。中央音乐学院筹备处的领导，根据父亲对幼年班的陈述，体谅幼年班所处的困境，吕骥以国立音乐学院院长的名义给南京军管会发函：

国立音乐学院公函　第102号　一九四九年十一月廿三日

查国立音乐院幼年班已遵中央人民政府文化部指示并入本院，兹据该班负责人来称，经济方面至为困难，学生日常生活已成问题，冬衣亦复无着，恳请贵会就近妥为照顾，解决该幼年班所需，是为至感。此致

南京军管会

院长　吕　骥

然而，建国之初，百业待兴，天津方面也困难重重。从东北、北京、华北解放区等各地都有要迁入的单位，财政开支非常困难，天津方面也是捉襟见肘、入不敷出。幼年班焦急地等待合并到天津，但是好事多磨，天津开会后迁校之事，一直没有落实下来。由于天津的校舍有限，吕骥于1949年12月打电报给南京音乐院，迁校一事又再次拖延。如果再拖下去，幼年班状况堪忧，父亲心急如焚，常州与南京军管会也不能为幼年班解决实际的困难。于是又给吕骥写了一封信，诉说幼年班举步维艰的窘迫处境，这封信现存在中央音乐学院档案室。父亲给吕骥的信，抄录在此。

吕骥先生大鉴：

前奉指示，当即经南京国立音乐院高教处交涉，惟无回音，倾获南京消息，因天津院校舍问题暂缓搬迁，此间师生闻悉，惊恐万状。

幼年班自解放后，即由常州军管会接管，后因领导问题有常州当局称，送南京军管会来常接管，仍纳入南京音院系列中。然而宁院自吴伯超先生出走后，院务即由宋广祥先生代理，本系权宜之计，宋本人多次请辞，故一向来院务即呈纷乱现象。本自顾不暇，于常州更属鞭长莫及。暑假中本有迁宁之议，后悉将由中

央接管，一直拖挨，至今学校已呈解体状态。

1. 租用之校舍早已满期，且年久失修，除二三个教室外，连寝室也漏雨，从前修盖之简便琴房门窗于计划迁宁时拆钉木箱，早已不能使用。

2. 教务上根本无法推动，现在主科教员一个也没有，文化课教员残缺不全，教务处一个职员也没有。现在，除尽所有教员排课外，每天由我自己上合奏两次，廖辅叔先生上政治课两次，乐器、乐谱、琴弦、簧片不能添置修补，比如“巴松”只有一个旧哨子，要有两个人吹。

最严重的是学生生活问题，由过去的全部供给制到现在的南京发的六十斤米钱（实购50斤）。每天一干二稀，一到吃饭，如饿虎出笼，争相吞咽。迩来患胃病多颇堪隐忧。据闻从无一顿饱食，衣裳被盖不够，尚有睡草席者。其他，剃头、洗澡、文具、书籍均无法解决，影响到情绪上，万分恶劣，怎样也安定不下来。

前次来津时，所以未将此种情况报告，因迁津在即，天明可待。兹经教职员会、学生会执委会连席会议决定，恳请院部于万分困难中将幼年班即行迁津，只要够住，其它再谈。并盼即派员来常州主持一切，临书神驰，不胜迫切之至

专请大安

弟

黄源澧上

49.12.12

从这封信里，我们看到幼年班的处境是如何艰难。父亲坚信，由中央音乐学院接管后，这个以交响乐团编制设置的队伍就可以生存和发展。因一时无法迁往天津，父亲焦急，孩子们焦急，这凄苦的日子真是难挨。这期间，部队文工团又不断地来要人，他担心一代音乐人苦心培植的交响乐的种子四处散去。于

是，教职员会、学生会执委会联席会议又决定，以学生的名义给吕骥先生写一封信，以加深院部领导对幼年班必须迁津的重视。

吕院长：

您（总）还不认识我们吧？现在让我们先来自我介绍一下，我们是幼年班的一部分留校的学生，今天我们要向您报告一下，我们在这里的情形，并且请求您帮助我们解决一些我们现在迫切必须要解决而我们自己解决不了的问题。

……上次黄源澧先生到天津见到您的时候已经大致的把我们的情况报告给您了，那时候，因为已经决定马上我们就要动身迁到天津去，所以，一切问题都把它搁下了，等到了天津再解决。不过一直到现在我们还没有得到什么时候迁移的消息，可是我们这里都已经到了学习无法进行，生活问题解决不了的困难地步了。

……因为我们一直没有一个固定的领导，一下属常州管，一下又属南京，现在虽然常州和南京的军管会都算是领导我们的，可是实际上都不能替我们解决问题……现在不说上课的先生没有，就连学校实际的负责人都没有，因为没有一个先生得到了聘书……

今天我们请求您下列三件事情，我们在这里怀着满腔的希望等待着，希望能得到您的回信，并且圆满解决了问题。

一、尽快能把我们迁移到天津去，天津房子挤一些都没有丝毫关系，总比这里好，总能遮得住风雨。

二、请马上派一个人来这里领导我们，推动教务，并且可以更深地了解我们。

三、如果迁津目前困难的确太多，一下的确不能解决，请务必设法先把我们迁去南京暂住，因为宁院房子大而人少，而我们这里这个冬天真过不去。而在南京一切问题还比较容易解决。

就写到这里为止了，可是再重复说一句，我们迫切希望马上就能搬来天津。

此致敬礼

国立音乐院幼年班留校学生

一九四九年十二月十五日

我注意到吕骥这时候用的还是国立音乐学院的名称，据资料记载1949年9月5日成立音乐学院筹备处，1949年12月18日才定名为中央音乐学院。由于12月中的计划落空，我父亲再次北上，这一次，他还专门拜访了马思聪先生，虽然马先生是周恩来总理亲自从香港请回来的，但，也不得不为建校筹备而精打细算，全部财政经费40余万斤小米，而仅仅建琴房就需要九万斤小米。父亲感到马先生十分疲惫。至于到底什么时候可以接受南京音乐院和幼年班，看来需等一些时日。

幼年班一些学生先后参加了部队文工团，有沈兴华、陈稼华、田保罗（田丰）、李学全等十一二人。因为，幼年班要合并到天津中央音乐学院。父亲舍不得这些孩子离开幼年班去参加工作，耐心地劝说他们继续留下来学习，不要现在就去工作。同学们在一起开会讨论，大家都说，你们一走，我们的乐队就散了，学校马上就合并到中央音乐学院去了，我们还要给中央音乐学院汇报演出呢。大家一起渡过了最艰难的日子，现在快要熬出头了……有的同学被说服，回到学校，比如到教练团的盛明亮、高经华、林深、李仲平等人。据说，部队的领导还到学校里来打过交道呢。但是，也有的经过劝说无用，他们在深更半夜，偷偷溜出学校参军去了。后来，虽然有的又回天津上学，但是，不少人就在部队一直干到复员、退休。虽然在部队的同学对部队音乐事业做出了不小的贡献，然而当不少同学回忆起当年父亲和同学们的苦口婆心，以及他们冒失的选择和不辞而别时，仍然流露出一丝悔意：要是留在学校或许会有另一番前景。复水难收，毕竟岁月如梭，光阴不再。

在接到父亲及幼年班同学的信，与父亲的面谈之后，吕骥又派萧英先生①前往常州看望幼年班师生。萧英在幼年班详细叙述了中央音乐学院筹备的情况，时间大约在1949年底、1950年初。萧英1949年9月从上海调到北京团中央工作，参加开国大典的工作。庆典之后调到音乐学院筹备处，当时筹备处只有12个人，他主管基建工作。他还记得到常州父亲请他吃饭的情景，他说我家的红烧肉做得真好吃，从来没有吃过这么好的红烧肉。可见只有大半天的常州之行给萧英的印象有多深。幼年班的同学也记得萧英是来常州看望他们的第一位中央音乐学院的领导，起到了安定人心的作用。

一直到1950年3—4月间，中央音乐学院派郑守燕、李元庆同志来常州宣布常州国立音乐院幼年班并入中央音乐学院，并即迁往天津。父亲开始招回疏散的学生，发出了几十封信，一些老师和同学也陆陆续续地回到常州与我们会合。比如胡炳余、胡介华他们的家就在常州郊区农村，听到学校要搬到天津去，便立即赶往学校。王人艺因为上海解放后，陈毅市长保留了上海工部局乐团，改名为上海交响乐团，受聘于上海交响乐团。后来，他又由于在幼年班的工作经历，贺绿汀、向隅、谭抒真三位院长力邀王人艺到上海音乐学院任教，贺绿汀给了他一个小提琴副教授的职务（在他去世后贺绿汀沉痛地发现，忽略了对他职称的提升）。所以很自然王先生就留在了上海，而没有随幼年班搬迁到天津中央音乐学院。刘文英随幼年班到达天津，后又调到上海音乐学院。

---

① 萧英（1926— ）上海人。解放前从事青年工作，并任职于新音乐社，解放初期参加中央音乐学院筹建，东方歌舞团副团长。

那些日子，学校里钉箱打包，收拾行装，1950 年 4 月 15 日，常州幼年班动身去天津。我们坐的火车很破旧，大家都在一个车厢里，小孩子都瞪大了眼睛，好奇地看着窗外。我们离开了江南的小桥流水人家。火车到南京之后，我们的火车车厢被运上摆渡船，然后运到长江对岸，接上火车头后继续前行。过黄河的时候已经是夜里，正在修桥，从上到下望去，星星点点的灯火，给我很特别的感觉。大家一律都是硬座车厢，妈妈把毯子铺在座位下面，让我们几个就钻进去睡觉。那时火车要走一天一夜。四月十六日终于到达了天津，我们上了接我们的大卡车，一会儿，就到了大王庄十一经路，门口的横匾上还写着“大和学校”的字样，可能是日本人在这里办过学校。主楼是一幢马蹄形的三层楼，学校的周围还是一片片农田。

南京到天津的师生 96 人，幼年班到天津的师生有 72 人。幼年班进门后受到大学部的同学和老师们的欢迎。大学生喜欢和幼年班的小同学玩，郑湘河（小提琴）把张锡生的 1/2 大提琴架在脖子上当中提琴拉，逗得围观的大同学哈哈大笑。见到幼年班的同学，大学部的人个个感到惊诧，不是幼年班吗？怎么都是些半大小子呢？他们原以为幼年班是小孩呢，没有想到许多学生已长成为翩翩少年。于是国立音乐院幼年班就改为中央音乐学院少年班了。

当时合并到中央音乐学院的单位有：

华北大学音乐系
东北鲁艺音乐系
北平艺专
南京国立音乐院
常州国立音乐院幼年班

十一、1950年天津初期

归中央交付全班人马
众首席坐镇中央乐团

父亲带领幼年班人马，连同幼年班的全部资产完整无缺地交到中央音乐学院手中，共72人（学生63人，教师9人）。另外还带来了当时中国唯一的一支少年管弦乐队。1950年4月18日举办了中央音乐学院团圆大会，这支乐队虽然因为有十多个学生参军而声部不全，但是吕骥听了乐队汇报之后，依然十分惊讶和高兴，询问有没有柴科夫斯基的作品。说实在的，对于中央音乐学院来说，不啻是天上掉下来的馅饼。

2006年9月，我代表父亲去看望喻宜萱先生[①]，她刚刚渡过了97岁生日，喻老院长思维清晰，言简意赅，令我钦佩之极。当年中央音乐学院建院时健在的元老，已经不多了，如今我父亲也故去了。喻先生回忆往事如数家珍，头头是道。在天津时我家与她同住一个楼里，我们姐弟与她的孩子管维立，小时一起嬉戏打闹，关系非常密切。后来我又在声乐系工作，给她许多学生弹过伴奏，她见到我自然非常亲切，特别关心我父亲的身体，叫我代问

---

① 喻宜萱（1909—2008年）女高音歌唱家、声乐教育家。江西萍乡人。历任中央音乐学院声乐系教授兼系主任、副院长。第二、三、四、五、六届全国政协委员，全国文联委员，中国音协顾问，主编《声乐表演艺术文选》著有《我与音乐》。

候。她说：“黄源澧是建立中央音乐学院的大功臣，是奠基人之一。”她接着讲述了建院初期的情况。她是1950年10月来音乐学院工作的。之前，她接受联合国教科文组织的派遣，到欧洲去考察各国的音乐学院，她说：“我的眼界是很高的。”当她到学校工作时，相比之下，她感到不仅学校的设施不够完善，教师队伍和学生的质量良莠不齐，实在不能令人满意，唯有少年班与国际教育水平接近，使她为之一振，感到十分宽慰，看到了我国音乐教育的希望，她很认真地说：“是你父亲的少年班，托起了中央音乐学院。”

解放初期，人与人之间的关系平等、融洽，由于共产党的清明，使父亲很快就投入到了新社会的建设洪流。他带着欢欣鼓舞的心情，迎接他所企盼的和平安定，踏踏实实地办学的好时光，他为之奋斗的音乐教育事业盼来了稳定的发展时期，眼前一片光辉灿烂，心里涌动着无限的激情和巨大的动力。长年战争终于结束了，那颗在颠沛流离中忐忑不安的心，终于放下来了，少年班踏上了正规的学习道路。共产党带来一股清新、明朗的朝气，与腐败的国民党有天壤之别，全国上下齐心合力，各行各业一派欣欣向荣，大家都很兴奋，父亲自然也踌躇满志，感觉实现理想的时机来到了。

随幼年班一起到天津的教师有我父母亲、赵东元、廖辅叔、邱扬华、刘文英、钱宝华、刘眠星、郑华彬等。两周后少年班便上了专业课。学校安定下来之后，除了从常州一同迁来的学生63人外，父亲着急的是把在常州疏散的学生招回学校来。根据马润源先生的统计，连同参军的同学，解放之前仅有86人。所以，立即发出通知，让那些投亲靠友的学生回学校学习。解放前后由于各种原因离开学校的同学也有不少人返回学校。如李学全，解放初参加海军，知道幼年班搬到天津后，找我父亲，要求回来继续学习。但是，海军文工团不放，来人交涉，后来在吕骥同志力保之下，把海军文工团的人“劝”说回去了，李学全回到学校。再比如，方国庆解放前1948年被学校开除，原因是淘气和与人打架。

还有的人说，是他早晨起不了床，在朦朦胧胧之中到宿舍门前的尿桶方便，不想经过一夜忙碌的尿桶已满，于是，尿液如数顺着二楼的木地板的缝隙滴落而下，哪里知道正是每周的升旗、唱国歌、念总理遗训的时刻，而且恰巧滴到了训导主任的光头上，那还了得，所以，他为这一大不敬之举，被训导处开除。幼年班搬到天津后，他让他哥哥方国桢“去问黄先生”，父亲说：“小孩子淘气，不是品质问题，不算开除，欢迎回学校。”也有些学生写信要求回学校，父亲写信都请他们回来上学，少年班很快就恢复了元气。

5月19日同学们进行了体检，查出有不少人得了血吸虫病（俗称大肚子病）。还有同学查出肺病，被隔离在学校里半圆形的铁皮营房里，后来都痊愈了。

1950年6月17日，中央音乐学院成立大典，在天津大王庄十一经路新四街十二号礼堂召开，会上马院长、吕院长、文化部丁西林部长、天津市黄敬市长、戏剧学院院长欧阳予倩都讲了话。1950年7月学校组织了暑假实习，组成教育队和演出队，下工厂农村辅导慰问演出等，少年班都参加了。

刚到天津，大家都住在马蹄形的主楼内，本科、音工团，音乐研究所，少年班几百人济济一堂，确实拥挤，我家住过教室，后来搬到礼堂后的一排小楼里，那是日式的二层小楼，每层两间小房，一家住一层，吕骥、李凌也住那里。我们几个家属的小孩常常一起玩。学校有一大片荒芜草地，垃圾乱飞，在旁边盖了些琴房。那时候，学生吃大灶，老师吃中灶，开饭时很热闹。校园还有一个虎伏，锻炼身体用的。由于我们从小就在南方长大，对于北方的一切都十分好奇，从来没见过窝窝头，也没见过刮地风，居然能飞沙走石，黄沙蔽日。当然比常州那小地方热闹多了，繁华多了。用水，水笼头一开就来水了，真方便，不像常州用井水，电灯也比常州亮。学校门口不时有大小汽车马车驰过。有时候还能够见到隆隆的坦克车。我们这些乡下来的孩子可开了眼界，常常蹲在门口看坦克、汽车……有一回一辆卡车要开进学校去，因为车篷子太高了，顶到学校的门匾，把墙撞塌了，砖头纷纷落下，把我砸了个正着，一下子把我埋在了瓦砾堆里，当场昏过去了，父亲闻讯后，飞奔着把我抱到医务室，我的腿瘸了好几个月。到天津后不久，我的父母也实现了他们多年的梦想，在一位修琴师手上买了一架 MOTREO 旧钢琴，我又在母亲的监督下练琴了。

在院务会议上，父亲介绍了建立幼年班的过程及幼年班的现状。会议文件写道：幼年班改为少年班，少年班的课程设置、专业、学制与大学接轨。专业课与文化课的比例为 7∶3，少年班延续了幼年班的包干制，免学杂费及其他一切费用，每人都享受助学金，等等。

“中央音乐学院少年班时为培养有专门才能的音乐干部而设立。招收初小四年级，年龄 11 岁左右，具有音乐才能的少年，予以专门的技术训练，班主任黄源澧。

为了保证新的教育方针的实现，本科和少年班都没有政治课（均不设政治课），少年班同学年龄小，主要需要文化教育，少年班偏重于器乐技术的学习。

全院不收学费、琴费及其他（杂费），每人都有助学金。”

这时又增设了低音提琴等专业，课程精简，由每周 27 节减到 19 节，加强了技术基本功的训练时间。改变了原来幼年班的九年制，由于工作需要，演奏人才的短缺，决定少一、二班于 1952 年毕业，少三班于 1953 年毕业，少四班于 1954 年毕业。还有一个小插曲，少五班 1955 年毕业时，恰巧碰上全国要求实行统一高考，由于少年班文化底子差，师生和院部领导都为他们担心，怕文化课统考不合格，就可能考不上大学。于是，父亲决定让这个班提前两个月考专业课，集中力量补习文化课。上课也不用原来的书本，补课的老师另外编写了讲义。结果 20 人中除一人外全部通过，学校为他们开了庆祝会，教务主任张洪岛先生特来祝贺。

中央音乐学院云集了全国最知名的音乐专家和学者，由马思聪、吕骥、储师竹①、陈振铎②、康少僯、朱世民③、缪天瑞④、董兼济⑤、刘恒之⑥、黄源澧、李一鸣⑦、李凌、江定仙、易开基⑧、喻宜萱、张洪岛⑨、杨荫浏⑩、曹安和⑪、李元庆、李焕之⑫、王

---

① 储师竹（1901—1955 年）二胡演奏家、教育家，江苏宜兴人。任国立音乐院国乐组主任、教授。中央音乐学院民乐组主任。为阿炳的二胡曲《二泉映月》、《听松》订指法。作有二胡曲《私视》等。

② 陈振铎（1905—1999 年）音乐教育家。1928 年入上海国立音乐院，1933 年毕业于北京大学艺术学院。从事二胡演奏、教学、研究工作。历任重庆、南京国立音乐院、中央音乐学院、中央民族学院教授。著有《二胡演奏法》、《刘天华作品研究》。

③ 朱世民（1911—1961 年）钢琴教育家。中央音乐学院、天津音乐学教授、系主任。

④ 缪天瑞（1908— ）音乐理论家。浙江瑞安人。历任国立福建音专教授、台湾交响乐团副团长、中央音乐学院副院长、天津音乐学院院长、中国音乐研究所研究员、全国人大代表、中国音协常务理事。著有《律学》、《基本乐理》、主编《中国音乐词典》。

⑤ 董兼济（1914— ）音乐理论家。任教于中央音乐学院、天津音乐学院。编有《管弦乐配器法》。

⑥ 刘恒之（1920—2004 年）音乐教育家。广西省苍梧人。历任中央音乐学院教务处副主任、民乐系副主任、西安音乐学院院长。著有《中国打击乐教程》、《艺术概论》。

⑦ 李一鸣（1911— ）音乐活动家。河北武清人。历任中央音乐学院专修科主任、研究所汉族室主任、中央广播民乐团团长。

⑧ 易开基（1912—1995 年）钢琴教育家、四川万县人。1935 年毕业于上海国立音专，历任重庆、南京国立音乐院、中央音乐学院钢琴系主任、教授。北京市政协委员。编有《高等音乐院校钢琴由选》五集。

⑨ 张洪岛（1913— ）音乐教育家。河北沙河人。早年赴巴黎音乐学院学习。任中央音乐学院理论系主任、教授。译有《西洋音乐史》、《西洋歌剧故事全集》、《外国音乐史》。旅居德国。

⑩ 杨荫浏（1899—1984 年）音乐理论家。江苏无锡人。历任国立音乐院教授、中国音乐研究所所长、中国艺术研究院顾问。著有《中国古代音乐史稿》、《杨荫浏论文选集》。

⑪ 曹安和（1905—2005 年）音乐理论家。江苏无锡人。1929 年北平国立大学音乐系。中国音乐研究所研究员。著有《时薰室琵琶指径》、《阿炳曲集》等

⑫ 李焕之（1919—2000 年）作曲家。福建晋江人，香港出生。1936 年上海音专肄业，后入延安鲁艺学习并留校任教。历任中央音乐学院音工团长、中央民族乐团团长、中国音乐家协会主席、全国政协委员。作有《社会主义好》歌曲，管弦乐《春节组曲》等。

宗虞[1]、陈良[2]等等。展现在人们面前的是人才济济的强大阵容，呈现一派蒸蒸日上的景象。

从1947年开始训练的幼年班乐队就是后来“红领巾”乐队的模式。合并到天津后，少年班乐队成为中央音乐学院的宠儿，红极一时，频繁对外演出，包括接待外宾。还到天津广播电台对外播音，成为中央音乐学院一支最为活跃的演出队伍。因为一些幼年班学生参军后，不少乐器演奏员不足，加上解放前受条件所限，没有老师、没有乐器，乐队编制本来就不全，管乐和打击乐力量极其单薄、缺乏。父亲在学生中进行挑选，他让耳朵好、能力强的同学改行，如让方国庆学打击乐，让刘奇学大管……他们说：我相信黄先生为我选的专业，没错。

父亲和少年班管弦乐队在天津频繁演出，1951年暑假，由喻宜萱和我父亲带领演出队到华北济南、开封、西安、太原四大城市巡回演出，取得很大的轰动效果，受到干部群众欢迎。父亲说“在演出过程中感到自己与人民与革命逐步结合、融合。”通过这些演出，少年班乐队出了名。在演出过程中陈长泉不幸在太原城墙上的门洞处踩空，掉到下面，摔得很惨，还缝了好多针，使英俊的陈长泉破了相。

1951年8月，中央组成一个200多人的中国青年文工团，代表新中国出访苏联东欧八个国家。第一次专门组成了一个管弦乐队，参加在民主德国举行的青年联欢节。从中央音乐学院少年班抽调了十几个高班同学参加小管弦乐队，特地从上海交响乐团请

---

① 王宗虞（1903—1995年）音乐教育家。南京人。1940年重庆国立音乐院是由他与李抱忱筹办的，为建校功臣，并主持教务处工作、担任视唱练耳教授。后任中央音乐学院教务主任。

② 陈　良（1925—　）指挥家。上海人。1944年国立上海音乐院学习声乐。历任中央乐团合唱指挥、广西艺术学院副院长、音协广西分会副主席、上海音乐学院副院长。著有《合唱指挥》。

来小提琴家杨秉荪[①]、大提琴家司徒志文[②]等。以及长笛首席韩中杰[③]，双簧管首席陈传熙、单簧管首席秦鹏章[④]……等。队长由韩中杰担任，父亲为乐队副队长并担当乐队指挥。这次巡回演出，深受东欧民主国家的欢迎。

200多人组成的文工团，有歌舞、合唱、独唱、小歌剧，乐队以担任伴奏为主，他指挥抗美援朝内容的小歌剧《并肩向前》。在联欢节上，他曾经指挥过八万人合唱《民主青年进行曲》，深深地体会到外国人对中国的尊敬，说明中国的国际地位的提高，也感到世界对中国人的真挚友情，这激起他满腔爱国热情。他为中华民族而自豪，为中国人的扬眉吐气而兴奋不已，演出回国后他自觉学习马列主义毛泽东著作。

父亲意识到，学生们在欧洲演出，是一次学习西方正统演奏方法的绝好机会，就与韩中杰先生商量，并与有关方面联系，希望团部领导尽可能地安排同学们向专家、教授学习。代表团团部对此作了细致的安排。在出访东欧社会主义国家时，少年班的同学们一边演出，一边抓紧练习，把出国演出变成为一次真正意义

---

① 杨秉荪（1929— ）小提琴演奏家。湖北武汉人。1939年入陶行知育才学校学音乐。1949年任上海市府交响乐团演奏员。建国后随中国青年艺术团赴柏林参加世界青年联欢节。后任中央歌舞团、中央乐团独奏演员。1957年毕业于匈牙利李斯特音乐学院。曾任中央乐团副团长兼社会音乐学院副院长。中国音协理事。曾在世界青年联欢节小提琴比赛中获奖。

② 司徒志文（1927— ）大提琴演奏家。广东开平人。1950年上海国立音专毕业、后入莫斯科音乐学院学习。在中央乐团交响乐队从事演奏与教学。大提琴学会会长。爱乐女乐团团长。

③ 韩中杰（1920— ）指挥家。上海人。1942年以长笛专业毕业于上海国立音乐学院，留校任教。并在上海交响乐团任首席长笛。1951年在世界青年联欢节长笛比赛获奖。1954—1956年先后任中央歌舞团、中央乐团交响乐队指挥。1957年赴苏联学习，后任中央乐团常任指挥、中国音协理事、常务理事。

④ 秦鹏章（1919—2002年）指挥家，单簧管、琵琶演奏家。上海人、原籍无锡。1937年上海国立音专肄业。从事交响乐、民乐、电影配乐。曾任中央民族乐团指挥、中央音乐学院教授、中国音协理事。

上的留学。方国庆、刘奇等，就像今天的留学生一样，在一年半的出国时间里走到哪里学到哪里，每到一个城市向当地乐团演奏家、音乐院教授学习。他们很少出去游玩，加上他们的聪明和勤奋，学到了许多先进的演奏技巧，技艺大进。回国后又经苏联专家调教，孜孜不倦地学习和实践，使之成为我国这些专业的带头人，成为一代大师。如今，刘奇是大管学会会长，方国庆是打击乐学会会长。李学全也在这次出国期间到处拜师学艺。此后几十年，他在长笛领域成为公认的领头人，长笛学会的第一任会长。邵根宝是我父亲的学生，因为乐队工作需要，而他个子高，所以父亲让他拉低音提琴。后来，成立中央歌舞团时，领导让邵根宝改行拉低音提琴，他一开始想不通，专门跑到天津找我父亲倾诉了他的苦恼。父亲听完之后，只说了几句话："拉 BASS 也不错，乐队里各个声部都是重要的，缺你不可，你好好干，行行出状元嘛"，这句"行行出状元"点播了他的心结，邵根宝说"我最听黄先生的话"，既然黄先生都支持他改行，就回去专心致志地练习低音提琴，很快就出类拔萃，成为中央乐团低音提琴首席。现在全国各音乐院校和演奏单位的低音提琴演奏家，大都是他的学生，他是中国低音提琴学会的会长。父亲的寥寥数言成就了低音提琴一代大师。他们都成为各自学科的开拓者。

李凌先生在为黄源洛《民族调式与和声》一书的序言里写道："黄源澧和我共事时间较长，当年中央音乐学院在天津成立的时候，他担任少年班主任，在青木关时也是他负责，获得了众人的肯定。马思聪跟我说：我很想把少年班当作试验交响乐的基地。希望你对他的工作多多关心和支持。"在天津，马思聪对李凌说："要好好保护这批幼苗，要让黄源澧同志有职有权"（选自1990年中央音乐学院建院40周年纪念特集李凌《母校创建札记》）。幼年班少年班的成绩有目共睹，父亲在幼年班的建树得到了音乐界人士的关注和肯定。

1951 年 11 月底在匈牙利演出之后，父亲奉召和刘光亚①（管弦系管乐教研室主任，后调外交部工作）提前回国，参加思想改造运动和文艺整风运动。而青年代表团乐队在结束演出归国不久，由于工作需要，国务院决定乐队与回国时的合唱队、舞蹈队一起组成了中央歌舞团。1956 年，舞蹈队留在中央歌舞团，乐队与合唱队的部分成员合并到刚刚成立的中央乐团，1957 年李德伦从苏联留学回国，担任中央乐团指挥。前后十几位首席，皆为少年班毕业生。幼年班少年班为交响乐事业打下了扎实的基础。严良堃对我说："你父亲实际上是中央乐团交响乐队的缔造者。"在以后几十年到中央乐团工作的演奏家，大多出身于少年班，附中、管弦系，中央乐团近四十年的音乐旅程，成为中国交响乐的领头羊和一个时代醒目的标志。

父亲主持了 1951—1957 年的附中招生工作，从常州迁到天津以后，少年班就打破清一色"小和尚"的格局，招收女生，插班生，体现了男女平等的新思想。要不是这样，我也可能学不成音乐。少年班不久便开始壮大了。

插班到少四班的有林耀基、陈静斋、邵元信，李宝琼、陈兆勋（他们是马思聪先生从广州亲自带来的）、丘天凤、余明复、杨大风等人。特别是林耀基，他为我国小提琴教育事业做出了杰出的贡献。张韵新和张志勤原在上海育才学校，张志勤（革命烈士张志新的妹妹）的家在天津，通过谭抒真先生介绍给老同学黄源澧，父亲听她们拉了一首巴赫协奏曲就把她们留下来了。父亲求才若渴，对于有天赋的学生，自然一概应允。她们也插班到少四班。

---

① 刘光亚（1925— ）音乐活动家。河北唐山人。1949 年北京师范大学音乐系毕业。曾任职中央音乐学院管弦系，我国驻法国、奥地利文化参赞、中国音协书记处书记、外委会主任、国际音理会副主席。

上海音乐学院曾定名“中央音乐学院华东分校”，自然也像中央音乐学院一样，效法成立少年班。因为王人艺先生原本就是少年班的元老，合并了育才学校，1951年也开始了正式的少年班招生。如丁芷诺、俞丽拿、邓尔博、龚耀年、沈榕、沈西蒂、黄白、李民铎、周铭荪、卞祖善等人。这以后全国各地音乐学院都相继办起了少年班（附中），使我国音乐教育事业的发展特别是器乐的演奏水平得到迅速的提高，包括一二年后增加的民族器乐专业学生。如果说李学全1953年第一个获得国际金奖，还属于凤毛麟角，而现如今国际上中国人拿大奖已不是什么新鲜事，甚至不少人冠以国际大师桂冠。国外著名交响乐团里也有不少中国培养的演奏家。随着改革开放的深入，乐器进入了普通家庭，琴童不计其数。幼年班的学生赵惟俭教授就为此做出了非常突出的贡献。对于蓬勃发展的早期幼儿音乐教育，父亲十分肯定：“早期开发儿童智力，多听音乐、学一点乐器，使我们的孩子在音乐熏陶中成长，并练就童子功，对中华民族的整体素质的提高，提升我国音乐教育的整体水平，都是功德无量的好事。”

器乐演奏已如“旧时王榭堂前燕，飞入寻常百姓家。”吴伯超先生等前辈们的夙愿，在新中国的环境里得以实现。为了达到这个目标，我父亲在解放后坚持不懈地努力，无私的奉献自己的一生，他是苦苦的耕耘者，默默的开拓者，看到战火中保存下来的幼年班的同学们，终于挑起了建设中国交响乐的大梁，他内心怀有极大的满足感。古人有所谓“梅花香自苦寒来”一说，而我的父亲就是那辛劳栽培梅花的园丁。

十二、1951—1966年少年班—附中

聘教员组织强大阵容
展宏图开拓附中教育

前面几个班1—5班，是照老班级排下来的，后几个班增加了男女插班生之后，便从1951年开始的正式排列：51班、52班……

马思聪院长和吕骥副院长，看到父亲和他助手的工作取得令人信服的效率和成绩。便放心地把少年班财务权、人事权、教学权放手交给少年班自己去办理。父亲和他亲密的助手副班主任黄翔鹏[①]，王金贵[②]三人密切合作，按照他们心中的宏图建设少年班，先后请来许多优秀教师，组成了强大的教师阵容：

钢琴老师有：李莪荪[③]、刘培荫[④]、郑丽琴、陈比刚[⑤]、陈慧

---

① 黄翔鹏（1927—1997年）音乐理论家。南京人。曾任中央音乐学院少年班教务主任，中国艺术研究院音乐研究所所长、研究员、中国音乐史学会副会长。撰有《新石器及青铜时代的已知音响与我国音阶发展史问题》、《曾乙侯墓钟磬铭文乐学体系初探》、《考古学在音乐形态研究中的作用》。

② 王金贵（1929—1987年）山西和顺人。随华北大学文艺部音乐系并入中央音乐学院，历任附中总务主任、党支部书记、中央音乐学院党委委员、人事处长。勤奋好学、自修各种文化课、音乐理论课。作风正派、能力过人，是为党的好干部，受到人们的尊敬。

③ 李莪荪（1919— ）钢琴教育家。贵阳人。1944年毕业于重庆国立音乐院钢琴系。中央音乐学院指挥系副教授。后旅居加拿大。作有芭蕾音乐《未来》、《春天》。

④ 刘培荫（1925— ）钢琴教育家。河北乐亭人。1950年燕京大学音乐系毕业。曾为中央音乐学院副教授，现旅居德国。

⑤ 陈比刚——6岁登台表演，人称神童。1947年，我国第一次演出贝多芬第九交响曲第四乐章时，他出任钢琴伴奏。年少之时就到附中任教，曾为国家派往阿尔巴尼亚的钢琴专家。中央音乐学院教授。

甦、包恩珠、周勤令、王并臻[①]、黄雅、凌远[②]、毛贞平、陈文[③]、楼乾妹、樊建勤、高杰、沈灿、韩剑明[④]、蒲以穆[⑤]、顾嘉琳等人。

小提琴老师有：盛雪（盛天洞）、周恩清[⑥]、褚耀武[⑦]、王治隆[⑧]、高光祖、郑湘河、李桐州、彭鼎新、郑会勤、王鹏[⑨]、丘建华、杨毓芝等人。

大提琴老师有：王友键、马思琚[⑩]、王连三[⑪]、王祥[⑫]、宋涛[⑬]、

---

① 王并臻（1933— ）钢琴教育家。山东青岛人。1956年毕业于中央音乐学院钢琴系。山东艺术学院钢琴研究室主任、教授。山东钢琴学会会长。

② 凌远（1932— ）钢琴教育家。1956年毕业于中央音乐学院钢琴系。中央音乐学院附中钢琴学科研究室主任、该院教授。

③ 陈文（1928— ）钢琴演奏家。山东青岛人。1951年毕业于中央音乐学院钢琴系。先后任职于中央音乐学院附中、中央歌剧院、东方歌舞团。

④ 韩剑明（1931— ）钢琴教育家。浙江萧山人。1953年毕业于中央音乐学院钢琴系。中央音乐学院附中教授。

⑤ 蒲以穆（1932— ）钢琴教育家。福州人。1954年毕业于中央音乐学院钢琴系。曾任职于中央实验歌剧院、中央戏剧学院。1956年任中央音乐学院附中钢琴教研组长。

⑥ 周恩清（1923— ）小提琴教育家。上海人。四十年代就学于上海国立音专和上海圣约翰大学。曾为中央音乐学院管弦系教授。现居香港。

⑦ 褚耀武（1926— ）小提琴教育家。福建南安人。1951年在菲律宾和美国纽约音乐学校学习小提琴。1952年在中央音乐学院任教。现居香港。

⑧ 王治隆（1925—1997年）小提琴教育家。吉林怀德人。1952年毕业于中央音乐学院，然后在该校任教、附中副校长、教授。

⑨ 王鹏（1928— ）小提琴教育家。辽宁辽阳人。1953年毕业于中央音乐学院。曾在中央音乐学院附中、沈阳音乐学院、天津音乐学院任职。任弦乐教研室副主任、教授。著有《小提琴演奏法》。

⑩ 马思琚（1920— ）大提琴教育家。广东海丰人。1942年上海国立音专钢琴及大提琴毕业。中央音乐学院教授。编有《业余钢琴初级教程》译有《合唱指挥》。

⑪ 王连三（1926—1986年）大提琴教育家、福建清流人。1946年国立福建音专。曾任台湾交响乐团大提琴首席。中央音乐学院附中副教授。作有大提琴曲《采茶谣》、《风雨童年》。

⑫ 王祥（1929—2005年）大提琴教育家。山西人。1946年入延安管弦乐团，1955年中央音乐学院毕业。中央音乐学院大提琴教研室主任、教授。大提琴教师学会副主席。

⑬ 宋涛（1932— ）大提琴教育家。杭州人。1957年中央音乐学院毕业。中央音乐学院附中大提琴学科主任教授。著有《大提琴教程》。

陈圆①、严正平等人。

管乐老师有：夏之秋、刘光亚、马思芸、黄日照、祝盾、王志坚等人。

理论、视唱、合唱老师有：朱起芸②、王润琴、虞疆、臧凤来③、王毓芝④、王辉庭、符任之、吕仲平、李重光⑤、黄玉锦、刘惠娴、朱起鸿、何振京⑥等人。

我父亲吸取了幼年班的经验，发动全体老师到全国聘请最优秀的文化课教员，因为音乐学校的特点，业务课需要花费较多的时间，文化课就要由好老师教，提高授课水平。王立平的父亲王正中先生，由王治隆老师推荐来的东北优秀教师。黄文润老师记得王正中老师到学校后，开展了多种形式教育，如设置课外辅导小组，活跃了学校的学习气氛。

文化课、体育课老师有：朱绛、熊人望、孙世光、苏意俊、刘祖荫、游玉清、林开鉴、常韵铮、索维圻、余国暄、傅培根、汤德章、苏意俊、孙彩虹、李鹤年、黄秀雄、狄少华、杨彦昌、喻怀亮、李金鸾、周湜芳、丁鲁、唐振汉、张宝铭、黄文润、朱兆钰、宁静、劳働、吴元芳、吴开基、余行天、王正中……在天津时，教职员工共有 87 人，教学人员占了 59 人。

---

① 陈圆（1935— ）大提琴教育家。山东青岛人。1956 年中央音乐学院毕业。中央音乐学院附中大提琴教授。大提琴学会常务理事。

② 朱起芸（1928—1984 年）音乐教育家。浙江觐县人，1951 年燕京大学音乐系毕业。中央音乐学院附中理论学科主任、副教授。曾被评为北京市“三八红旗手”。

③ 臧凤来（1929—1987 年）音乐教育家。沈阳人。1952 年中央音乐学院毕业。后为中央音乐学院附中视唱练耳高级讲师。与人合编视唱教材七册。

④ 王毓芝（1926— ）声乐教育家。天津人。1949 年北京师范大学音乐系毕业。1951 年中央音乐学院研究生。曾任教于华侨大学、中国音乐学院音乐学系。

⑤ 李重光（1929— ）音乐教育家。山东栖霞人。1955 年中央音乐学院毕业。留校任教。1985 年中国音乐学院附中校长、教授。著有《音乐理论基础》。

⑥ 何振京（1927— ）作曲家。河北蠡县人。1955 年中央音乐学院毕业。中央音乐学院附中理论学科主任、教授。《学生音乐词典》副主编。

还有许多大学部资深的教授来中学教课，由马思聪院长带头，章彦、易开基、朱工一[①]、周广仁[②]、喻宜萱、赵春峰[③]等先后在少年班带学生。父亲以他的标准和多年总结的教学经验，全力以赴，身体力行，团结老师们毫无私心、全心全意地培养学生，使少年班受到了当时最高水平的专业教育。

我父亲要求专业教师“要提高自身的业务水平，既有高度的理论素养和音乐文化修养，又有很强的演奏实践能力和示范能力。”他要求文化教师，“要了解音乐学校专业的特点，也要学习一些音乐知识，以便更深入地了解学生的学习情况，以适应音乐学校教学的特殊性。”对学生，他主张“给他们一个宽松的学习环境，要培养他们认真自觉勤奋的学习态度和不怕困难、经受各种考验的坚强意志，要鼓励他们养成持之以恒、一丝不苟的学习习惯。”“教师要调动学生的积极性和保护他们的学习热情，尊重学生，对他们要公平，一视同仁。这样，教师会得到学生的爱戴和崇敬，也会成为他们成长中的榜样。”我父亲在附中构建了奋进、融洽、和睦的氛围，令少年班和附中的老师同学度过了一生中最美好的时光。

51 班和 52 班原来也在天津十一经路院部。52 班下半学期便搬到河西区绍兴道 4 号去了。当时因为院部校舍太挤，大、中学

---

① 朱工一（1922—1986 年）钢琴教育家和演奏家。生于浙江宁波。幼年师从意大利钢琴家帕契学习。1946 年应聘在北平艺专任教。1949 年前后，曾多次举行独奏会及室内音乐会，并曾举行过钢琴奏鸣曲音乐会。1950 年起在中央音乐学院任教。后任教研室主任、教授。任国务院学位委员会成员。作有三首序曲及钢琴协奏曲《南海儿女》。

② 周广仁（1928— ）女钢琴教育家。祖籍浙江，生于德国汉诺威。1946 年上海国立音专肄业。二十岁左右即在上海演奏钢琴协奏曲。先后在世界青年联欢节、舒曼钢琴比赛中获奖。文化大革命后任中央音乐学院钢琴系主任、教授。中国音协常务理事。创办星海青少年钢琴学校。作有钢琴曲《陕北民歌主题变奏曲》等。

③ 赵春峰（1912—1989 年）民族乐器演奏家。山东乐亭人。1953 年任教于中央音乐学院、中国音乐学院。编有民间乐曲《开门红》、《满堂红》、《丰收乐》等。

混在一起十分不便，音乐学院把原来音工团、音协和音乐出版社所在的绍兴道房子要了过来，作为少年班过渡期使用（这时已经济独立核算，拨了地皮给少年班另建校舍）。仓促搬过来的校舍很简陋，院子不大，有一座别墅式的主楼，共三层，大一点的房间用作教室和宿舍，大楼里的门厅就是演奏厅，平时学生演奏会和考试在这里举行。院内有一个只有篮球场大小的操场，院子西边一排二层的楼房，上边是宿舍，下边有宿舍也有琴房。院子的北面和南面都盖有一些小平房，主要是琴房和老师的单身宿舍，食堂楼上是52班教室，食堂里面有一架钢琴，用来上大课和视唱、合唱课。教视唱的老师有朱起芸、王毓芝老师（这时都改称老师了，以前不管男女老师都是叫先生的，可能是由于南北地区的习惯），合唱有夏重恒①、王润琴老师，从1952年底到1954年，我们在这里住过约二年时间，53班也在这里住了一年时间，全校师生共约150人。

琴房不多，大多面对操场，我们这些十二三岁的孩子，常常不专心，练琴时总要回头看操场上有什么动静，老师们每堂课都巡视检查。有的同学还记得父亲到琴房来查房，好几次站在他的身后听他练琴。操场上有篮球架、沙坑还有爬杆和爬绳。学校里没法跑步，上体育课时经常在马路上，那时车辆少，没有什么危险。学校旁边是区政府，与学校之间隔着高高的砖墙。记得工商业改造和三反五反、肃反等这些运动，区政府院子里常开大会，我和几个能爬杆的同学会骑在墙头看热闹。

管伙食的还是郑华彬老师，那时我们上学不交学费，吃饭也不花钱，郑老师绞尽脑汁变着花样改善伙食，鸡、鸭、鱼、肉、包子、面条、烙饼、饺子甚至还有大对虾……他一如既往对同学，

---

① 夏重恒（1928— ）声乐教育家。沈阳人。1953年中央音乐学院毕业，在附中任合唱教师。后任教于天津音乐学院、声乐系主任、市政协委员。

对病号，关怀贴心，无微不至。他送走了老少年班、又接来了新少年班，像一位慈爱的“母亲”，永远活在我们这些孩子心里。

管理学生是麻烦的事，照顾起居有生活老师如郑宝灵、杨玉芝，每晚检查是否按时熄灯等。中央芭蕾舞团小提琴演奏家金以宏回忆：“还请了洗衣服的‘男阿姨’，一个月交两毛钱，每星期可以洗四件衣服，那么多衣服有时急得‘男阿姨’直哭。”孙翩最小，才9岁，晚上睡觉时，生活老师要用绳子先把她固定住，怕她从床上掉下来。还有的同学尿床，半夜都得叫他们起床上厕所。特别是53班刚进来时，许多同学想家，一个人一哭，会引得全屋人都哭起来。张宝铭老师教政治，是我们的辅导员，他的办公室在主楼中间，家长把学生的零用钱，都放在他和其他生活老师那里保管。第一次开学生演奏会，同学们特别紧张，这种紧张似乎还颇具传染性。张老师就拿来一些白色药片，告诉我们这是解除紧张的药，大家纷纷要来吃了，马上感觉放松了许多。事后我们才知道，为了让同学们解除心理上的紧张情绪，他给我们吃的解除紧张的药，只不过是维生素C片，他和我们住在一层楼里，朝夕相处，非常亲密。他带我们到天津灰堆、宁园等处玩耍。他是孩子头儿，他带我们玩军事游戏、捉螃蟹……常常使我们乐不思归。他经常训话，但同学们都很服他。我们从天津搬到北京时，张老师在处理某学生的问题上，受到了不公正的批判，没有随学校到北京来工作。心情郁闷，因患肝癌很年轻就去世了。学生们怀念他，每每有人去天津时，总要去看看师母孙彩虹老师，以表敬意。

记得我们52班最早教俄文的是一位漂亮的俄国女老师——维兰，单词学的许多是社会主义的新名词，“同志”、“少先队”之类的，记单词各显其能，比如：星期日是“袜子搁在鞋里耶”，安乐椅是“可怜死了”等等。班上有些同学聪明的不得了，刚学了几句俄语就会唱俄文歌，如初霓裳同学。数学老师索维圻把枯燥的数学讲得生动活跃，满腹学问的熊人望老师，大家都非常喜欢。我们这些学生非常调皮，一次教历史的林开鉴老师，把帽子放在讲台上，被一个同学画了一个国民党旗，老师没有察觉，下课后走在街上，满街人都惊讶地看他，他发现自己帽子上的图案时，已走了大半条街了，他又能拿这群孩子怎么办呢！要知道当时正值全国镇反运动。

说起顽皮，不得不说说孩子王——刘诗昆，他钢琴程度最深，耳朵又好，加上绝顶的记忆力，只要听一遍就能记下曲子，他弹琴不费劲，所以他玩的时间也多。特别爱带低班的小同学玩，他是司令，带着我们钻暖气道，玩打仗，他一喊“冲啊!”，一群孩子就冲……那时正好肃反运动，我们都想当小英雄，天津那时还有许多俄国人没有走，我们就疑神疑鬼，总去侦察人家，搞得跟真的抓坏人一样。刘诗昆常常在刚看完电影或演出后，在大厅里把刚才的旋律变成钢琴曲，大家围着又唱又跳、天真烂漫、无忧无虑。天津有挑着担子走街串巷叫卖炸臭豆腐的，一边走、一边唱，| 5 1̇ –6 | 5 6 –3 | 5 – – – |，我们的明星刘诗昆，在钢琴上把这个曲调即兴变奏。我们那时候常常去观摩外国文化代表团的演出，刘诗昆回来就把刚才听过的曲子演奏出来，比如《素罗哈》等，大家是这样的随意和尽兴。

53 班人数比较多，因为 52 年招的乙班是小学六年级，与 53 年新招的同学合并为初一，52 乙班成为 53 甲班、53 年进学校的是 53 乙班。孩子们一多，事就多，什么闹鬼啦，抓特务啦，除了上课外的空闲时间特热闹。有时候同学们在一起回忆往事，讲起那时的鬼故事，唱起无穷无尽的中外古今歌曲，仿佛又回到了童年，成了抹不去的美好记忆。

宁静老师从学校毕业就分配到了少年班教语文，53 班拥有出名的“四大金刚”中的王华翼、胡志厚等都是调皮名将。一次上课铃响了，学生们玩跳沙坑，还不想回教室，宁静老师来叫，他们把宁老师的教具藏起来，硬要宁老师和他们一起再轮流跳一次沙坑，才肯回去上课。宁老师是认真的人，非常生气，他找到我父亲，希望父亲能批评这些男孩。父亲听后，笑着说“男孩子就是顽皮，树大自直嘛，他们长大了就知道对错，不要看得太重。”寥寥数话，使宁老师深感“树大自直”的分量，宁老师说，使他受用了一辈子。他担任了许多班级的班主任，培养了一大批优秀的音乐家。后来，王华翼成为中央乐团出色的小提琴演奏家，他现居美国新泽西州，是一位颇有成就的小提琴教育家。胡志厚是中央音乐学院著名的管子演奏家和教授，得到民间艺人杨元亨先生①的亲传，成为该领域的开拓者。

附中招收的有音乐才能的儿童，具有聪明儿童的特性，如思想开阔，点子多，喜欢恶作剧等。直到 80 年代，我女儿钱汶考进附中，他们班的同学有时也会捉弄老师，现在再回忆往事时，却会深情地夸奖这位老师，每次回学校见到老师都无比亲热。这种顺应儿童天性，不求全责备，宽厚学生，是附中的好传统，值得发扬。但是，也有一些人，受到极左思潮的影响，采取了过激的做法，伤害了一些老师学生，也是我父亲所不提倡的。

黄文润老师描述父亲的主张时说：“对于某些学生的不良习惯等等，要因势利导，不可急躁。孩子大了，经验阅历多了，自然会好起来的。”他还说，父亲的工作能够深入实际，和教师学生接触频繁，因此能够了解学校的点滴情况。他记得有些年，父亲还和老师们一起给学生写过评语。唐振汉老师受到我父亲的启发，他写道：“作为一个班主任不懂得音乐的学习规律是做不好工作的。于是，我请了陈文、韩剑明、陈比纲、黄翔鹏等老师教我弹钢琴，这样坚持三年多。一次附中教职工开联欢会，语文老

---

① 杨元亨（1893—1959 年）管子演奏家。河北安平人。民间艺人。1951 年任教于中央音乐学院。

师苏意俊独唱电影《白毛女》插曲《丰收》，我给他弹钢琴伴奏（黄翔鹏写的伴奏），还博得了满场的喝彩。文化教师特别是班主任要做好工作不能完全是音乐的门外汉，这一点成为大家的共识。1959—1960 年从师范院校和综合大学分配到附中任教的大学生，都积极地学习一些音乐知识和技能，有的学习声乐，有的到院部去听中外音乐史课。”使得很多文化课教师成为音乐领域的理论学者，比如，黄旭东和蔡仲德等老师。

少年班人数也不多，彼此都十分熟悉，谁有什么优缺点，一目了然，谁也不藏着掖着。老师像家长，同学之间像兄弟姐妹，和睦相处。我们生活在一个规范有序的大家庭式的环境下，回味起来是那么的单纯幸福。父亲努力营造一个融和的气氛，要求学生和老师互相尊重和关爱，与人为善，在那个越来越讲斗争，讲阶级的社会环境中是极为难得的事。我们生活在这种氛围中，尽情地享受着年少的流金年华，沐浴着阳光雨露。经过几十年的沧桑，岁月流逝，倍感童年的幸福。当年学校的管理是那么人性化，使我们大多数同学得到健康的成长，在以后面对人生艰难历程时，总能那么达观，一往无前，从不气馁，不言败、不退缩，在我们各自的领域奉献自己的力量，为祖国的音乐事业勤奋工作。少年班老校友金以宏说：“黄校长所提倡的这种和谐的氛围，对我们这一代学生良好性格与品德的形成，起到了决定性的作用。我们感谢黄先生。”

在我的记忆里，绍兴道的少年生活是那么美好，后来我陪父母亲去天津旧地重游，才发现原来它是那么的小。现在就连影子也都见不到了，房子已在 1976 年唐山大地震后拆除了。那时绍兴道显然住不下逐渐增多的学生，后来又在河东区建的新校址（十二经路），由办公室主任兼总务主任王金贵负责，由于他的努力，新校址 1954 年如期竣工。他立下的汗马功劳，我们这些老学生都念念不忘。

院部也盖了干部大楼，我们家也搬去了，就在少年班新校址的北面，仅一墙之隔。我们搬过去时学校操场还没填平，琴房尚在施工中，但是已具规模。有学生宿舍楼、教室楼（含办公）演奏厅、琴房、学生老师的宿舍、食堂等等。除了干部大楼住了些教授，年轻老师没有家室的住在学生宿舍三楼和操场东边一排平房里。郑华彬、朱起芸等老师们就住在那儿。有一次朱起芸老师生病了，我们从半开的窗子，看见张悟老师坐在她床边给她倒水、喂饭，卿卿我我、含情脉脉的情景。老师们大多很年轻，有的刚毕业，比我们也大不了几岁。在少年班上学时候，我们还见证了许多老师恋爱、结婚、有了可爱孩子的过程，还参加了许多老师的婚礼，喝汽水，吃糖果。

刚搬到十二经路，同学们没有地方活动，晚上我们这群闲不住的孩子要把过盛的精力发泄一下，就跑到教授住处小黄楼的空地上又唱又跳。有一次郑华彬老师对我说："你要带个头，不要在这里玩，别人会有意见，不要给你父亲添麻烦了。"我才知道我一些无意的举动，可能会给父亲添麻烦，此后，我便尽量地收敛了。

学校里的老师都是我们学习的榜样，在他们的指导和教诲下，我们受到潜移默化的影响。比如朱起芸老师，她对学生不偏不倚，记得每一个人的优点。在我们班，有几个高才生，刘盛铨（东方歌舞团作曲家、钢琴家），吴祖廉（上海音乐学院教师），袁幼枝（河北艺校视唱练耳教师，曾出版有关著作），左因（竖琴教授），陈根明（圆号演奏家）……有些同学程度浅些，朱老师会不辞辛劳给他们补课。她有一次对我女儿说"你妈妈是班上第一个听出九和弦的学生呢"，这事都过去30多年，她居然还记得呢，多好的老师。我有无数次的失误，她都不计较，却对我的好的表现念念不忘。那时我们听音是不给标准音的，上来就弹，有一次附近一个工厂汽笛响了，刚好是高音Mi，这一发现成了我们班的秘密，只要汽笛一响，大家记谱的速度都快了。朱老师的过早去世，令人惋惜，我们老同学聚会的时候总是念及她。

陈比刚老师，是著名音乐家陈洪的儿子，早在 1947 年，南京国立音乐院演出贝多芬第九交响乐第四乐章的时候，就由他钢琴伴奏，18 岁便名噪乐坛。他颇富艺术修养，绘画、摄影、弹琴无所不能。他英俊帅气，年纪与学生相近，讲了许多音乐家的故事，给我们留下极深的印象。他很用功，总在练琴，他以自己言行给我们做出榜样，带动了同学们学习的热情，无疑也是许多女生心目中的白马王子，拥有众多的追星族，拿现在的话说，他拥有众多的“粉丝。”国家曾派他作为专家到阿尔巴尼亚工作过一段时间。芭蕾舞团到阿尔巴尼亚访问演出，一下飞机就有人用生硬的中文找“陈比刚”，“陈比刚”。

我们常常可以听到郑丽琴、陈慧甦、陈文等老师从琴房传出来的美妙琴声，她们的手指在钢琴上流出来的美妙音符，给我们留下难忘的记忆，也在我们心灵深处播下勤勉刻苦的种子。

各班喜爱和尊重的老师还有黄文润、宁静、唐振汉、朱兆钰、吴元芳等老师，与同学们建立了亲如家人的友情，年轻的辅导员班主任既是老师又是兄长，和我们一起成长走过共同的历史。他们不用刻板的说教和严厉的批评来教育学生。比如，一位同学因为某件事与唐振汉老师意见不合，在一次考试的时候故意交了白卷，唐老师一言不发，走到他的课桌前，把试卷还给了他。使这个同学觉得自己刚才的行为有些过分，便把试卷做完了。直到现在，他都在感谢心胸开阔的唐老师对他的爱护，成为他学习的榜样。那时候文化课老师很注重提高学生的文化修养，方法也很简单，他们常常到图书馆去查学生的借书证，检查我们看什么书，看了多少书。如果有同学借的书少，会感到脸上无光。使我们比较重视自我修养的积累，尽可能做到全面发展。

1952 年、1953 年，经常代表音乐学院接待外宾演出的，还有少年班的童声合唱团，开始时王润琴老师和夏重恒老师指挥和排练，选出嗓子好的同学参加。在台上，女同学穿白衬衣格子裙，男同学穿白衬衣蓝裤子，漂亮极了。合唱队里的明星有于榕榕、李书娟、黄晓芝、贺大钧、何复兴等同学。当时表演的歌曲至今还萦绕在耳际。于榕榕是长得很可爱的小姑娘，钢琴弹得好，模仿力极强，唱歌有味道，声音甜美，如果放在今天，她一定是个小童星，可惜大学还没毕业就患上不治之症，不久便离开了我们。

1958 年之前少年班已呈一片欣欣向荣的景象，师生员工近 500 人，我就不一一列举同学和老师的名字了。大家朝夕相处，彼此都非常熟悉，各班之间也没有明显的距离，互相串着玩。52 班开玩笑说潘沃鎏是“四年级之子”，因为他一下课总到我们班来玩，大家也喜欢逗他。

十二经路给我们留下深刻的记忆，除了下雨下雪，还有下灰。第二文化宫那边有一个发电厂，时时冒出颗粒状的灰尘，铺得附近一片灰色，满屋都是，如果人在外面就会蒙上一头灰，如果飘到眼睛里，会疼得睁不开眼。那时没有环保的概念，我们管这叫下灰。我们常常要到大光明电影院看电影或游逛小白楼，需要过摆渡，到海河对面去。有时学校组织去看电影，有时为了逛小白楼，有的同学甚至连二分钱摆渡费都掏不出来，要从解放桥走到河对岸去，这样大约需要一个小时。少年班没有乐谱和唱片，我们常去院部借书、听唱片。这时学校的条件已经好得多了，每个教室都配备一架大唱机，我们可以到乐器室去借唱片，所以每到课间休息时，教室里都会传出美妙的音乐来。学校还经常接待外国文艺团体和民间艺术团体，那时候我们听了不少国内、国外的音乐会、受到很好的熏陶。

自从解放以后，从 50 年代一直到文化大革命，政治运动不断，开始似乎与我们无关，我们的生活、学习依然有序进行着。但是政治风云已一步步向我们走过来，工商业改造、镇反、肃反……1955年夏天，大概快放暑假，在教学楼一层的一个房间，忽然传出很激烈的争吵声，有些声嘶力竭，同学们很好奇站在那间教室窗下静听。原来，老师们正在开会，斗争李莪荪老师。她是教我主科的老师，在教师中年纪较长，和同学建立了良好的师生关系。为了启发学生对音乐的理解，她总是边唱边舞，让我们感受上一个世纪的生活场景。我在初三之前，顽皮贪玩，不爱练琴，上课时只好尽量弹得慢一些，以减少打磕巴。其实李老师心知肚明，总是好言相劝，并用形象意境启发我的兴趣。我们许多同学都很敬重她。据她自己说年轻时，游泳、跳舞，很活跃。开斗争会，她站在讲台前低着头，不断有人要她交代，与会者个个义愤填膺，发出怒吼和咆哮的声音。还有人喊她跪下。我站在窗外，脑子里一片空白，一片混乱，无论如何也不能把这个受尊敬的老师和特务联系起来。整个脑海被批斗李老师的一幕所占据，夜里也睡不着觉，竟然止不住嘤嘤地哭了起来，我听见宿舍里还有一个同学也在啜泣。在我年少的心灵深处，第一次被阶级斗争所震撼。难道李老师真是特务吗？我们怎么看不出来，实在想不通。第二天，我翻过墙头回到家中，刚好父亲在家，我讲了我的感受，父亲不劝我，也不说我应该怎么做，只是抽烟沉默不语。后来，听说肃反扩大化了，有百分之八十的斗争对象是错误的。那时揭发李老师，说她是特务会双手开枪，要炸天安门……难怪引起教职工的愤怒。之后，李莪荪先生不教主科了，调到指挥系弹伴奏了，她是一位非常称职的艺术指导。我换了马思琚老师，我感谢李老师的教导，也庆幸遇到马思琚先生，马先生的音乐修养造诣很深，在她的指导下进步很快。六年级时，我还到天津国际电台录制了钢琴独奏节目《野蜂飞舞》，作为中国少年钢琴家向国外介绍。

到了高中时，政治运动越来越紧，而且与附中越来越密切。例如熊人望老师知识渊博，我们喜欢他的语文课，他的课，充满着趣味性和知识性。他引经据典，头头是道，经史子集脱口而出，诗文典故信手拈来。大大提高了我们的文学鉴赏力和写作能力，但后来不知为什么调走了。父亲对熊人望先生的调离也是爱莫能助。父亲多年后再见到熊人望老师的时候，熊人望先生已经是国内著名的专家，出版了不少著作，也许当初，他到别的单位，能发挥更大的作用。我在父亲的检查里看道："肃反时有些事情听起来证据不足，没有说服力，有可能冤枉好人，不管是谁，挨了整，心里一定受伤害，被斗的人精神伤害是不可挽回的。"他说，"在旧社会，人们为了工作，有的必须参加国民党，这也是没有办法的事情，人总要活命，那时候国民党党员多的是，不能全是坏人吧。"他还写道："我们花了许多时间去讨论胡风反革命集团的问题，我们既不认识胡风，又未见其书，何必小题大做，听个报告就行了。文人有些不同的看法，秀才造反也成不了什么气候。"我才知道他的内心并不认同这样的做法。

父亲平时不喜欢滔滔不绝地高谈阔论，他有浓重的湖南乡音，远涪说：六十年代父亲在全校大会上做报告，还是一口湖南腔。父亲从不说那些空洞的政治口号，总是语重心长，亲切而且有分量。简单明了，句句在理，同学们爱听，深得师生的尊重。在工作学习中有事都爱找他商量，对于子女，他也不厉声呵斥，也没有闲暇的时间和我们长谈。为了激励我们姐弟自觉学习，他常把音乐家故事、传记的书放在家里显著的地方，好让我们随时能够看到这些书。这些伟大的音乐家曾经是我的精神推动力，激励过我，不让我虚度年华，所以不很用功的我，后来变得十分努力。直到现在我的同学只记得我抢琴房，刻苦学习的一幕，而忘却了我那时懈怠、不长进的一面。

记得"除四害"时，我们大家出去打苍蝇，专找公共厕所或垃圾堆，打死的苍蝇要数个数然后装进瓶子交给班主任。打麻雀时我灵活轻巧，和男生一样爬到教室的斜房顶上，猛击脸盆驱赶麻雀，那时不知道是残忍，看见麻雀累死掉下来还高兴，觉得做了好事。大炼钢铁时，我回家把炒锅和其他铁具都拿去交公炼铁了，给我母亲造成许多麻烦。年轻时真的干了不少傻事。

在高中二年级时，我的思想比较活跃，对社会上一些事物看不懂（当时正值反右），父亲和我常常讨论做人的道理，他告诉我：为人要正直，要重感情，对朋友要真诚，对人要宽容，不要拿自己的优点去和别人的缺点比，与同学相处要与人为善。音乐就是表现真善美的，这是人类共同追求的目标。没有至善至美的心态，怎么能成为一个优秀的音乐家呢？

父亲作为一校之长，对子女从不搞特殊，那时我最关心的是分数，特别是主科，每学期的成绩单只有邮局寄回家才知道的。决不比班上同学早一分钟知道。我曾经翻过父亲的抽屉，找不到一个与我们姐弟有关的信息，他从不把文件带回家。学校里总会有事情发生，除了在同学中公开的事，教师之间矛盾和争论的事我们一概不会知道。父亲从不在背后议论任何一个教职工。我和弟弟远浦从小玩野了，比较淘气，不是顺从听话的孩子，所以我连加入少先队也是全班最后一名，入队后不到一个月，就超龄了。远浦有一次因为和同学打架被父亲宣布处分。可见，在这方面，我们就是学生。我有时回家会发发牢骚，谈点看法，父亲总是静静地听着，有时劝解几句。

1957 年后，经常开会学习，名曰思想小结，每个同学都要对自己作全面的思想检查，并面对面地相互批评。还要批判家庭影响，检查自己的资产阶级思想。有的同学说起他们家的资产阶级生活方式，批判他们的父母，有声有色。我却什么也说不出来，甚至，还挺羡慕别的同学能够有批判家庭的故事可说，我怎么搜肠刮肚也找不出父母有什么可批判的事情。所以只能笼统的批判家庭带来的资产阶级思想影响，如缺乏无产阶级感情等……我的家从来也没有富裕过，过着普通教员的生活。我是在音乐学院大院里长大的，父母都是恪尽职守的音乐家，与资本家没有什么关系，叫我怎么批判？搞得我时常为此而烦恼。

父亲受家庭影响，兄弟几个也都不苟言笑、话语甚少。父亲和我四伯黄源洛见面特有意思，二人在屋里抽烟喝茶，几乎不说几句话。我一直听不到什么声音，还以为四伯走了呢，我出去看一下，一进屋，屋里烟雾弥漫，两个人仍然对坐在那里。过一会儿四伯说要走，父亲站起来送他到公共汽车站。这真可以说，此时无声胜有声。我们看得出来他们两兄弟是有着深情厚意的。文革四伯被扫地出门，回到长沙扫大街，苦不堪言。后来落实政策，给他摘了帽子，赔了一些钱。四伯无可奈何地说："谁来弥补我失去的时光？"四伯回京后住在天坛一带的一间小平房里，远涪曾随四伯学习音乐理论和作曲知识。在这间小平房里，四伯每日伏案疾书，用一生积累的知识和经验写成了一部《民族调式与和声》，惠及后世。在他们生活困苦时候，父母去看望他，送了一些钱给他，略尽绵薄之力。1989 年在四伯病危时刻，父亲让远涪骑摩托带着他，顶着凛冽寒风到海军医院去看望四伯，兄弟情深谊长，小辈们无不为之动容。

每一个有困难的同学，父亲都给予仁爱的关怀，尽其所能帮助他们。有一个学生，在主科毕业考试之前，突然收到一封电报，她坐在教室里大哭，班主任看到电报写"父成右派开除工职家中五张嘴无力供养你需工作"，一日之间，养活一家人的担子就落在了她的肩上。下午的考试自然是一塌糊涂。父亲知道后找到周广仁，请她向天津音乐学院说情，给她最高的助学金，让她继续学习。说"她才是一个十几岁的孩子，出去工作也挣不了几个钱，还是先上学，以后再养家。"后来，从四伯那里父亲听说海政文工团需要人，他让我转告她，准备一下去应试。他关心学生是具体的，是实实在在的。还有些学生来找他谈一些问题：例如学生与老师的关系问题、毕业后的工作问题、留学需要教授的推荐信等，他都非常耐心地聆听，为他们出主意，甚至亲自出马为他们解决问题。我记得有一件事，在迁到天津后不久，一个学生因犯生活作风问题，被大学处理。临走时，他向我父亲借了三十元钱，再也没有还过。因为那时我家也不富裕，小妹在上托儿所，还需要买钢琴。父亲说："他可能比我们还难，算了吧。"他不计较这些事，却为他们着想。来我家找我父亲的人很多，当时物质非常短缺，我们走后门给他搞一些好烟好茶，他都拿出来款待客人。他自己平常只抽街上可以买到的烟。不光如此，父亲还会留他们在家里吃饭，那时买肉、蛋等食物都要票证，每次父亲都要母亲准备饭菜。那时候黄庆国特别喜欢钓鱼，一次他钓了一尾大鲤鱼，母亲将鱼放在冰箱里，准备周末全家人回来一起吃的，结果也招待了客人。我家的生活不富裕，但从不小气，他的照相机，被我和远浦拿到班上为同学们照相，现在留下了许多珍贵的照片，留下了美好的回忆。我们用光了他从德国带回来的一大盒阿克发胶卷，父母为此没有说过一句责备的话。我们家的几兄弟都学会了在小黑屋里洗相片。

1953 年起在他曾担任过两届天津市人大代表和市教育工会委员。

1956 年末，赵沨①同志调到中央音乐学院。1957 年前后，黄翔鹏因为受夫人的牵连调离了附中，方堃②和俞慧耕③相继来附中

① 赵沨（1916—2001 年）音乐教育家社会活动家。河南项城人。1939 年在重庆主编《新音乐》。1942 年参加民主同盟工作。1946 年先后在香港和新加坡创办艺术院校，任教授，副院长等职。1949 年任中华全国音协秘书长。1957—1983 年任中央音乐学院副院长、院长。中国音协副主席。

② 方堃（1922—　）浙江象山人。音乐教育家。中央音乐学院教务长，附中第三任校长。音协北京分会副会长。

③ 俞慧耕（1925—　）少年儿童教育家。上海人。原上海圣玛利亚女中副校长，1958 年调中央音乐学院附中任副校长、校长。创办中国第一所音乐启智实验班，并著有专著《音乐——神圣的魅力》。

任副校长。王金贵调到院部去了。父亲这时正在专家班学习，忙着起草“大提琴教学大纲”，他集中精力要把这件大事办好。

1957年，少年班改名为“中央音乐学院附中”，任命我父亲为中央音乐学院附中第一任校长。当时听说，马思聪先生说过：“附中校长非黄源澧莫属。”6月1日，附中成立大会非常热闹。据中央乐团和中国交响乐团大提琴演奏家赵学濂回忆：中央乐团李凌同志带领了幼年班的老校友，他们是我们仰慕已久的中央乐团的众首席，马育弟、张应发、李学全、刘奇、方国庆、邵根宝……等，从北京赶到天津来参加庆典。还来了很多各界名流，其中最令我们兴奋的是，学校居然把国家足球队请来了。那时，我们崇拜的张俊秀、张宏根、年维泗等名将都来了，他们为我们作了精彩的表演，比如张俊秀扑球等。还与附中的足球队举行了比赛，他们或许顾及学校庆典，结果，让王学智三盘二带地踢进了一个球，附中足球队居然赢了国家队。现在我们谈起来都兴奋不已，成为附中的光荣历史。

观一生克守坦荡为人
凭良知面对是非曲折

由于父亲生性温和，又受孔孟之道的教育和家庭的影响，从不咄咄逼人，所谓“非礼勿视，非礼勿听，非礼勿言，非礼勿动”等约束自己的行为，从不搞整人，害人的事情，也不愿意卷入到是是非非当中去，所谓“君子不党”，一直是父亲为人的准则。所以在励志社管弦乐队、中央电台管弦乐团时，有人要求他加入国民党，他都不愿意参加，以拖延的方式，终于没有加入国民党。但是，解放后，他对共产党为政之清廉，人与人之间关系之平等，十分仰慕。曾经萌生要加入中国共产党的念头，然而却没有人来找他谈话，他一直以为自己觉悟不高，还不够入党的条件。他不知道加入共产党是要主动要求，积极争取才可以加入的。

1956 年，夏之秋先生邀请我父亲加入民盟（中国民主同盟会），为此他专门去请教刘光亚先生，刘先生是共产党党员，也是民盟成员。刘光亚说："民盟也就是把知识分子组织在一起，开个会，讨论一下学术上的见解，赵沨同志（中央音乐学院的党委书记）也是民盟成员。"父亲才放心了，因为他也想有一个渠道，了解国家大事，免得自己太过于孤陋寡闻。1957 年初，加入民盟。成立民盟小组后，活动过两次，讨论了有关纯律与平均律的问题。萧淑娴先生从国外回来讲讲见闻，外国音乐学院的教学状况，一起欣赏她带回来的唱片等。当时父亲觉得民盟只是一个学术方面的组织。后来在 1957 年反右派运动时，民盟出了一大批的头号大右派，才吓了他一大跳，有人说，一旦被蛇咬，十年怕井绳。以后我父亲就再也没有参加过民盟的活动。

1956 年，苏联专家大提琴家契尔沃夫来华讲学，这可是父亲的一件大事。在接待专家的同时，安排专家班的各种事宜，40 岁的父亲还坚持自己跟专家上课，为积累更多的演奏经验，天天练琴，学习新曲目、学习新技术，他整个人都处在极其激动和亢奋之中。作为大提琴教研室的负责人，天天忙得不可开交，所以 1957 年整风运动到反右运动，父亲没有时间，也没有精力，顾及时态的发展。学校里的大字报也只是上课到院部（少年班到院部有十分钟）时，匆匆忙忙边走边看，所以，谁写了什么，谁又怎么啦，他都不清楚。

这时候，他的目标是：

1. 在苏联专家的帮助下制订好大学、中学的大提琴教学大纲。
2. 专家帮助培养几个年青的教师和大提琴演奏家。
3. 自己也能每周上课，每天好好地练练琴，提高自身业务水平。

大鸣大放时期附中有些同学也常到院部看大字报，有些同学对父亲说，您就是有职无权，您也应该提意见。父亲马上说，“你们不知道，我有职有权，千万不要乱讲啊”，果然不久反右斗争开始了。那些有过意见的人很感谢父亲及时制止他们的言论，不然厄运将降临到他们身上。本来父亲就言语不多，因为要接待大提琴专家，自己还要练琴上课，实在没有工夫参与政治运动。1957 年夏，他必须参加天津民盟、天津市宣传工作会议和管弦系交心会。有一天晚上，赵沨同志到我家来，亲自动员父亲第二天在会上给党提意见，诚恳地希望父亲帮助党整风。父亲在会上谈了一些看法。他对教学工作的意见是：

1. 管弦乐器的教学需要总结经验，发挥每个人的特长，不要禁止或推行一种演奏方法，可以先行试验。教师要团结，赶快消化专家带来的学问，发挥每个人的积极性。

以前我们教学是闭着眼睛抓麻雀，教什么、怎么教，都不大清楚。专家来了，我们才有点数，但还有些教材不会用，没有实践过，希望加强教研活动，加强内部的团结，真正做到一条心，共同提高。一切为了迅速地提高和改变我们在音乐教育上的落后局面。

2. 音乐流派很多，尤其是近现代音乐里的很多东西，我们不曾见识过，如电子音乐，具体音乐之类的东西。再比如，亨德米特，史特朗等现代作曲家，是否可以让我们见识一下，人们自然会去鉴别它，不会中毒的。比如，香港电影里也有一些不适宜的东西，我们不会去学它，更不会提倡它。

3. 建议学校加强管弦演奏理论的工作，翻译室可否用专人，有重点的在各个演奏专业上下工夫，加强演奏理论的研究。我们本来就没有苏联那样深厚的基础，他们经过了多少代的摸索，从西欧那里传承了许多优秀的演奏技法，形成了独特的俄罗斯演奏风格。我们不要只限于学习苏联，其他各国的好的东西也要学习，以建立我们自己的民族学派。他还谈到他陪同二位波兰音乐中学校长参观附中，听到一个学生在拉一首协奏曲，波兰人问："这是几年级的学生"？父亲说"四年级的学生"，那个波兰人说："在我们那里二年级就拉这个曲子了"，当时父亲感到汗颜，脸都红了。他觉得虽然我们在努力赶超外国，但是，差距还是那么大，"惟有加倍努力才行。"

4. 他觉得我们对专业的技术重视不够，治淮（治理淮河）一去大半年，不能保持学校的正常教学秩序，一个学期上课时间不足。再比如，三反五反运动让我父亲去整理唱片，他觉得浪费时间，应该让他练琴和教学。他还对苏联有自己的学派和传统，感慨良多，他被专家的敬业精神所感动，即使饭前十分钟，专家也抓紧时间练琴，突显我们对业务重视不足。学生中有的政治上要求进步，可是业务上练的不够。有的学生光练琴，政治上闭塞，这两者的结合，是我们需要注意的问题。

5. 有的干部年纪大了，音乐学起来困难一些，但他们学了后，懂得一些业务上的问题，对他回去工作会大有好处，做领导要方便得多。（父亲一贯主张，在音乐学校工作的同志，要学习一些音乐知识，包括对文化课老师的要求）。

他的这些言论虽然划不上右派分子，已经有人认为他的观点与右派言论合拍了。特别是我的伯父黄源洛，当了音乐界最大的右派后，似乎父亲也就有问题了，父亲不是一个锋芒外露的人，说话很少，也从来不绝对化。再说，他解放后感受到的是党对办音乐教育的支持，投入了大量的财力和人力，他对党本来就没有什么意见，所以也说不出反党的话来。但是，我记得，反右运动开始，我家外墙上贴满了大字报，批判、揭发我父亲的右派言论，如《黄源澧何去何从?》等矛头直指我父亲。语言极其犀利、刻薄。

至于反右派运动，不同的单位领导也有不同的处理方法。就拿音乐界来说，中央乐团李凌就采取与中央音乐学院完全不同的做法，至今传为美谈。中央有一个内部掌握的原则，有真才实学的人可划可不划。李凌首先把音乐家们都派到全国各地去演出，让他们没有机会去发表右派言论。有的人说了一些牢骚话和意见，李凌就劝他们不要乱说话。中央乐团的右派分子确实不多，是李凌把右派分子的人数，尽可能减到最少。中国儿童艺术剧院任虹[①]同志那里，干脆一个右派也没有。他们这样做，也是冒着风险的。而中央音乐学院则打击了一大批老师和学生。我们可以轻而易举地列举出一大串名字：蓝玉崧[②]、周沉、陈自明、纪漪、王可立、田联韬[③]、朱永宁[④]、隋克强[⑤]、李铣[⑥]、李展、毛地、王振先[⑦]、杨宝智[⑧]、徐振民、廖胜京[⑨]、严福保、金湘、洪威廉等可数的约有五十人。还不算被划到右派边缘，诸如右倾、中右等名目的那些人，这也不是一个小数。

---

① 任虹（1911— ）音乐活动家。贵州黄平人。1937 年上海国立音专毕业。执教于重庆育才学校、延安鲁艺、中国儿童艺术剧院院长。中国音协理事。

② 蓝玉崧（1925—1996 年）音乐史学家。北京人。1947 年毕业于北京大学及北平艺专。中央音乐学院教授、音乐学系主任。中国音协理事、中国音乐史学会副会长、敦煌吐鲁番学会音乐分会会长。已故。

③ 田联韬（1930— ）作曲家。河南项城人。1960 年中央音乐学院毕业，任教于中央民族学院艺术系、后任职中央音乐学院音乐研究所，副所长、教授。作有电影音乐《孔雀公主》、著有《西藏民间歌舞音乐》。

④ 朱永宁（1923—1996 年）大提琴教育家。任教于中央音乐学院。已故。

⑤ 隋克强——小提琴教育家。天津人。1957 年划为右派。后任中央音乐学院管弦系主任、教授。编有《中提琴曲集》、《小提琴初级教程》。

⑥ 李铣（1932—1977 年）抒情女高音歌唱家、声乐教育家。任教于中央音乐学院声乐系。已故。

⑦ 王振先（1933— ）三弦教育家、教授。江苏镇江人。1957 年划为右派。任教于天津音乐学院、镇江业余艺校。后回中央音乐学院任教。编有《三弦练习曲选》。

⑧ 杨宝智（1935— ）小提琴演奏家。广东佛山人。1957 年划为右派。后回中央音乐学院任教。创作小提琴曲《关山月》、《广陵散》。歌剧《火把节》。

⑨ 廖胜京（1930— ）作曲家。广东梅县人。曾任职于中央音乐学院、广州星海音乐学院，作曲系主任、教授。作有小提琴独奏曲《红河山歌》、钢琴曲《火把节之夜》。

据说中央下达的划右派的指标是百分之一、二、三，而中央音乐学院所划右派的比例为百分之十，超额完成了任务。以至于天津市委出面予以制止，黄翔鹏就是其中之一。这个解放前国立音乐院地下党的负责人，反右运动后期被划入周（沉）、陈（自明）反党集团，而且黄翔鹏已经在定他为右派的结论上签了字，但是，天津市委没有批准。所以，黄翔鹏不是右派，然而党籍已先被开除了，这种现象在全国也十分罕见。黄翔鹏调到音乐研究所后，写文章、作研究，一律不能署真名。他在附中和附小建设中立有汗马功劳，担任少年班的教务主任，工作能力很强，与我父亲配合密切。他这个教务主任做得非常称职，在办公桌上放着各项大课的教科书，如果有哪个老师请假，他马上就可以去代课，不论是视唱练耳，还是语文、地理、算术，都能够担当，深受同学们的尊敬和爱戴。

又例如，高光祖是少年班的小提琴老师，反右运动中被划为右派，他性格倔强，不肯留在学校教书，坚决要回湖北。父亲知道后，找他谈心，劝他不要离开学校，“有什么缺点以后慢慢改，这里的工作需要你。你也应该有一个安定的环境，赖以生存。”劝了许久，他还是走了。90年代，远浦到湖北演出见到他，他后悔当初没有听黄先生的话。他回到湖北之后，找不到工作，只好打小工，当搬运工，做苦力活，其状苦不堪言。平反的时候已经快60岁了，才被武汉音乐学院聘为小提琴教师。

当年划右派的事，党委书记赵沨副院长到了老年，沉重地表示：“我是学校的负责人，应负有重要责任（取自《赵沨的故事》）。”他当年也曾想保护一些人，又恐力度不够。我想，他或许有不得不为之的难言之隐吧。我们可以想见，每一个被打成右派的人，都像下了地狱一般，而这个人的一生基本上给毁了。这些人的才智和最美好的时光被断送了，是无法挽回的。他们大多是业务和智慧出众的人，虽然群众们都十分同情和理解这些人，但是，他们受到二十年的歧视和不公平的待遇，待到平反的时候，已时过境迁，毕竟斗转星移，光阴已逝矣。

反右运动过后，附中的事情，赵沨多次直接找副校长方堃先生，这种境况父亲也不知情。有一次，院部开会，办公室的人通知了我父亲，父亲按时到会议室的时候，丛树海（院部秘书）一脸的惊诧："你怎么来了，方堃来不来？"我父亲就想离开，丛树海说，你等一会儿，我去问问赵院长。赵沨说："来了，就来了吧。"原来办公室的人通知错了。1958 年底学校迁到北京，1960 年正式调我父亲到管弦系当副主任，仍兼大提琴教研室主任。当时管弦系与钢琴系、声乐系比较而言，相对落后。他这个人从来也不争名利地位，到管弦系当副主任，也要尽力做好自己的工作。

文化大革命中我父亲写的材料，是我今天写这篇父亲生平的依据，其中也不乏生动有趣的内容。反右的时候父亲虽然成天配合苏联专家教学，连大字报也没有时间看，院部还要他当民盟的组长，批判夏之秋所谓的"罢整"言论。夏先生敏捷地说："我是因为看不惯右派分子向党进攻，所以才提出'罢整'的。"上面安排父亲主持开了两次这样的会，以后总算没有再找他了，可松了口气。父亲与夏先生 1938 年就是同事、朋友，了解夏先生的为人。其实，只不过当时父亲不知道，他自己也被人整了材料，虽然划不上右派，似乎内定了一个什么级别，父亲能够感觉到。

还有一次，1957 年 5 月，张少甫（武汉音乐学院大提琴教授）从湖北到北京来，父亲请张少甫吃饭，夏之秋作陪。夏先生因为见到老友高兴，而忘乎所以，在酒席上多喝了一点酒，饭后他去参加院部的一个会，头脑晕乎乎的，不能发言。事后他一直感激父亲说：亏得你请我们吃饭喝酒，我在会上没有发言。要不然不知道会怎么样胡言乱语呢，还不知道要惹出什么乱子来。夏先生庆幸自己当时脑袋昏沉沉的，没有能力乱开皇腔，才逃过一劫。

办小学完善教育体系
守信念尽显高贵品质

在几十年的音乐生涯中，父亲不断地摸索、总结幼年班的得失。我们可以从他自己总结的条文中，看到他的一些办学理念。他写道："解放前，我在常州幼年班就总结了几条经验：1. 学乐器必须从小开始，18 岁以前必须完成整个技术基础训练；2. 西洋有一套训练方法和教材内容，是完整的。舍此不能达到应有的技术水平；3. 视唱练耳是音乐教育最基础的科目，这是第一位的。第二，钢琴是音乐领域一切行当的基础，应尽可能让学生学习钢琴；4. 文化学习是重要的，我主张理科可以删除。而文史能够有助于学生理解音乐，必须请好老师来教课。我确定了专业课与文化课的比例，初中为 5∶5，高中为 6∶4；5. 音乐是特殊的行当，需要大量的训练时间。我倡导，把学生的全部时间，确定为 48 学时与 52 学时，每天练琴，排列一个不变的作息时间表，使学生全身心地投入到学习中去。"

解放后，他又进一步巩固、加强、扩展、完善了他的办学理念，建立了完整的教学秩序和音乐教育体系。他的办学理念得到了推广，他管理学校的方法得到了贯彻。在此过程中，他的为人和品德也得到了大家的尊敬。我用一些具体的事例，将父亲的一些办学思想、工作作风、待人处世、道德观念等，作一个简要的、不系统的追述：

1. 他说："学习乐器必须从小开始，所谓'童子功'，在于手、脑、耳多方面的培养，十八岁以前，必须打好各项技术的底子。"我们的音乐教育从附中开始，还是有些太晚了，应该从更小年龄开始。中国长期以来经济落后，旧时每个家庭的物质条件尚不足以支撑小孩子学习音乐的费用，多数人连钢琴、小提琴都没有见过，这样会埋没许多人才。“如今国家提供了这么好的条件，我们同心同德地去为国家培养优秀音乐人才，如果再进入到小学里发现和培养人才，一定可以造就出更高水平的音乐人才。”1954年，苏联专家来华讲学，对我们各科专业的提高，起到了巨大的推动作用，成为我国音乐界学习西洋音乐最主要的途径。父亲与副主任黄翔鹏去采访了作曲理论家阿拉波夫，听阿拉波夫介绍苏联的情况，苏联是从音乐小学开始培养音乐人才的。这更坚定了他的办学理念，他和黄翔鹏先生研究后，召集全校老师讨论，我们也要办音乐小学。并很快做出了决定，在天津市及近郊区成立附属业余小学，在天津实验小学搞试点。同时，也借用了苏联的教学方式，把百分制改为五分制，考试除了笔试还增加口试，锻炼口述能力和灵活的思维方式。

1955年8月，经院部同意，确定在天津周边试验办业余音乐小学。10月正式从8—9岁的小孩子中招生（虽然离他从五岁开始学习音乐的愿望还有一段距离），招收的学生，先从视唱练耳开始，后学乐器。我母亲用两个月的工资买了我家第一辆飞鸽牌的自行车，便奔走于天津四周的业余小学之间。父亲说：“这不失为扩大生源、提高附中入学质量的一个有效的措施，也为（正规）附小学制，做了必要的准备。”实现了他的“从小培养音乐家”的理想。我们在档案里看到，当年他与黄翔鹏就提出了建立正规附小的方案，包括校舍、编制、设备以及儿童生活管理的一系列计划，所需款项为37万人民币。确定了中央音乐学院本科、附中、附小的一条龙的教育模式，确定了大、中、小学一贯制的专业音乐教育体系。

夏之秋教授的女公子夏兰青和夏三多先后都是附小的学生，据夏兰青回忆当时在天津中央音乐学院附小学习的情况：1956—1957年间，她家住在天津绍兴道，正上小学三年级。那时中央音乐学院正式成立音乐小学。当时的同学有常希峰、向泽沛、刘培彦、孙立元、管文宁、三平等。教他们的老师由附中、大学的教师组成，马思聪院长也亲自到附小来任教。他们得到优秀的郑会勤、郑湘河、杨国雄等老师指导。他们的课程除了专业课（个别课）外，主要科目是视唱练耳，为了提高学生的兴趣，节奏方面训练让他们手持各种打击乐，如木鱼、小钗等，敲敲打打，使他们的学习变得十分生动、有趣。专业课（主课和视唱练耳）的考试是非常正规、严格的。负责日常工作的是小学生们都非常喜欢的凌安娜老师。当时还组织了一个小提琴齐奏组，由业余音乐小学的同学和附中一、二年级的同学组成。帮助他们排练的有来中央音乐学院讲学的苏联专家马卡连柯教授，钢琴伴奏则是王耀玲老师，曲目记得有《列宁山》等。那时候，他们都是少先队员，一个个天真无邪，带着红领巾，拉着小型的小提琴，时常参加各种演出，受到各界人士的关注、喜爱，是当时中央音乐学院和附中音乐会上非常受欢迎的节目。而附小配备的教员都是最好的，包括马思聪院长和苏联专家。这些学生是新中国成立后，第一批从小学开始学琴的儿童。几十年过去了，当年这些活泼幼稚的小朋友，如今都已成为各大乐团及音乐院校的业务骨干。有些人还任职于世界著名乐团。其中有：

向泽沛——北京交响乐团首席。小提琴演奏家。

刘培彦——中央音乐学院管弦乐系主任。小提琴教育家。

常希峰——日本札幌交响乐团小提琴演奏家。

丁晓峰——新加坡交响乐团大提琴演奏家。

管文宁——天津音乐学院小提琴教授。

李博彦——北京交响乐团首席。小提琴演奏家。

夏兰青——中央芭蕾舞团小提琴演奏家。

夏三多——美国芝加哥交响乐团小提琴演奏家，是那个时代最优秀的演奏家之一。她是小提琴大师海菲兹的关门弟子，也是唯一的中国弟子。

滕矢初——中央广播乐团指挥家。

朱　炜——中央乐团中提琴首席。

黄安伦——旅加著名作曲家。获英国伦敦作曲院士奖。作有歌剧《护花神》、芭蕾舞音乐《卖火柴的小女孩》、交响组曲《塞北组曲》。

高伟春——中央歌剧舞剧院指挥家。

我查到：1957 年登记在册的中央音乐学院附小学生为 40 人（与天津实验小学合办），业余小学为 440 人（天津周边近郊区）。他们在学校二楼教室，徐新还指挥他们排练过节目。学生有张力科、傅小红、黄小韶、董金池、郭淑贤、朱珠、朱小玫、郭珍、王志刚、鲍作仁等。我妹妹黄远津当时在业余音乐小学，跟吴元老师学习钢琴，苏联钢琴专家克拉夫琴科的母亲曾经指导过她，受到了称赞。

2. 同时为了适应国内日益增长的音乐人才的需要，为那些喜爱音乐的少年，提供一个学习音乐的机会，附中又设立了四年制、三年制（高中入学），扩展了招生的年龄段，特别是作曲、声乐、理论专业的学生，为同样有音乐天赋的学生打开了音乐大门。这个措施也培养了许多优秀的音乐家，如：新一代的人民音乐家施光南先生就是其中的杰出代表，还有音乐理论家梁茂春、作曲家兼指挥家魏立、音乐理论家王凤岐、歌唱家沈嘉等专家学者。后来附中三年制仍然有许多著名的音乐家崭露头角，如曾任中央音乐学院、中国音乐学院领导的徐士家、杨通八，声乐系邹文琴教授，以及如今进入作家行列的王朝柱先生等。

3. 他强调：“招收具有音乐才能，有培养前途，有发展的儿童入学。重点招收有基础的学生，他们比较容易达到较高的水平。”

他又说：“通过一次招生考试来决定孩子的终身职业，不免有一些武断。”考试固然经过非常认真的挑选，但是在教学过程中，发现某个小孩子的条件不好，特别是耳朵不好，“一定要早一点给小孩子出路。”世界上的路千万条，切不可在音乐学院附中里耽误学生一生的远大前程。“每个学生个体不同，可能会有各自不同的成长过程，否则会对学生前途误判。”但是，要把某个学生处理到普通学校去，一定要慎重。所以每当出现这种情况的时候，父亲都要亲自去和这个学生接触，考察学生的耳朵、反应能力等，设身处地为学生着想。比如有一个学生的手特别小，学钢琴困难，学小提琴，使用四分之一的琴，还要在指板上绑一根线，要不然手指就不够长。不知道他学什么好，所以要处理他。父亲到琴房去找他，测试了他的耳朵，发现这学生的耳朵很好，父亲在校务会议上决定先不处理这个学生。恰巧这时候夏之秋先生从武汉调到中央音乐学院来了，父亲就跟夏之秋先生说：“我给你推荐一个学生，这孩子耳朵很好，你看看能不能教他学个号什么的。”这名学生，就是如今著名的圆号演奏家张振武先生。

在招生时，虽然父亲要求尽量招收有一定基础的孩子，但是如果遇到耳朵好，乐感好的孩子，他也会破格招收进来的。1954年胡炳旭插班进52班，就是靠唱歌考进来的，没有学过乐器。在考试的时候问他会不会弹钢琴，他说“会”，就坐到钢琴上乱弹了一气，说“这是风”，又弹了一段说“这是海浪”……当时招生的老师们发生了激烈的争辩，最后父亲做了决定，录取了胡炳旭，因为父亲看到胡炳旭身上有一股灵气。胡炳旭进附中后，学习双簧管，他有非常好的乐感，大学时学习成绩优异。毕业后分配到中央乐团，后自学指挥，成为著名的指挥。九十年代一次父亲在学校礼堂听完胡炳旭的演出后，到后台找他说，一起出去走走，于是，他们一起去散步。父亲很有感慨的对他讲“当初我没有看错你。”胡炳旭说到这里，感激之情尽在不言之中。要说是慧眼识英雄也罢，千里马遇伯乐也罢，却不难看出父亲发现人才、爱惜人才、培养人才的那种不拘一格的独特见识。

4. 父亲十分重视学生文化课的学习。他从小就在我祖父的督促下背诸子百家，每天背唐诗，还要天天写三百字的小楷，后来在学校里还要天天背英语单字，所以他的外语、文化素养很好，还有一手漂亮的书法。“由于音乐专业的特殊性，专业的学习时间当然要多、特别是学习器乐的学生，要保证他们有充足的时间，来解决乐器演奏上的技术问题。文化课一定不能轻视，语文、数学以及外语都是聪明学，是开发智力的，必须与专业学习同样重视才行。一个没有文化素养的音乐家在社会上是很难立足的。”况且，修养、阅历、见识对一个音乐家的发展有着十分密切的关系。学校要培养出大音乐家，就必须配备优秀的文化教员。例如，黄晓和教授原来是学习小提琴的，他后来成为著名的音乐学家，那可是需要深厚文化底蕴的学科，他是那样的出色；同样杰出的音乐学家毛宇宽先生，原来也是学小提琴的。他们的文章游刃有余、洋洋洒洒，他们都得益于幼年班优秀的语文老师，以及他们自身的天赋和钻研。我们在电视里可以常常看到刘诗昆、盛中国接受采访，他们的言谈举止，可以称得上应接自如，才思敏捷，对答如流，妙语联珠。不然他们的演奏也不会那么动人，那么有感染力。那时，附中实行淘汰制，在处理学生时，学生的文化课的好坏，也是一个很重要的因素。我们必须让学生到一般学校学习时，也不会感到困难和吃力。为了对他们负责，学校的文化课教育，必须跟上，甚至要比一般的学校要好一些才行。“优秀的老师能在有限的教学时间里，获得最佳效益。”现在看来，附中对文化课的安排是合理的。

我父亲对于培养学生的综合音乐素质和音乐内涵也非常重视，他总想尽可能地给学生以完善的教育。在我学习的过程中，有音乐理论，如视唱练耳、乐理、和声等课，但是，又不仅只有西方音乐的教育，还增添了许多中国音乐的课程，如民歌、说唱、戏曲等感性的中国传统民间音乐。一直到现在，同学聚会时，还常常要唱起那时候学习的民歌、说唱、戏曲的段子。比如：京韵大鼓、河南梆子等特具浓郁民族风格的音乐，附中给我们的是完整的音乐教育。我想如今已是全国知名的作曲家王立平、黄安伦……他们会有更加深刻的体会。能够写出像电视剧《红楼梦》那样委婉、内含、缠绵、深情的音乐，没有深厚的民族音乐涵养是不可能完成的。电视剧《红楼梦》的歌曲、配乐，显然已经成为影视音乐的经典之作。少年班、附中的教育给他们打下了坚实的中国传统音乐基础。说明附中对中国民族音乐课程的设立也是合理的。

5. 父亲一向重视师生关系，尊重教师，每星期工作计划都交由全体教师讨论，放手发挥所有教师的积极性。他要求教师要严于律己，为人正直、作风正派，此谓为人师表。他说：“教师对学生要尊重要公平，学生就会敬爱教师。教学水平的提高关键在于教师，教师的水平越高，学生就越有可能从这个高度向前进，这就是师承效应。”中央音乐学院附中教学成绩斐然，与附中老师的水平高、效率高，和他们认真负责的教学态度是分不开的。

他要求教师刻苦钻研，专注敬业、不断进取。幼年班的学生现在还津津乐道地回忆父亲和王人艺、潘美波的三重奏，回忆赵玉华老师喜欢练习什么曲子等。就像我们在回忆少年班的时候，耳边总会萦绕着陈比刚、郑丽琴老师的钢琴声一样。这就是身教胜于言教的道理，老师是学生的楷模，甚至可能会成为学生们顶礼膜拜的偶像，一举一动、一言一行都要做出表率。

父亲注重师生关系的融洽，建立互敬互爱的师生关系。就像幼年班、少年班所形成的令人向往的校园的和谐的氛围。马育弟先生说：我们幼年班的师生关系，是师生，比师生要亲密，好像父子；像父子，比父子要随和，更像朋友。幼年班、少年班师生关系，是那样的和睦温馨，大家在博爱的氛围里成长，就像一个大家庭。父亲的为人常常被大家所推崇，称他是一位德高望重的师长。他平易近人，没有架子，不张扬。待人宽容，办事公道，合情合理，大家都很尊敬他。对于学生他更是呵护有加，同学们有什么事情都愿意跟他商量。他与许多同学都促膝谈心，坦诚相见。原来我还真的不知道，有那么多同学都和他谈过心。有一个同学不用功，父亲不直接呵斥，而是跟他聊家常，问他父母亲和家里的情况。这个学生感到羞愧，家境贫穷，自己还不用功，感到对不起父母和老师，从此改变了学习态度。

对于从战乱中带过来的幼年班，父亲内心总是有些歉疚，安定的学习时间太短，他们在文化修养上有些欠缺，是因为环境所限，这是没有办法的。虽然他们后来大多数人都极为出色，文化水平不足还是成了师生们的遗憾。幼年班许多人来自孤儿院，如果你不表现出些许横蛮，装出一副彪悍的样子，你就可能吃不饱，就可能受人欺负。幼年班又全是男孩子，言行举止不免有些粗鲁，有时候不讲理，常常出言不逊，被我父亲称作幼年班的风格。在天津十二津路的时候，有一次幼年班出身的一位同学因为教学问题，和主科老师在大庭广众之下了发生争吵。事后，父亲叫学生晚上到家里来谈谈。他很紧张，心想这次要挨骂了，战战兢兢地来到我家，父亲请他坐下，使他感到意外的是父亲并没有发脾气，而是说：你当着那么多人的面和老师吵架，对老师多不尊重，以后要改改幼年班的脾气。父亲并没有训他，让他好好想想，说："你回去上自习吧。"

有一次有位同学在学习演奏会上弹一首回旋曲，由于紧张，卡在一处弹下不去，急得满头大汗。父亲和老师们都坐在台下，正在她手足无措时，我父亲说："是不是有太阳照着你的眼睛，看不清楚键盘，你把窗帘拉上吧。"后来她对我说："其实没有阳光射进来，但是，我拉上布帘之后，缓了一口气，紧张的情绪一下子就松弛下来了。"就非常自如地演奏好了这首回旋曲。她十分感激父亲能够设身处地的帮她走出了这一困境，既转移了她的焦急心理，又不伤害她的自尊心。她总是努力学习父亲处理问题的方式，她说："黄校长的魅力和亲和力，就在他看似不经意的只言片语、一举一动之中。"

著名作曲家金湘先生和田丰先生，他们都是学有所成的音乐家，他们一开始学习的是钢琴和大提琴，而且都是父亲的学生。父亲在学校要求学习钢琴的学生要学一门副科，学习其他乐器的学生要学钢琴副科，给他们打下了良好的音乐基础，更重要的是学到了做学问的方法。他们两个人专业学习得都比较好，又喜欢写一些小曲，金湘的作品还时常在报刊上发表；田丰解放初，参加了解放军，在南京军区歌舞团，在部队就整理了舟山群岛的民间锣鼓，编写成为《舟山锣鼓》，参加世界青年联欢节，获得金质奖章。父亲看到他们有如此的才华，尊重他们的选择，十分支持他们到作曲系学习。后来田丰为毛主席诗词谱写的交响合唱以及他和钱苣创作的"东风吹、战鼓擂，现在世界上究竟谁怕谁"受到大家的喜爱。1993 年，田丰在距昆明 40 公里的安宁县境内开办了"云南民族文化传习馆。"金湘的歌剧《原野》在欧美等国上演，取得成功。我父亲为他们的成就，感到无比的欣慰和自豪。我看得出来，说起他的学生的成就来，他虽然言语不多，可是心里是非常兴奋的。在他的心目中，学生就是他的一切。一直到他最后的日子，思维已显得十分迟缓的时候，一旦我们提到他的这些学生的名字的时候，他的眼睛里还会闪烁出激动的光芒。可谓"春玩其华，秋登其实"也。

金湘说："黄先生无论从业务、从人品都给我们做出了榜样，他能委曲求全，忍辱负重，为音乐事业做出了开天辟地的贡献，在音乐教育史上应当大书特书。"

6. 父亲重视对每个学生的操行评语，1958 年以前，每年的学生评语他都要亲自修改审定，甚至要亲手来写。他认为这不是简单的字面上的话，决不能马虎地写一些话，要让学生和学生家长了解学生的状况，还要让学生自己有努力的方向。你的评语或许可以使一个学生从此更加自信，或许能使他脱胎换骨、从此更上层楼。在父亲看来，这是教育学生的一部分。准确而中肯的评语，关系到学生心智的成长。宁静老师说："黄先生话少，一句话，想好久。他说，学生调皮是年龄的特点，不是品质问题。我们对学生要大度、宽容、诱导，他们是能够接受教育的，要学会等待。"也许是人杰地灵的湖南岳麓书院教育体系的影响，或许受了孔孟之道所谓"修身在正其心者"的教育思想影响。"要让学生知道有所为与有所不为的道理，就是让学生明白什么好，什么不好。"即是"赦小过，举贤才"，教会学生"知耻近乎勇"，"言忠信，行笃敬"。

但是，我们这个班在 1958 年毕业的时候，由于极"左"思潮的影响，这个班有几个同学的评语，不知什么人写的，简直不堪入目。在档案里面，有什么"开除清洗分子"，"混入我队伍中的阶级异己分子"，"永远不得录用"等一棍子打死的结论，单位团体不敢录用。上不了大学，找不到工作，把一个十八、九岁的年青人，推到社会底层，他们出了附中的门，处处步履维艰，尝尽了人间悲苦。而这些评语却是没有加盖公章的文件，真是可恶之极。我们班一位极其聪明的同学，耳朵好，但招数也多，经常与上级不合拍，中学毕业就被逐出校门，档案中有一份没有落款的评语："开除清洗分子不得录用"，所以他到社会上找工作非常困难，考歌舞团时，就因为档案里的这份评语不敢录用他。只好到工厂里去当钳工，一干十几年。每次父亲去上海开会总要去看他，和他一起聊聊，对他的这种遭遇父亲心中充满了同情。一次这位同学提出是否能考指挥系，父亲觉得很好，找了指挥系主任黄飞立打听，可惜那年指挥系不招生，父亲给他回信叫他等一等。文化大革命后，在 52 班同学上海音乐学院教授赵准的引荐下，才进了上海音乐学院附中教视唱练耳，上海音乐学院从档案里把这些法院判决书式的文件取了出来。现在他仍然在上海音乐学院授课，人称“东方神耳”，并被聘为上海音乐学院附小中提琴教师。这也印证了父亲常说的：“是金子就会发光”的道理。子曰：“君子成人之美，不成人之恶。小人反是。”这样的历史教训，的确需要后人记取，切莫再做断送学生后路的事情了。你可以想见 1958 年的中央音乐学院附中是多么的混乱，多么的“革命。”而我们这些学生的评语，最轻的也是白专道路，个人主义。这一股“左”倾之风，一直盘旋在中央音乐学院的上空许多年。

7. 父亲用他高尚的行为影响学生良好品德的培养。他认为一个真正优秀的演奏家，一定是一位人品出众的君子，一个演奏家要演奏出感染人的音乐，首先“要净化自己的灵魂，至真至善才能至美”，父亲是独善其身的典范。在常州有一个故事：在幼年班任教的俄国大提琴家佘甫磋夫教授，把自己多年编写的教材手抄两份，一份准备带回他的祖国苏联，一份则无偿地给幼年班同学使用。当时复印技术非常落后，所以，乐谱全部都是他手抄的。不料他寄到苏联去的那份谱子寄丢了，他赶紧寻找幼年班使用的这本教材。但是已残缺不全，同学们不知道爱惜，有的则各取所需，把自己用得着的谱子撕走了。佘甫磋夫教授不知详情，说：“一定是黄（我父亲）偷了我的谱子。”父亲听说后，哈哈大笑，并不作任何解释，也不责备学生，而是努力找同学询问、查找、补救。父亲就是这么一个人，从不喊冤叫屈。因为，他坦坦荡荡，这些小事从不计较。父亲的这种品质得到同学们的颂扬，他的所作所为在无形之中潜移默化地影响着周围的人，成为学生们做人的榜样。其中我们还可以悟出些他常常说的“善者不辨，辨者不善”的道理。

建国初期，乐器奇缺，据马育弟回忆，当时幼年班的同学长大了，马育弟还在用 3/4 的琴演出，大小不合适，而且声音欠佳。我父亲说:“你拉我的琴试一试。”当然比他的琴，要好得多了。天津乐器厂，原来是学校的乐器制作室。解放初天津乐器厂要做大提琴，就想拿我父亲的大提琴做样子。马育弟与我父亲商量，能不能把父亲心爱的高级大提琴拿去作模版，父亲一口答应。马育弟说，黄先生的琴是当时天津最好的大提琴了。于是他们将父亲的琴拆成碎片后，照样子造出了大提琴。但是，我父亲的琴四仰八叉，瘫在那里一年多，后来，琴是勉强粘上了，但是有一处永久性的损伤，时不时开胶。那时候没有整修高级琴的技术，大提琴的声音就大不如前了。琴板上的商标也被撕去，至今我们都不知道这把大提琴出自何处，出自哪位大师之手。马育弟说:“我非常内疚，但是，黄先生后来再没有跟我提过这件事。”我们从这个故事里，也可以看出我父亲为学校、为学生勇于牺牲，为了我国的交响乐事业从不计个人得失的高贵品德。我至今没有听说过还有第二个人舍得把自己使用着的大提琴，拆散了给公家做模子的。不是为了我国的管弦乐事业谁会把自己心爱的大提琴拆散了呢？谁不知道爱惜自己的专业工具呢？谁不知道乐器拆散了，难以还原呢？何况这些工匠只是一些经验不足的师傅。改革开放以后，他的一个学生要开音乐会没有好琴用，父亲又把自己的琴，借给他使用了一段时间。甚至他的学生王培凡的学生，也用过这把琴参加比赛。而这把琴，他的小儿子黄庆国平常也没有机会用。我父亲的这种无私奉献的敬业精神，值得我们后辈人深深地记取，这就是所谓“心底无私天地阔”吧。

他经历了无数次的政治运动，对不少极端的莫名其妙的做法也常有困惑之感，但是他能够顾全大局。他冷静观察，认真思考，实事求是地对待各种事情，并不受风向的影响。他不会说出过分片面的语言或做出过分偏激的事情，即使在极度受压的时刻，也还是一个坦荡荡的君子，这就是他高尚的人格魅力，“从不以恶小而为之，也不以善小而不为”。他这种品德，教育了许多人，成为人们纷纷效仿的楷模。

8. 对当时的一些不恰当的做法，我父亲以他对党的政策的理解去处理。比如，一位同学，她从小信教，每天早晨、或饭前、或每次学习演奏会之前，她都要划十字做祷告。我们常常从门缝里看她跪在床前做祷告的样子，觉得很有趣。我受到的是无神论教育，我曾问过她："你见过上帝吗?"她反问我："你见过风吗?"问得我哑口无言。但是，这些并不妨碍我们的友谊，她钢琴弹得好，我经常和她交流学习心得。后来我父亲对我说起，1953 年招收的新生入学后，刘副院长找我父亲谈话，说有人反映父亲的招生路线有问题，提到这位同学。当时正在批判一个外国传教士的著名间谍案，说她的母亲是"反动"教徒。我父亲把反动人士的子女招收进来是错误的阶级路线。父亲对刘副院长说："不是说，不唯阶级出生，而重在个人表现吗？她是一个小孩子，有音乐才华，她母亲的问题不说明她反动，为什么不能招收呢?她除了信教外，其他方面和别的学生没有什么两样。"父亲顶住了压力，使这位同学最终以优异的成绩毕业于中央音乐学院钢琴系，成为中央乐团的钢琴演奏家。现居住在香港，是香港著名的钢琴演奏家和教育家。

同样的事情还发生在另一个同学身上，她的父亲程懋筠先生是中华民国国歌的作曲家，在那个年代可不是一件小问题。父亲基于对老朋友程懋筠先生的了解，在他看来程先生不是一个趋炎附势的人，这首歌曲的歌词原本是孙中山先生为黄埔军校作的校训，后来成为中华民国的国歌。由于我父亲的坚持，现在她已经成为中央音乐学院教授，是一位卓有成就的钢琴教育家，她的学生在各种比赛中取得好成绩。事实证明父亲正确地执行了当时的招生政策。以他独特的眼光看到每个学生身上的才华，并通过严格的音乐教育使这种才华得以充分发挥。这样的例子很多，不胜枚举。我不知道他到底庇护过多少学生，在当时音乐学院极左思潮的影响下，类似的情况一定少不了。

9. 父亲平时的话语不多，但是他对人诚恳，不论对同事、对学生、对朋友。例如他与冼星海的友情我们已经无从知晓，但是，他用行动为朋友做了他力所能及的事情。1950年合并到中央音乐学院不久，我父亲亲自修订、排练并指挥首演了冼星海的管弦乐《中国狂想曲》，由少年班与本科同学合组的中央音乐学院管弦乐队演奏，最后还录了音，向全国广播。1951年中国第一个管弦乐团出国访问的时候，他亲自执棒指挥《中国狂想曲》，以告慰冼星海先生。尽管乐谱整理得还不那么精确，限于当时的演奏水平，没有成为正式的演出曲目。

1960年父亲在中央音乐学院管弦系工作，其间他又动员管弦系的学生，整理了冼星海的《民族解放交响乐》。我先生钱苣就参加了整理小组，到学院路音乐研究所（当时叫音乐学院站）复印、整理出一份冼星海的总谱，由中央音乐学院乐队首演了这部作品。父亲完成了冼星海的遗愿，使他的交响乐总谱终于变成了实实在在的音响。这是多么深情的怀念，默默地为朋友完成了未竟之事。他把这些事情当作为自己的责任，也许，直到现在，冼星海的家人，音乐界的朋友也未必知道父亲的这份深情厚意。

10. 父亲坚持对事不对人的工作方式，坚守所谓“君子和而不同”的原则，他在附中营造了宽松谐和的氛围。我采访父亲在附中和管弦系的同事，他们对父亲的工作作风和亲和力都十分佩服，引以为榜样。

少年班的老校友周志华在一篇文章里写道：“黄先生远见卓识，办学有方，威望很高。但他一贯谦虚谨慎，平易近人，温和亲切，真诚地关心同事和学生。没有一个师生员工受过他的训斥或者被他整过。他朴素无华，不摆老资格，完全没有架子。由于他心胸开阔，乐于听取不同意见，和别人平等地商量而绝不以势压人，大家都愿意和他说心里话。他很能容人，善于团结同事们，他是一个纯朴忠厚的兄长，对于学生们，则是一位和蔼慈祥的长辈。“黄校长”这一称呼在师生们的记忆中总是那么熟悉和亲切。和他共过事的人无不由衷地赞扬他的工作作风，无不对他给予很高的评价。”

俞慧耕校长说：“我特别敬重黄校长。黄老先生在旧社会最困难的时候，一个人势单力薄，能够把幼年班保存下来，让新中国的音乐教育事业开始在一个比较高的起点上，功不可没。黄老先生以他高贵的人格魅力，勤奋刻苦地为中国音乐教育事业谱写了光辉的一章。”

方堃校长对我说：“黄先生是我的老师，我在许多地方都学他。我们少年班到附中，校风很正，这与黄先生的影响分不开。在建设学校体制、在为人、在师生关系、在干部关系等方面……他都身体力行，给了我们深厚而又是无形的影响，大家都由衷地敬重他，以他为楷模。”他还说：“我们后来一直按照他的作风来经营学校。同志间有时会有分歧、有争执、有不同意见，却能互相补充、互相吸取，从来没有红过脸。班主任们也一心一意地为学生工作，教师们之间也从来没有你争我夺、勾心斗角，大家目标一致、团结和睦、心情舒畅。”俞慧耕校长说：“我们把办好附中当作事业来做的，而不仅仅是职业。”父亲他们为了中国音乐事业的发展，毫不吝啬地奉献出自己的一切。

我父亲推行“己欲立而立人，己欲达而达人”，“己所不欲，勿施於人”的道德规范。认为这是建立一个和谐学校生态的根本指导原则。父亲说：“只有在差别中求同，在矛盾中求和，才能架构人际关系的和谐。”达到内外、人己、物我的一体，其实只有一个原则——谅解和沟通。谅解和沟通使学校内部的上下级之间、教师之间、师生之间、学科之间达到协调，形成了附中良好的工作秩序和优良传统。方堃校长深情地说：“黄先生一生贡献给了专业音乐教育事业，全部身心都在学校，黄先生对学校的感情，我能理解。”“他是附中的奠基人。实际上是我国专业音乐学校的奠基人。这个评价是恰当的。”“这一切使我更加怀念黄先生，感谢黄先生为附中打下了良好的基础。”我想，他们已经把父亲的工作作风转化成为一种财富，一代一代地传承下去。

1951—1957 年期间，是父亲心情舒畅，施展拳脚的鼎盛时期。他能够放开手脚，尽力地去完善少年班的建设。那是由幼年班到少年班到附中的定型阶段，按照他的办学理念，完善了附小——附中——大学的音乐教育体系。父亲精心地完善了课程设置，专业设置，以及学制等一系列重大的改革。他和附中的同事们一起开创并完善了我国少年儿童专业音乐教育体系，使专业音乐教育走上正规化道路。由于领导班子的同心同德，父亲与黄翔鹏先生、王金贵先生、方堃先生及俞慧耕先生的密切合作，为少年班和附中的发展打下了坚实的基础，完成了阶段性的调整，他们是开拓者，是彪炳史册的先驱者。我们可以这样来评价他们的伟绩：

萧友梅先生开创了中国的现代音乐教育事业；

吴伯超先生创办了少年儿童专业音乐教育事业；

父亲和他的同事建立和完善了一整套中国少年儿童专业音乐教育体系，而这也只有在我们党和国家大量财力投入之下，他们才可能按照艺术教育规律来兴办少年儿童音乐学校，才能办好少年儿童音乐学校。如今，我高兴地看到，他们的继承人，正根据社会的发展，更进一步提高学校的教学质量。把中央音乐学院附中办成为名列世界音乐教育界前茅的知名音乐院校，音乐教育事业前程一片光明。

1951—1959 年附中学生名册

少五班插班生（1951 年）：

陈静斋——钢琴。任教于中央音乐学院。已故。

邵元信——钢琴。任教于中央音乐学院。已故。

杨大风——小提琴。任教于中央音乐学院、教授。

李宝琼——钢琴。任职于中央乐团独唱独奏家小组。

林耀基——小提琴教育家。中央音乐学院著名小提琴教授、成绩卓著。著有《林耀基学术报告》。

张志勤——小提琴。任职于中央乐团交响乐团。

张韵新——小提琴。任职于中央乐团交响乐团。

黄忠贤——小提琴。任职于天津乐团。从事小提琴及音乐基础教学。

丘天凤——钢琴。任教于中央戏剧学院。移居香港。

余明复——钢琴。任教于中央民族学院。移居美国。

马志平——

51班：

刘诗昆——钢琴。中央乐团独奏家。李斯特国际钢琴比赛获匈牙利狂想曲特别奖，柴科夫斯基钢琴比赛二等奖。任教于中央音乐学院。是《青年钢琴协奏曲》和《战台风》主创之一。创办刘诗昆艺术中心。

金爱平——钢琴教授。中央音乐学院附小校长，中央音乐学院附中第六任校长。

刘育熙——小提琴教授。任教于中央音乐学院管弦系。曾在“上海之春”小提琴比赛中获奖。

鲍蕙荞——钢琴。中央乐团独奏家。获埃涅斯库比赛奖。中国唱片公司“金唱片奖”。创办鲍蕙荞钢琴城。

陈毓铸——小提琴。任教于中央音乐学院。

焦　鹓——钢琴。任教于解放军艺术学院任共同课主任。并作有舞蹈音乐《杨贵妃》。

陈兆勋——钢琴。中央乐团演奏员及作曲。任教于香港。现任香港伯斯琴行音乐教学素质总监。

郑伯农——音乐理论。任教于中央音乐学院。并先后在文艺报、作家协会、中国文联等部门任领导工作。著有《在文艺论争中》、《艺海听潮》等。

赵德廉——长号。任职于中央歌剧院乐团。

郑大昕——钢琴。四川音乐学院教授。钢琴系副主任。

杨　洵——小提琴。任职于中央芭蕾舞乐团。

杨行壁——钢琴。任教于中央音乐学院声乐系。获巴西里约热内卢国际声乐比赛钢琴伴奏一等奖。现居奥地利主持斯坦威钢琴厂。

马碧雪——钢琴。中央民族大学钢琴教研室主任。已故。

肖　桐——钢琴，作曲。为著名现代音乐作曲家，现居法国。

贾瑶煌——音乐理论。任教于河北艺校。

李亚泌——钢琴，竖琴。任职于长春电影乐团。已故。

陈义容——小提琴。转学。从事水利工作。

黎晓明——小提琴。教师。

郭砚秋——钢琴。转学。任石景山钢铁厂电气工程师。

李鸿春——

52 班：

左　因——竖琴教授，中央音乐学院附中第五任校长、中央音乐学院副院长、中国交响乐团经理。

白　宇——双簧管教授，中央音乐学院管弦系主任。

何复兴——单簧管。中央乐团交响乐团单簧管首席。

刘盛铨——钢琴。东方歌舞团艺术指导。

袁幼枝——大提琴。任职于哈尔滨歌剧院乐团大提琴首席。河北师范大学音乐系主任，有著作。

吴宜南——钢琴。任教于中央音乐学院。

赵　纪——打击乐教授。任教于中央音乐学院。著有打击乐曲集、教材及影视音乐多部。

赵　准——大管副教授。任教于上海音乐学院管弦系。管乐教研室主任。全国管乐学会顾问。研究生导师。

宋宝印——钢琴。任职于海淀少年宫。

张怀冰——长笛。中央芭蕾舞乐团长笛首席。

张俊义——小提琴。任职于铁道兵文工团。

金　珺——钢琴。任职于解放军艺术学院。

李汉文——钢琴。任职于珠江电影乐团。

周士璟——钢琴。任教于中央音乐学院。赴法国留学曾录制十张钢琴独奏唱片。已故。

杨　峻——原名杨金俊。钢琴。中央音乐学院钢琴系主任、教授。

黄远渝——钢琴。任职于中央乐团独唱独奏家小组。合著钢琴组曲《我爱祖国大油田》。

武道生——大提琴教授。武汉音乐学院管弦系主任。武汉歌舞剧院副院长。

吴祖廉——小提琴。任教于上海音乐学院。上海小提琴教师学会学生弦乐团指挥。

李春光——音乐理论。任教中央音乐学院。中央音乐学院学报副编审。任中国音协常务理事。旅居美国。编写音乐学概论。

初霓裳——钢琴。任教于北京幼儿童艺术术师范。

吴思一——钢琴。任教于上海音乐学院。钢琴学科副主任。

杨小玲——钢琴。沈阳音乐学院教授。

储望华——作曲家、钢琴。曾任中央音乐学院副教授。钢琴协奏曲《黄河》主创之一。钢琴作品有《翻身的日子》、《解放区的天》。旅居澳大利亚。

刘小露——声乐。任职于中央乐团合唱团。

于榕榕——钢琴。已故。

陈　模——钢琴。任教于广州音乐学院。

周恒泽——小提琴。长春电影乐团首席。

张振武——圆号。中央芭蕾舞乐团圆号首席。

陈根明——圆号。任职于中央乐团交响乐团。

于永祥——钢琴。任教于天津音乐学院。

赵雪锦——钢琴。任教于中国音乐学院。

商澄宋——钢琴。任教于中央音乐学院、教授。

王　翚——钢琴。任职于中央乐团。已故。

汪克宽——钢琴。任职于东方歌舞团。

黄瑂莹——钢琴教授。首都师范大学音乐系钢琴教研室主任。

李荷辉——钢琴。移居香港。

胡炳旭——双簧管，指挥。任职于中央乐团交响乐团、中央芭蕾舞团乐团。中央民族乐团首席指挥、新加坡华乐团音乐总监。曾指挥交响音乐《沙家浜》、京剧《智取威虎山》、《杜鹃山》等。

王国潼——二胡演奏家。曾任中央音乐学院民乐系主任、移居香港，任香港演艺学院中乐系主任、教授。著有《二胡练习曲选》等。

黄培钧——理论作曲。已故。

罗兆彬——理论作曲。已故。

林德莹——钢琴。任职于中央芭蕾舞团。移居香港、加拿大。

王燕樵——中央乐团驻团作曲家，舞剧《红色娘子军》、琵琶协奏曲《草原英雄小姐妹》曲作者之一。

53 班：

王华翼——小提琴。任职于中央乐团交响乐团、旅居美国。新泽西著名小提琴教育家。

李　惠——钢琴。任教于中国音乐学院。

程传湘——钢琴。任职于中央广播艺术团。移居香港，已故。

王惜扬——钢琴，音乐理论。任教于中央音乐学院。撰有《印象派作曲家德彪西》等。

朱　丽——小提琴。总政歌剧团乐队首席。

张培谦——长笛。任职于陕西乐团。

门春富——大管。任职于中央乐团交响乐团。文革致死。

孙　翩——钢琴，任教于海南大学艺术学院、教授。

严安思——音乐理论。任教于中央音乐学院音乐学系。译著《阿拉伯音乐》，编有《阿拉伯歌曲》。旅居突尼斯。

刘纯如——大提琴。上海歌剧院大提琴首席。任职于香港统筹处、演艺学院。移居香港。

庄渝澜——钢琴。任职于中央乐团。

肖远音——小提琴。转学。任职于北京工业大学。

胡志厚——管子教授。中央音乐学院民乐系主任。中国音协民族管乐研究会长。国家级专家，中青年有突出贡献专家。

徐　皓——钢琴。转学。任职于北京舞蹈学院。

赵祥生——大提琴。广西艺术学院教授。

李书娟——钢琴。任教于中国音乐学院。

朱仁玉——作曲。北京空政文工团。已故。

郑有凤——钢琴。转学。上海音乐学院。

贺大钧——小提琴。任职于中央乐团交响乐团。

黄晓芝——小提琴。任教于中央音乐学院、教授。

王　黔——小提琴。任职于中央乐团交响乐团。

李　烈——钢琴。转学。旅居澳大利亚。

蒋　青——二胡。任教于中央音乐学院。与蒋风之合著《蒋风之二胡演奏艺术》。旅居美国。

于　立——钢琴，任教于山西艺术大学。旅居美国。

陈思敏——小提琴、圆号、指挥。任教于中国福利会上海少年宫。

张钦才——钢琴。任职于北京木偶剧团、香港演艺学院。旅居加拿大。

王　莉——古筝。任职于中央乐团独唱独奏家小组。旅居美国。

王维芬——小提琴。任职于中国电影乐团。旅居加拿大。获加拿大义工奖。

朱有臻——指挥。中央音乐学院视唱练耳教授。研究生导师。有著作。

李足之——小提琴。任职于中国歌剧舞剧院。

金　韶——音乐编辑。天津歌曲编辑部主任。天津音协理事。创作儿童组歌《茁壮成长》。

马　颖——钢琴。任教于中央民族学院。

曹　蕾——钢琴。任职于中央乐团独唱独奏家小组。

彭世端——民乐，扬琴。中国音乐学院、教授。研究生导师。有著作。

万　昭——音乐理论。音乐研究所研究员。作有《柴科夫斯基的时代、思想和创作倾向》、《格林卡在俄国音乐史中的贡献与俄罗斯民族学派产生的根源》。

杨慰慈——钢琴。任职于北京舞蹈学院。

刘兰生——钢琴。任职于中央乐团。移居香港。

刘　慧——钢琴。任职于中国歌剧舞剧院。

齐纪清——小提琴。任职于陕西乐团。

蔡良玉——音乐理论。任教于中央音乐学院。音乐研究所外国音乐研究室主任、研究员。著有《美国专业音乐发展史》。

楼弋红——钢琴。任职于北京西城区教师进修学院。

苏爱莉——钢琴。任教于中央音乐学院。

丁健如——中提琴。任职于中央乐团交响乐团。旅居美国。

加入美国加利福尼亚小提琴学会。

石麟之——钢琴。中央音乐学院指挥系艺术指导。

扎木苏（笔名乌兰杰）——音乐理论。中央民族大学教授。研究生导师。少数民族音乐学会副会长。中国音协理事。撰有《蒙古族古代音乐舞蹈初探》、《马头琴史话》，编有《蒙古民歌选》等。

金以宏——小提琴。任职于中央芭蕾舞乐团。他的废铁艺术雕塑获得全国工艺美术展览创新奖。

周家声——钢琴，中国体操队音乐指导。任教于中国音乐学院。旅居美国。创作有大量体操音乐。

宁德厚——低音提琴。任职于中央乐团交响乐团。音乐活动家。中国科学院研究生导师、交响乐学会理事、音乐教育学会理事。

刘　洸——小提琴。任职于中央乐团交响乐团。旅居美国。已故。

赵学濂——大提琴。任职于中央乐团交响乐团、中国爱乐乐团。任乐队队长。

卢克敏——钢琴。任职于北京舞蹈学院。作有《中国舞蹈音乐教材》。

赵元元——小提琴。任职于中国歌剧舞剧院。

王绍麟——钢琴。中央音乐学院指挥系艺术指导。旅居美国。

丘天虎——指挥。曾担任京剧《奇袭白虎团》指挥、作曲及艺术指导。七十年代移居香港，从事作曲、指挥。创办丘天虎钢琴艺术中心、香港钢琴音乐协会理事、香港作曲家及词作家协会会员。

高燕生——作曲理论。任教于天津音乐学院。历任作曲研究室主任、附中校长、音乐学系主任。

帅元纪——钢琴。任教于中央音乐学院。旅居加拿大。

李津安——双簧管。在天津。

潘焕章——小提琴。转学。

张韵琴——大提琴。

余林娣——民乐。

钟　平——钢琴。

丁宁燕——钢琴。

陈淑范——琵琶。

苏昭佩——

张元春——

王福有——

王传流——转学。

赵继周——转学。

龚　诚——转学。

杜士良——转学。

李沛芳——转学。

54 班：

麦美生——钢琴。任职于广州星海音乐学院副教授。

叶　琪——大提琴。任职于中央芭蕾舞乐团。旅居美国。

罗映辉——音乐理论。任教于中央音乐学院副教授。著有《论板腔体戏曲音乐的板式》。

李　淇——钢琴。广州乐团副团长、独奏家。1964 年曾在埃涅斯库钢琴比赛中获奖。广东省音协副主席。

周志华——大提琴。任职于中央音乐学院。旅居加拿大。

徐　宏——大提琴。中央歌剧院大提琴首席。

孙　丰——小提琴。任中央乐团独唱独奏家小组乐队首席。移居香港。

李应华——音乐理论。任教于中央音乐学院、教授、博士生导师。编著有《欧洲音乐简史》。

林　盈——钢琴。任职于北京舞蹈学院。旅居加拿大。

陆　眉——钢琴。任职于中国电影乐团、深圳艺术学校教授。

泰　尔——钢琴。任教于中央音乐学院、教授。

陈育欣——钢琴。广州钢琴教育。旅居美国。美国钢琴教师协会会员。

伍正文——钢琴。广州星海音乐学院副教授。副系主任。旅居美国。

黄德荣——钢琴。河南群众艺术馆研究员。

丘曦明——钢琴。广州钢琴教育。获得英国皇家音乐学院银牌教师称号。

李冰琛——钢琴。

董学尧——小提琴。任职于广西艺术学院。广西小提琴学会会长。

季　梅——竖琴。任职于海政歌舞团。

吴道威——钢琴。任职于上海歌剧院、香港演艺学院。移居香港。

王学智——小提琴。任职于中央乐团交响乐团。移居香港、加拿大。

林伟德——小提琴。广州歌剧舞剧院、广州乐团首席。旅居美国。

殷承宗——钢琴家。中央乐团独奏家。曾获世界青年联欢节钢琴一等奖，柴科夫斯基钢琴比赛二等奖。创作钢琴伴唱《红灯记》，是钢琴协奏曲《黄河》主创之一。旅居美国。

林绍芬——钢琴。从事钢琴教育。旅居香港、加拿大。

王立平——作曲。中国电影乐团艺术指导。全国人大常委会委员、中国音乐著作权协会主席。影视音乐代表作有《少林寺》、《红楼梦》等。歌曲代表作有《太阳岛上》、《牧羊人》、《大海啊故乡》等。

刘桂龄——钢琴。任职于上海音乐学院。

张志玲——小提琴。任职于中国电影乐团。旅居美国。

韩民秀——作曲。任职于中央乐团。已故。

佘华盛——作曲。任职于总政歌剧团创作组。创作数十部音乐作品，多部作品获奖。

向延生——音乐史。中国音乐研究所研究员。编辑《中国音乐史》、《中国音乐辞典》等著作。

盛中国——小提琴。中央乐团独奏家。全国政协委员。曾获柴科夫斯基小提琴比赛荣誉奖，中国金唱片奖。录制唱片广泛流传。

图木莉斯——钢琴。新疆艺术学院教授。新疆钢琴学会会长。创办新疆少年儿童课余音乐学校，任校长。获诸多奖项。

谢猛奔——小提琴。越南胡志明交响乐团团长。越南著名小提琴演奏家。曾获世界青年联欢节小提琴比赛银奖。胡志明音乐学校任教。被越南政府授予“人民艺术家”称号。

王　幸——转学。天津市工艺美术设计院高级工程师、总工程师。

杨以正——转学。天津中学教师。

王庆年——小提琴。任职于上海交响乐团。

刘荣森——小提琴。任职于中央乐团交响乐团。

肖兴华——古琴。任职于中国艺术研究院。中国音乐学院副研究员、所长助理、民族民间音乐研究所主任。发表文章、评论近百篇。

庄怡真——钢琴。旅居加拿大。

徐韵生——小提琴，曾任总政歌舞团第二提琴首席，后任教于天津音乐学院、天津师范大学。

崔祝平——小提琴。任职于中央乐团交响乐团。

董　聆——钢琴。人民音乐出版社编辑，日中文化交流协会会员。

舒柔璋——钢琴。

林经天——理论。

熊艳如——转学。

55班：

王菁莉——小提琴。任职于中央歌剧院。

朱纪明——大提琴。任职于上海交响乐团。旅居美国。

任彩霞——二胡。任教于山西文化艺术学院、副教授。

李妲娜——小提琴、音乐理论。中国音协教育委员会副主任。中国奥尔夫专业委员会会长。

李启慧——钢琴。任教于云南昆明艺术学院。

李晋霞——大提琴。任职于海政歌舞团。已故。

邵世岐——低音提琴。中央乐团交响乐团、中国爱乐乐团低音提琴首席。

周晓蕾——转学。任教于北京某中学高级教师。

黄爱莲——钢琴。任职于中央芭蕾舞团、旅居美国。录制唱片、有数部小说问世。

陶宗舜——钢琴。任职于中央乐团。旅居美国。

曾　曜——长笛。任职于长春歌舞剧院、国家安全部。已故。

杨小明——小提琴。任职于中国歌剧舞剧院。旅居日本，经商。

赵　洵——小提琴。任职于中国歌剧院。

阎精云——钢琴。任职于北京军区战友文工团。

谢立群——钢琴。任职于中央歌剧院。移居香港。

范小桥——小提琴、中提琴。任职于中国铁路文工团乐队、中央广播交响乐团。

印起山——大管。任职于中央乐团交响乐团、轻音乐团、中央歌舞团。

陈嘉敏——小号。任职于中央乐团交响乐团、新加坡交响乐团小号首席、上海音乐学院外籍小号教授。旅居新加坡。

张云璋——小提琴。中央芭蕾舞乐团首席、新加坡交响乐团。旅居加拿大、任教于加拿大皇家音乐学院。

曾永清——竹笛，总政歌舞团独奏演员。入选中华名人录。

刘建华——大提琴，任职于中国电影乐团。中国音乐学院系主任。

赵澄泽——钢琴。任职于北京歌舞团。

萧君成——小提琴。转学。中央人民广播电台记者、编辑。获中国青少年社会教育终身成就奖。

林铭述——大管、建筑摄影家。任职于中央乐团交响乐团。旅居美国。木管五重奏获文化部创作奖。

马秋云——钢琴。任职于哈尔滨歌剧院。哈尔滨钢琴学会副会长。

金　音——钢琴。旅居新加坡。

方佩荃——钢琴。新闻电影制片厂音乐编辑。

马瑞雪——钢琴。文革中因父亲马思聪受迫害逃离，旅居美国。著有《马思聪受难记》。已故。

裘晋孟——大管。任职于上海交响乐团、华东师大教授。

郭明英——小提琴。海军。已故。

帕提曼·阿布都热西提——小提琴。新疆巴州歌舞团首席。

沈　薇——钢琴。任教于南京艺术学院。移居香港。

张　柏——小提琴。任职于中国电影乐团、第二提琴首席。

时学玉——小号。在天津。

梁保华——钢琴。移居香港。

赵　薇——小提琴。中央音乐学院教授。附中副校长。多次获优秀教师奖。著有《儿童小提琴教程》等。

白素莉——双簧管。移居香港。

蔡美德——钢琴。广东体委音乐指导。旅居加拿大。

张　宏——单簧管。中央歌剧院单簧管首席。香港统筹处音乐主任。移居香港。

孙德进——小提琴。任教于中央音乐学院、美国坦普尔大学音乐学院。旅居美国。已故。

潘沃鎏——打击乐。任职于东方歌舞团、中央乐团交响乐团，乐队队长。旅居加拿大。

沈馥莉——小提琴。任教于中央音乐学院。已故。

金淑义——小提琴。

周桂芝——转学。

曹振梁——

56 班

丁鲁峰——二胡、板胡。中央民族乐团首席、台湾高雄国乐团。台南艺术学院教授。曾获文化部一等奖。

王光蕙——小提琴。任职于中央芭蕾舞乐团。

蒲德智——钢琴。任教于广州艺校。

王静毅——圆号。任职于中国儿童艺术剧院乐队。

李文英——琵琶。任职于中央歌舞团。已故。

忻雅芳——钢琴。南京艺术大学教授。

刘巧君——古筝。任教于河北艺校。

赵自玲——钢琴。任职于广州星海音乐学院。

李嫦容——钢琴。任教于中国音乐学院。已故。

韩宗施——大提琴。任职于中国儿童艺术剧院乐队。

关锦云——单簧管。任职于北京京剧团、电影家协会。旅居美国。

王伟明——单簧管。任职于中央乐团交响乐团。旅居美国。

于　光——大提琴。任职于北京京剧团。旅居美国。

孙广泰——二胡。任职于东方歌舞团。

孙兆申——圆号。任职于中央乐团交响乐团。北京音乐厅、中国交响乐团经理。

郑凯林——小提琴。中央芭蕾舞乐团首席。中国交响乐团第二提琴首席。

陆公达——大提琴。任职于中央乐团交响乐团。文革致死。

鲍元凯——作曲。天津音乐学院作曲系教授。代表作有交响音乐系列《中国风》等。

甘亚梅——钢琴、音乐学。任职于中央音乐学院。

伍安娜——竖琴。任职于总政歌舞团。中国银行越南部主任。

黄圣音——小提琴。任教于中央音乐学院。

鲁松龄——音乐理论。任职于中国音乐研究所。

其木格——钢琴。任教于内蒙古艺术学院。

陈志凝——长笛。中国电影乐团长笛首席。

陈渝光——小提琴。中央芭蕾舞乐团第二提琴首席。

孙奉中——二胡。中国电影民族乐团首席。

边　江——作曲。任职于北京军区歌舞团。舞蹈音乐《师长在哪儿》、《春天来了》。

吴大軫——单簧管。任职于中央芭蕾舞乐团。旅居美国。

刘玉祥——低音提琴。任职于中国电影乐团。

伊　礼——竹笛。任职于中国铁路文工团。

巴音巴图——双簧管。任职于中央歌剧院。

黄远浦——小提琴。任职于中央乐团交响乐团、中国交响乐团。

韦稚君——管子、大管。任职于中国歌剧舞剧院。

石耀东——扬琴。任职于北京京剧团。

张　和——钢琴。任职于北京舞蹈学院。

黄克勤——钢琴。移居香港。后旅居加拿大。

杨蕴淑——钢琴。移居香港。

罗伟纶——钢琴、作曲。任职于中国电影乐团。移居香港、后去新加坡华乐团。

杨丽梅——钢琴。任职于北京师范大学。

王肇泰——竹笛。任教于中国音乐学院。

钱致文——钢琴。总政歌剧团。获全军钢琴伴奏奖。

施美龄——钢琴。移居香港。

张美琮——钢琴。移居香港。

林　玲——钢琴。移居香港。

黄　瑛——钢琴，任职于中央芭蕾舞团。

盛中华——小提琴。上海音乐学院教授。“上海之春”小提琴比赛获一等奖。旅欧。

刘长福——二胡。任教于中国音乐学院、教授。

黄大东——小提琴。任职于长春电影乐团。

瞿小星——大提琴。北京音乐台编辑。

罗小平——钢琴、音乐理论。任教于中央民族大学、广州星海音乐学院教授，博士生导师。广州政协委员。作有多部著作。

郑小提——音乐编辑。任职于总政歌舞团、中国旅游声像出版社音乐总编。歌曲《雪花》、《选择》。器乐曲《骑兵随想曲》。

刘益珍——长笛。

方思平——钢琴。转学。

王玉明——圆号。转学。

邵　铭——民乐。转学。

郑延庠——琵琶。转学。

孙　乔——钢琴。转学。

56级四年制

秦晓梅——钢琴。任职于河北歌舞剧院。后经商。

魏　立——指挥、作曲。中国铁路文工团管弦乐队指挥。作有交响组曲《台湾岛》、歌曲《半屏山》》。旅居美国。已故。

吉米德——理论作曲。任教于新疆教育学院。

冯少佳——理论作曲。广州出版社编辑。

梁茂春——音乐理论家。中央音乐学院音乐学系教授、系主任、博士生导师。著有《张寒晖传》、《中国近现代音乐史提要》等。

孙履端——钢琴。任职于天津群众艺术馆。旅居加拿大。

董树华——唢呐。北京延庆群众艺术馆从事民间音乐收集、整理、演出。已故。

杨长庚——理论、指挥。天津歌舞团指挥、作曲。

钱国桢——音乐理论。天津音乐学院教授、研究生导师。

赵砚臣——二胡。天津音乐学院附中校长。音乐研究所所长。

白慧琪——声乐。任教于北京某中学。

司心慈——声乐。任职于天津歌剧舞剧院。

郑景玄——声乐。任教于中国音乐学院。

张俊杰——声乐。任教于济南艺术学院艺术系。

马西都仍——声乐。任职于内蒙古歌舞剧院。

袁幼樵——声乐。任职于河北歌舞剧院。

李贺仁——声乐。任职于河北群众艺术馆。

沈　嘉——声乐。任职于中央民族大学音乐系，教授。译有《声乐基础》。

梁　迪——作曲、指挥。任职河北省歌舞剧院。移居香港。任凤凰电视台音乐编辑。

施光南——作曲家。任职于中央乐团。歌曲有《打起手鼓唱起歌》、《周总理，您在那里》、《吐鲁番的葡萄熟了》、《在希望的田野上》，歌剧《伤逝》等。被誉为新时代的人民音乐家。

王凤岐——音乐理论。中央音乐学院音乐研究所资料室主任。研究员。编著《中国音乐词典》，著有《他不是小溪是大海——介绍德国音乐家巴赫》等。

金　绍——理论作曲。任职于天津群众艺术馆。

徐君亮——理论作曲。常州、教学。

曼　凯——声乐。在内蒙古。

蔺凤琴——

57 班：

王福立——擂琴。自幼随父学艺。曾就职于煤矿文工团独奏演员。已故。

彭新民——长笛。任职于甘肃歌舞团。

段　文——黑管。中央电视台音乐编辑。

吴志音——大管。任职于中国铁路文工团。经商。旅居澳大利亚。

于连工——双簧管。任职于中央乐团交响乐团。旅居美国。

李守法——大管。任职于中央乐团交响乐团、香港中乐团。移居香港。

郑　颖——钢琴。任教于解放军艺术学院。

黄美德——钢琴。任职于广东省歌舞团。

王　明——钢琴。移居美国。

张式谷——钢琴。任教于中央音乐学院。

陈华逸——钢琴。广州。已故

许斐星——钢琴。任职于中央乐团交响乐团。旅居美国。

张丽生——小提琴。任职于中国新闻电影乐团。

余富华——小提琴。任职于中央乐团交响乐团。旅居美国。

许斐尼——小提琴。任职于中国电影乐团。旅居美国。

郭淑贤——大提琴。任职于中央乐团交响乐团。

王素芳——大提琴。任职于中央广播交响乐团。

黄远泽——大提琴。任职于中央乐团交响乐团、中国爱乐乐团大提琴首席。

曾小平——钢琴。任职于国家体委。

李仁业——钢琴。任教于中央音乐学院。

包世伟——钢琴。任职于中国歌剧院。

蒋龙璋——钢琴。任教于解放军艺术学院。

邝宝璧——钢琴。澳门。

陈绍华——大提琴。任职于中央乐团交响乐团。旅居澳大利亚。

潘继武——小提琴。转学

李宏茂——小提琴。任职于青岛歌舞团、指挥。

黄安源——二胡。任职于香港中乐团、首席、独奏家。

刘振吉——长号。深圳乐团副总经理。

李新陆——钢琴。任职于中央乐团独唱独奏家小组。已故。

托　娅——大提琴。任职于内蒙古歌舞团。

乌云其其格——钢琴。任职于内蒙古艺术学校。

尹慧淑——钢琴。朝鲜留学生。

韩　琳——小提琴。任教于北京北海艺专。

张秀丽——大提琴。任职于中央民族乐团。

张　强——二胡。任职于武警文工团。

李　毅——大提琴。转学。

徐慧云——古筝。

陈秀美——钢琴。

王长安——钢琴。转学。

王玉芹——古筝。

吴葆娟——琵琶。

杨秀英——扬琴。

于铁栋——二胡。

杨定一——竹笛。

牛炳霞——二胡。

杨淑英——

57 级四年制：

肖兴华——古琴。任职于音乐研究所。

高增培——扬琴。任职于中央民族大学。

曹昭光——声乐。青岛教声乐。

徐　兰——声乐。任职于武汉歌剧院。旅居加拿大。

许君菁——声乐。在内蒙古。

李寿增——

郑继舜——

58 班：

冀瑞铠——小号。任教于中央音乐学院、教授。

谢达群——钢琴。任职于中央乐团，独奏家。移居香港。

石叔城——钢琴、指挥。任职于中央乐团、中国爱乐乐团，独奏家。

蒋力行——大提琴。先后任职于总政歌舞团、中央乐团室内乐队、中国交响乐团大提琴首席。

崔建堂——双簧管。任职于总政歌剧团。

张伟立——小提琴。任职于中央歌剧院、香港管弦乐团。移居香港。

陈南岗——钢琴。中央音乐学院副院长、附中第七任校长。

俞安玲——钢琴。任职于北京舞蹈学院。

王　茅——钢琴。任职于湖北武汉。

洪　昶——钢琴。移居香港、任职于香港浸会学院。

张家振——钢琴。文革致死。

李文艺——钢琴。北京四中教师。

杨乃先——钢琴。旅居美国

杨玉珍——钢琴。天津。

胡爱真——钢琴。中央广播交响乐团团长。

王文贵——钢琴、小号。任职于兰州军区文工团，复员至工厂。

阿　荣——钢琴。任教于中央民族大学，移居香港。

董真海——小提琴。任职于湖南电视台。移居日本。

苑巨光——二胡。清华附中任教。

刘锦龙——小提琴。旅居美国。

王　萍——小提琴。任职于中国铁路文工团。移居澳门。

姚祖庚——小提琴。湖北武汉。

曾昭玢——小提琴。中央人民广播电台录音师。

刘长河——大提琴。任职于中国铁路文工团。

张玉珍——大提琴。任职于中央民族乐团。

徐文娥——大提琴。任职于中国电影乐团。

彭韶文——大提琴。任职于中国电影乐团。

李文彦——长笛。任职于中央歌剧院。旅居日本。

李凤琴——单簧管。任职于中国京剧团。

张祥雨——长号。任职于上海交响乐团。

李淑英——大管。北京房山。

魏铁柱——扬琴。就职于中央乐团、中国音乐学院。著有《扬琴演奏法》。已故。

谭蓓苓——琵琶。任职于中央歌舞团。

徐正音——琵琶。任职于中央歌舞团。旅居美国。

温锡江——二胡。广州。

王守洁——钢琴。移居香港、台湾。

严晓藕——作曲。总政军乐团创作员。

陈燕眉——钢琴。任职于北京歌舞团。旅居美国。

贾升溪——二胡。任教于首都师范大学。

张　坚——作曲、钢琴。四川师范大学现代艺术学院电脑作曲系主任。

许乃模——小提琴。八一电影制片厂副政委。

谢志莉——钢琴。移居香港。

邵秀崇——扬琴、琵琶。任职于中国音乐学院。

杨秀荣——扬琴。移居日本。已故。

卢　乔——钢琴。任职于总政歌舞团。

刘祖荷——钢琴。任职于煤矿文工团。

杜庆怀——长号。任职于兰州军区文工团。

杜庆云——二胡。任职于中国音乐家协会。

李文秀——钢琴。任职于清华附中。

孙怡荪——钢琴。任职于总政歌舞团。

吕良玲——钢琴。移居香港。

郭兰英——古筝。转学

李秉林——转学。

孙玉兰——

58 级三年制：

吴崇生——扬琴、作曲。海政歌舞团团长。

何善昭——竹笛、音乐学。中央人民广播电台文艺部主任。

乔宏忱——竹笛。天津歌舞剧院独奏家。

刘明宏——竹笛。武汉部队文工团。

张玉金——古筝。中国音乐学院党委副书记。

夏侯复兴——二胡。任职中央音乐学院。后为经商。

王恒奎——二胡。任职于四川省文化厅。

黄大岗——琵琶、音乐学。人民音乐出版社编审。《音乐研究》副主编。

韩进立——二胡。任职于天津歌舞剧院。

郑贝贝——作曲。北京某中学教师。

常静之——音乐编辑。人民音乐出版社编审。著有《中国戏曲及其音乐》等。

石伟民——指挥。空政文工团管弦乐队指挥、队长。曾获全军会演指挥奖。

刘惠芳——声乐。北京工业大学艺术指导。北京数所大学合唱顾问。

徐文珍——声乐。任职于中央芭蕾舞团、中央歌剧院。

夏玲玲——声乐。中国音乐学院人事处。

于仲芳——声乐。人民音乐出版社编辑。

邱振庭——声乐。中央芭蕾舞团合唱队队长、文联出版公司音像部主任。已故。

楚世及——竹笛、指挥。曾任中国音乐学院附中副校长、中国广播民乐团指挥。曾获全军会演指挥奖。

刘　立——长号。任职于全国总工会文工团。

潘世荣——指挥。中央民族歌舞团乐队指挥。

徐士家——音乐理论。曾任中央音乐学院教务处长、党委书记。著有《中国近现代音乐史纲》。

李爱华——作曲。宁夏音协主席。宁夏歌剧团指挥、作曲、团长。

季福玉——作曲。总政军乐团创作组。

王朝柱——理论作曲、作家。中央电视台剧作家。作有电视剧《长征》等四十余部。

杨国才——理论作曲。人民音乐出版社编辑。已故。

胡海林——作曲。中央乐团创作组、残协文体部。作有交响音画《沅江船夫曲》等。

张云田——音乐学。任职于中国音乐学院。

魏启天——作曲。任职于大庆市，从事文化工作。已故。

房云九——作曲。任职于部队文工团。已故。

苏同轩——作曲。秦皇岛玻璃厂工会。

张景元——作曲。任职于山东师范大学音乐系。

董德文——作曲。任职于河北师范大学。已故。

范西姆（范清如）——音乐学。广西艺术研究所副研究员、少数民族音乐学会理事。

冯根如——作曲。人民音乐出版社校对。

庞海春——作曲。

王克俭——声乐。新疆。

范庆宇——

59班：

吴来保——唢呐。任职于东方歌舞团。

马大荣——琵琶。任职于民族乐器总厂。

张益志——琵琶。任职于中国京剧院。

程全归——琵琶。任职于广东歌舞团。

孙维熙——琵琶。任教于中央音乐学院。

赵树珍——古筝。任职于中国铁路文工团。

庞　宇——古筝。任职于保定群众艺术馆。

任伯杰——扬琴。任职于中国音乐学院。

郭保明——二胡。任职于中国铁路文工团。

赵小红——长笛。任职于海政歌舞团。

付喜琴——长笛。任职于空政文工团、中国文联音像出版社副社长。

方自清——长笛。任职于济南军区文工团。

黄远涪——单簧管。中央音乐学院教授。演奏单簧管协奏曲

《帕米尔之音》在首届交响作品比赛中获奖。

卿烈军——单簧管。任职于中国电影乐团。

丁海荣——长号。任职于北京军区战友文工团。

洪兰茜——小提琴。人民音乐出版社编辑。

关一文——小提琴。任职于二炮文工团。

侯平年——小提琴。武汉钢铁厂文工团。

魏汉器——小提琴。任职于中国歌剧舞剧院。

舒　芳——大提琴。任职于湖北艺术学校。

孙昌宁——大提琴。任职于文化部机关。

王云苓——大提琴。任职于空政文工团。

梁育林——大提琴，任职于总政歌舞团

陈　辉——低音提琴。任职于香港管弦乐团。

张　弦——音乐编辑。任职于中央音乐学院音乐研究所、《人民音乐》主编。编译有《世界著名歌剧故事集》、著有《音乐艺术欣赏》。

袁青青——钢琴。任职于中央人民广播电台。

肖承兰——钢琴。任职于中国音乐学院。

吕佳木——钢琴。任职于中央人民广播电台。

孙允文——钢琴。任职于中国音乐学院。

姚敬庄——钢琴。任职于中央音乐学院。

陈雪筠——钢琴。任职于人民音乐出版社。

郭　珊——钢琴。任职于中国电影乐团、中国交响乐团副团长。

徐秀平——钢琴。任职于解放军艺术学院。

王运红——钢琴。任职于中央人民广播电台。

陈　怡——钢琴。任职于奥地利莫扎特音乐学院。

常多斯——钢琴。任职于中央乐团。

吴嘉音——大管。任职于济南军区文工团。

白小琴——低音提琴。任职于解放军艺术学院。

蔡敏超——小提琴。任职于武汉交响乐团。

丁朝原——钢琴。中央人民广播电台。

恩和巴扎尔——作曲。蒙古留学生。

国红梅——钢琴。任职于唐山师范。

张　弘——钢琴。转学。产科大夫。

向泽沛——小提琴。北京交响乐团首席、独奏演员。录有《金奖小提琴独奏曲》音带。

胡壁精——作曲。空政文工团创作组。创作单簧管协奏曲《帕米尔之音》在首届交响作品比赛中获奖。

后淑年——小提琴。任职于中央电视台音乐编辑。

陈佐湟——指挥。中国交响乐团、国家大剧院音乐总监。

赵世埩——小提琴。空政文工团管弦乐队首席。

叶履冰——小提琴。北京电影制片厂音乐编辑。已故。

陈碧力——小提琴。任职于人民音乐出版社、编辑。

朱海涛——大提琴。任职于中国铁路文工团。

胡小玮——钢琴。中央电视台音乐编辑、音响导演。

曾田力——钢琴。任教于中国传媒大学、博士生导师。

危大苏——长笛、作曲。任职于湖南歌舞团创作组。

李红霞——小提琴。北京钢琴厂。已故。

赵婷婷——长笛。任教于中央民族大学。

张天真——圆号。任职于中央歌剧院、中央音乐学院。旅居美国。

庞婉容——圆号。任职于中国新闻电影制片厂音乐编辑。

吴　嘉——钢琴。任职于全国总工会文工团。

赵小光——小号。任职于空政文工团管弦乐队。

梁其玲——钢琴。任职于中国铁路文工团。移居香港。

章世媛——小提琴。任职于平顶山文工团。

车苑嬉——调律。朝鲜人回国。

张镇田——扬琴。任职于中央音乐学院。移居国外。

刘小年——琵琶。粮食局副局长。

姜　澄——钢琴。北京音乐周报记者、编辑。

刘晨觉——钢琴。任职于青海师范大学。

张　智——双簧管。任职于河南歌舞团。

王凤玲——钢琴。任职于唐山师范大学。

王育英——扬琴。北京舞蹈学院乐队。

俞　渝——作曲。任职于四川广播交响乐团。

李兆仁——钢琴。任职于云南艺术学院。

许力生——钢琴。广东。

伍佑文——钢琴、理论。任职于人民音乐出版社、编辑。

陈思明——钢琴。任教于广州星海音乐学院。

李珍玲——钢琴。移居香港后旅居美国。

杜宁宁——钢琴。任职于北京歌舞团。

刘培彦——小提琴。任职于中央音乐学院、管弦系主任。

董维亮——小提琴。任职于中国煤矿文工团。

司徒兆征——已故。

张筠筠——钢琴。

许　辉——钢琴。

袁平章——钢琴。转学。

廖兴华——小提琴。贵阳。

徐蔚东——小提琴。转学。

韩松林——大提琴。转学。

王　明——大提琴。

姜　缇——长笛。转学。

武金荣——单簧管。转学。

章序晨——琵琶。转学。

姬桂兰——二胡。转学。

蒋静风——二胡。

郭大可——二胡。

李西陵——二胡。

李延芬——扬琴。转学。

倪玫林——转学。

王爱蓉——转学。

孙中立——转学。不详。

59级三年制甲班：

孟昭宜——声乐。任职于中央广播曲艺团。

杨若星——声乐。任职于中央乐团合唱团。旅居西班牙。

杨和伯——声乐。任职于中央民族乐团。

邓小初——声乐。任职于中央歌剧院。

邹文琴——声乐。任教于中国音乐学院、教授。

雷良萍——声乐。任职于中央民族乐团。

许才芳——声乐。任职于中央广播交响乐团。

章溶池——声乐。任职于中央广播交响乐团。

郭成志——声乐、作曲。中央乐团合唱队、创作组。作有歌曲《敬爱的周总理，人民的好总理》。

田振林——声乐。中央乐团合唱队、独唱独奏家小组。

杨庆祥——声乐。任职于中央乐团合唱团。

周　菁——声乐。任教于广州艺术学院。

刘　康——声乐。任职于中央歌剧院。旅居美国，牧师。

刘　麟——竹笛、歌词作家。中央民族乐团、总政歌舞团。合唱队长。作有《大海一样的深情》等。

简广易——竹笛、作曲。任职于中央广播民族乐团。作有竹笛曲《牧民新歌》。移居法国。已故。

李金福——民乐。中国儿童艺术剧院乐队队长。

田　昌——打击乐。任职于东方歌舞团。善长演奏独弦琴及亚非拉地区特色乐器。

张明华——声乐。任职于中央广播曲艺团。

杨　全——唢呐。任教于中国音乐学院。

姚　策——民乐。任职于东方歌舞团。

吴文光——古琴。任教于中国音乐学院。研究生导师。音乐研究所所长。

杨性芸——声乐。转学。

殷秀荣——声乐。转学。

匡纪常——笙。

许洪庆——转学。

马恩圣——转学。

毕曼萍——转学。

李晓清——转学。

张德沛——转学。

樊傲雪——转学。

梁狄华——转学。

吴玉峻——转学。

刘莉莉——转学。

孟　梅——转学。

李中华——转学。

韩少卿——转学。

沈春芳——转学。

侯成大——转学。

赵士平——转学。

王德淳——转学。

郭凤岐——

陈起新——

59级三年制乙班：

安保衡——打击乐。任职于中国电影乐团。

傅照亭——音乐理论。任职于河南新乡市广告艺术公司经理。

孙　铁——小提琴。任职于中国儿童艺术剧院乐队。旅居加拿大。

殷观雷——单簧管。就职于中央广播交响乐团。

甘昌时——双簧管。中央电视台电视剧制作中心经济师。

叶季荣——理论、竖琴。中国儿童艺术剧院乐队。旅居美国。

金毓镇——大提琴。任职于中国歌剧舞剧院。

杨建敏——小号。任职于中央歌剧院。旅居加拿大。

汪存一——单簧管。任职于中央歌剧院。艺术室副研究员。

杨文英——长笛。任职于中央歌剧院。业务处演出监督。

高世广——圆号。任职于中央歌剧院。

杨　震——小提琴。任职于中央芭蕾舞乐团。

郑焕然——低音提琴。任职于中央芭蕾舞乐团。

黄云生——大提琴。任职于中国电影乐团、中国新闻社摄影记者。旅居加拿大。

方　昕——低音提琴。任职于东方歌舞团。

刘以建——理论作曲。任职于中国歌剧舞剧院。已故。

曾翔天——理论作曲。任职于中国歌剧舞剧院。

杨光湘——大管。任职于中国儿童艺术剧院。

陈建喜——双簧管。任职于中国儿童艺术剧院。

郝　源——大提琴。任职于中央芭蕾舞乐团。

邱　璐——大提琴。任职于中国歌剧舞剧院。

陈绍中——中提琴。广州乐团团长。广州音像公司总经理。

李永辉——小提琴。旅居香港。

钟大名——小提琴。任职于广州乐团。

徐　奇——小提琴。任职于中国电影乐团。

李秀忠——双簧管。工程兵文工团。

钟远慧——长笛。任职于中央广播交响乐团。

董志学——低音提琴。任职于中央乐团交响乐团、中国爱乐乐团。

吴维安——圆号。任职于江苏省歌舞团、南京艺术学院。

施金莲——圆号。任职于中国大马戏团。

张小朋——钢琴。全国总工会文工团。

刘祖培——理论、打击乐。峨嵋电影制片厂作曲，为数百部影视剧配乐。

马骏英——理论作曲。中央歌舞团团长。

刘文义——理论作曲。任教于中央音乐学院。

道乐尔——理论。蒙古人民共和国教授。

娜　伦——理论。蒙古人民共和国。

吴玲芬——指挥。任教于中央音乐学院、中国音乐学院、教授。

于　健——理论作曲。摄影家协会党组书记。

侯孟玲——作曲。任教于中央音乐学院。

陈　莲——音乐学。中央人民广播电台文艺部主任编辑。曾获亚洲广播联盟大会大奖。

冼萍子——理论作曲。已故。

刘长林——理论作曲。已故。

杨通八——理论作曲。中国音乐学院附中校长、副院长。

尹以龙——理论作曲。朝阳区文化馆。

琪戈琦——理论作曲。蒙族。

武吉文——理论作曲。人民音乐出版社编辑。已故。

吕立平——理论作曲。任职于中央广播交响乐团。

孙希康——钢琴、理论作曲。任职于北京舞蹈学院、教授、钢琴教研室主任。

王象荣——打击乐。任职于中央芭蕾舞团乐队、中国交响乐团。

袁绍兰——理论作曲。任职于中央芭蕾舞团。旅居加拿大。

周葆锜——理论作曲。北京航空学院调研员。

杨惠美——钢琴。副教授。旅居加拿大。

邓　琳——画家。转学至中央美术学院附中。任中国东方画院院长。

余　钊——大管。经济日报。

赵岐生——小提琴制作。北京乐器厂高级技师。

徐克山——声乐。某中学教师。

姚家惠——双簧管。

刘　恒——圆号。

乔冀平——

齐　嘉——

张振华——

徐凤卿——

刘宝成——

十三、1959—1988 年管弦系

按规律制订教学大纲
抗干扰固守办学原则

从 1958 年冬天，多部卡车把学校的家当从天津一车一车地运到北京鲍家街，直至 1959 年，才安定下来。

1958 年一天，赵沨找父亲谈话，说大提琴教研室需要他，要父亲兼任大提琴教研室主任工作。因为早在 1956 年苏联大提琴专家契尔沃夫教授来华讲学之前，父亲就负责管弦系大提琴教学工作，所以他兼任了大提琴教研室的工作。1960 年，父亲被正式调到管弦系，任管弦系副主任和大提琴研究室主任。虽然，父亲没有一点离开他亲手创办的附中的思想准备，但还是服从了上面的安排。他也知道管弦系科目多、结构比较复杂，当时主持管弦系常务工作的领导，性格比较主观、倔强，系里许多师生不满，心情也不舒畅。父亲知道这绝非是一个省心的地方，这时到管弦系工作，不会轻松。

由于钢琴有刘诗昆等人得了国际大奖，声乐有郭淑珍等人得了世界青年与学生和平友谊联欢节的金质奖章，声乐系和钢琴系都有国际比赛获奖者，而管弦系则没有。文化部副部长夏衍先生开会时说："钢琴、声乐都出了人才，小提琴还没有在国际比赛里获奖，太落后了。"赵沨也常常点管弦系的名，这就给管弦系的老师们很大的压力。他的好朋友系主任章彦先生身体不大好，父亲感到肩上的责任，希望能早日摘掉管弦系落后的帽子。

1958年大跃进、大炼钢铁、农业放卫星、超英赶美的豪迈气概，使全体师生虽然感到振奋，但确又极其浮躁，人们变得十分不理智。比如，钢琴系宣布要在三年内达到柴科夫斯基音乐学院的教学水平。但是，那些豪言壮语我父亲可说不出口。我记得好像曾经有过一张漫画，画了一只蜗牛在慢慢爬行，讽刺我父亲思想保守，没有革命的冲劲。还有来自文化部及院部的压力，管弦系也要放卫星，好像只要我们一发誓、一振奋，就能达到世界强国的一流水平。父亲知道，我们的教学水平不可能在短时间内取得根本性的改变，如果通过大家齐心协力把我们的教学水平提高一步，也是好的。父亲立志为管弦系，特别在大提琴方面做出贡献。他知道管弦系的状况，管弦系的专业多，教员不足，有些专业还没有老师，特别是管乐，人员缺口大，超英赶美从何谈起。配合院党委高标准的要求，父亲提出以下几个方面来促进管弦系的教学。

1. 补齐短缺专业　充实师资队伍

将管弦系短缺的学科与教师补齐。为网罗英才，他努力争取国内的优秀演奏家来学校任教。他认为要办好学校，优秀教师是先决条件。刘备请诸葛亮不过三顾茅庐，而我父亲为了请林家四兄弟①到管弦乐任教，曾亲自出马，不下四、五次到林克昌、林克明、林克汉、林克定四兄弟处，诚惶诚恐地或者说谦卑地游说林氏兄弟，惟恐有什么言语不周，得罪了他们而前功尽弃。于是精诚所至、金石为开，林克昌终于同意林家四兄弟到学校来任教。为了让林家四兄弟更好地展示他们的技术优势，父亲把大学、附中最好的、最听话的学生让他们挑选，他们所提出的要求也尽可能地去满足，给了

① 林氏四兄弟：祖籍福建厦门。印度尼西亚华侨。林克昌、小提琴演奏家。林克明、大提琴演奏家。林克汉、小提琴演奏家。林克定、中提琴演奏家。一个四重奏组合。分别任中央广播交响乐团、中央乐团交响乐团各声部首席、独奏家。中央音乐学院客座教授。现移居海外。

他们一个宽泛的教学空间。林氏几兄弟都是爱国人士，教学时一丝不苟，认真而严格，传授了国外很多弦乐器演奏的高端技艺。

那时正值中苏两党关系破裂，我国与世界上任何一个先进国家都没有文化交流，对世界音乐文化发展的状况一无所知，非常闭塞，林家兄弟的到来正好弥补了这一不足。同时，为了能使管弦系尽快提高水平，他还希望更多的人才到音乐学院教课，在大提琴领域内，他先后提出要求调西安的赵振霄先生，他欣赏赵振霄在演奏上的灵气和音乐表现力；他也曾提出调武汉音乐学院有教学经验的张少甫先生，他有俄语翻译的特长，能为大提琴教研室直接快速的获得最新信息；文化大革命后，伟大的大提琴大师卡萨尔斯唯一的中国弟子、女大提琴家钱挹珊先生想来校教学，父亲很支持，认为可以从她那里学习到卡萨尔斯演奏上的特点……结果都石沉大海，音讯全无。调钱挹珊先生的事连赵沨院长都当面同意了，不知道问题出在什么地方？钱挹珊教授到保定一所学校教法语去了，结果被贺绿汀要到了上海。还有，他想请大提琴演奏家司徒志文和盛明耀到学校来兼课，让他们能够把在苏联学习的知识传授给学生们。黄远泽还问过父亲，"为什么他们两个不能到学校教课？爸爸说，我提过，没有办法。"

在建设教师队伍方面此时已不像50年代初，父亲的权力有限，来自各方面的阻力很大，基本上做不了主。当时管弦系在各教研室还是请了一些兼课教师，他们都发挥了自己的作用，和管弦系的教师一起，推动了教学质量和水平的提高。虽然这个过程也会产生一些矛盾与问题，父亲采取了一种宽容大度的态度，他说："我们的目的只要学生能学到东西，其他一切都不必去计较。"

2. 培养高质量毕业生

"中央音乐学院是中央下了大力办的学校，我们所培养的学生，应该是合格的国家级文艺团体和乐团的技术骨干，而不只是一般的乐队队员。因此在校的学生，一定要把自己专业的技术学到手，掌握的技能越高超越好。学校是培养人的地方，工作的中心是‘教’和‘学’。我们培养的毕业生应该是德才兼备，也就是说，除了人品之外，必须知识丰富，有高深的理论基础和熟练的演奏技巧。检查学生的成绩，要看学生的全面修养和基础，不光看学生拉了多少作品，还要看演奏的质量。”个人技术的好坏，是会影响乐队整体水平的，他看到中央乐团铜管水平不够好，在合奏中影响整体水平，说明个人技术不仅是个人的事，也是整体的事。他理解毛主席提出的文艺为政治服务，是叫我们用专业的技能，服务于政治，所以政治和业务不应该对立，不能单纯一味地把关门埋头练琴，不问天下琐事，称之为走“白专道路”，个人主义而加以批判。也不能把要求进步、担任较多社会工作，而学业不佳的学生当成优秀学生给予表彰。因为学习成绩的好坏，也会决定将来用人单位要不要你，用什么本事来工作，工作称不称职？因为你是中央音乐学院的毕业生，就要对得起中央音乐学院的名声，适合国家文化事业进步的需要。纠正这两种极端，除了教师以外，应该是那些从事思想政治干部的主要任务，干部和教师有责任尽力帮助学生处理好政治和业务的关系。促使他们在平衡合理的范畴达到三好。他认为作为主科教师，是学生最信任的人，除了教授专业之外，应当关心学生内心的思想状况，启发学生苦练基本功的自觉性，参与社会活动应当做到力所能及。在学校学习仅仅五年工夫，让学生“心不外骛。”需专心致志地学习本领，成为高水平的演奏家。

3. 采取比赛层层选拔、促进教学质量提高

要提高管弦系的教学质量，他还主张，不妨多多举行各类的比赛，可以先在学校内部举办，然后推广到全国各院校，再搞成全国性的比赛，优胜者推荐去参加国际比赛。要鼓励学生和年轻

教师去追求更高的目标，不断的激励和竞争，终会促进管弦系整体教学水平的提高。直到1963年，他仍极力为大提琴选手参加国际比赛做准备，他让赵学濂拉匈牙利柯达伊的奏鸣曲和马思聪所作的大提琴协奏曲，请马先生亲自指导赵学濂，使他更好地进入到艺术意境。后因为文化革命形势步步逼来而未能实现，并成为了他的罪状之一。改革开放之后，他继续主张并实施了这件事，首先在学校内部进行选拔，然后艺术院校，然后全国性的比赛，然后……通过比赛的准备、选拔，形成全专业的交流，深入探讨演奏技艺及音乐风格、流派等问题，促进了各专业学术领域的繁荣，使我国管弦乐器的演奏水平有了较大的提高。

4. 制订教学大纲　纳入国际轨道

在他的坚持下，制订了我国第一部有国际水准的大提琴教学大纲，并在大提琴教研室实行。这个教学大纲是经过专家和全体教师几年的努力，经过反复实践和修订的，符合循序渐进规律的纲要。在演奏教学和演奏理论上，达到了一个较高的水平。他认为培养年轻的演奏家，除了严格的技术训练外，还需要介绍更多的经典和现代的优秀作品，并重视理论研究，对乐曲作出独特的诠释，使大提琴的教学步入正规化、合理化的轨道。宋涛教授说："黄先生是大提琴家族的头头，受到大家的敬仰。"

很长一段时期，有一种说法所谓"建立自己民族的教材体系"，主张以中国教材为主，这种提法，心愿虽好，但我国教材的体系缺乏成熟之作，用它来替代欧美几百年教材体系，所谓"封资修"的东西是不可能的。在过去十数年里，我们培养出了一些国际水平的音乐家，用的就是"封资修"的东西。国外的教材一概打倒，会使我们在教学上无所依靠，是要误人子弟的。现在看来这是个不用讨论的问题，舍弃西方几百年形成的科学的、系统的教材体系不用，而用一些不成熟、不系统的中国教材来教学，让大、中、小学的学生演奏同样的中国作品，使得教学大纲无法实现。于是，我父亲坚持“管弦系每一个学生在演奏音乐会上必须演奏一首外国协奏曲，以展示自己的程度和水平。”他说，这样对社会对自己都是一个交代，不能降低中央音乐学院管弦系学生的演奏水平。(虽然“大洋古”协奏曲当时都在打倒之列)

然而，他并不一味排斥中国作品，相反，他希望我们能够有拿得出手的、优秀的、可以与世界上经典作品相媲美的中国作品来。改革开放以后，他在管弦系组织了各科各专业中国作品演奏比赛，钱苢创作的长笛独奏曲《渔舟唱晚》就曾作为管弦系的长笛比赛曲目。1982 年 7 月的管弦系的总结里，我父亲写道：“先有作品，才有演奏，才能真正使我国音乐发展到世界领域，创作我们的民族音乐作品，贡献于世界音乐文化宝库之中。”“我院是教学单位又是科研单位，只有我院才能担负起如此带根本性、方向性的任务。为祖国、民族前途、为了子孙后代，应当积极行动起来。”他进而言之：“我国有几千年音乐文化遗产，极美的音乐语汇和表现手法，连外国有识之士也为之侧目，”“可以创作和运用到国际通用的乐器之中，这对宣扬我国民族音乐极为重要。”他主张“分期分批组织各种乐器（独奏)、乐器重奏、合奏等各种作品形式比赛，专门设立奖金，鼓励创作。”“坚持若干年之后，必将产生质量上较之与国际水平毫不逊色的优秀作品来。有了作品，我们也可以组织国际邀请比赛，振兴中华。”

这也许就是他尚未完成的遗愿之一吧。

5. 走访用人单位，改进管弦系工作

1965 年，为了解系里毕业生的情况，父亲走访了中央歌剧舞剧院的黎国荃，中央乐团的李德伦，总政文工团丁里以及广播乐团、民族乐团等，听取他们的意见。当他听到他们说毕业生的个人技术不错，但是乐队经验不足时，父亲感到心中释然了。他知道个人技术至关重要，而乐队经验是要经过一段时间的训练而积累起来的，在工作的实践中的经验积累是必不可少的。因此在学校里，他提出加强安排乐队课和室内乐课，训练学生在乐队声部中找平衡、看指挥、练习准时进出，听整体乐队的音响，以减少到工作单位后的不适应。“乐队是一个整体，而队员则是这个整体的中间的一分子，分子不健全就会影响整体。”他认为学生应该懂得珍惜学习时间，到时候不要应了那句老话“少小不努力，老大徒伤悲。”“乐队就是这样，好的坐首席，坐前面，技术差只能坐后面。”他的直率坦言后来却被批判为资产阶级的教育方式。

他还要求系里各科各专业也要制订好教学大纲，按照教学大纲施教。鼓励任课教师大胆地按自己的特长进行教学。管弦系教学水平的提高，主要还在于教师水平的提高。要给教师充分的条件自修、进修，系里教师可举行小型观摩会、交流会或与外校交流、讨论，以取长补短。还可以搞一些唱片欣赏，一起努力提高我国管弦乐的教学水平。

从幼年班到管弦系，他始终如一，为培养我国最高水平交响乐队的理想而努力。事实上，中央乐团是当时公认的全国最高水平的交响乐队，几乎所有的骨干、首席及绝大多数的乐队队员，都是来自他培养的幼年班、少年班、附中、管弦系的毕业生。中央乐团从 1956 年成立后的短短几年时间成为全国首屈一指的交响乐团，当然要归功于从幼年班开始的音乐教育，而这些人才都是在我父亲和同仁执着追求下成长起来的。我父亲建立中国最好的交响乐团的理想和愿望，随着中央乐团的成长实际上已经实现了。还有许多优秀的音乐家被输送到全国各地，各音乐院校、音乐团体处处有从中央音乐学院培养的毕业生。使各地的音乐人才茁壮地成长起来，为今天我国音乐的迅速发展打下了坚实的基础。

系主任章彦先生生病住院期间，似乎应由副主任主持工作，但是，我父亲说话并不那么管用。我们从几件小事说起，比如有一位同学，不在暑期演出队公布的名单里，他来找我父亲问，父亲也不知道为什么，在走廊里碰见一位较熟的管弦系党员教师，父亲就问了一句，那位教师马上好心地对父亲讲，你千万别去问，现在连我自己在不在名单上，我都不知道，只能看布告。另外有一位大提琴学生在林克明先生手下，这位同学拉琴方法上存在问题，动作比较僵硬。林克明先生对我父亲讲，最好不要让他去参加乐队和重奏排练，以便集中时间改毛病。父亲觉得有理，便在管弦系的例会上提出，不料引起劈头盖脸的批评，一个办公室工作人员竟然当面喝道："这是系里的决定，你有什么权力答应他(指林克明)?"所谓"系里的决定"，身为主持系里业务工作的父亲，都不知道。连学生的学习安排这样的小事也都不能过问，"岂非咄咄怪事。"可见当时管弦系有多么不正常，对主管业务工作的副主任都可以大声呵斥，而且这还是一件业务上的小事。我父亲当即被震住了，噎得说不出话来，可以想见可怜的父亲是多么的尴尬，一副噤若寒蝉的模样。怪不得管弦系主任章彦先生常常称病不到。在我看来，我父亲实在有一点自作多情，或者叫做自讨无趣。

父亲一生中遇到各种各样的人和事，他都泰然处之，不计较别人待他如何，只是依照他为人的准则行事。他一直遵循老子道德经中的哲理："善者吾善之，不善者吾亦善之，得善。信者吾信之，不信者吾亦信之，得信。"

作为音乐家、教育家，他对工作有自己追求的目标，心里清楚得很。但对政治，他不但天真而且一窍不通，甚至显得那么的幼稚。文化大革命开始的时候，他没有想到这也会冲着知识分子的，他听报告说"整党内走资本主义道路的当权派"，他虽然不知道谁走资本主义，反正，当权派不是他。一直到突然把他揪到黑帮队，他还觉得可能误会了。

随之而来的是极左思潮不断地干扰正常的教学秩序。任意挤压正常教学，仿佛所有的事情当中最不重要的就是业务教学。从

1959年国庆十周年献礼开始，排练演出了辛沪光[①]的交响诗《嘎达梅林》和柴科夫斯基钢琴协奏曲，由中央音乐学院管弦系和附中联合组成乐队，接着又是舞剧《吉赛尔》、《鱼美人》的伴奏，学生一个学期也上不了多少课。排演《吉赛尔》的时候，管乐学生甚至就在乐池里考试，老师坐在边上，演出完了，老师根据学生在乐队里的表现，为学生打分，乐队里的表现代替了正常的专业学习。弦乐学生是齐奏巴赫E大调前奏曲，即算考试，走了一个过场。一些喜欢邀功的领导，不甘寂寞，常常忘记学校要以教学为主，过于注重场面上的荣耀。这二部舞剧由中央音乐学院和舞蹈学校合演，是当时轰动文艺界的一件大事。社会反响自然相当不错。但有谁为学生的业务学习担心呢，恐怕只有我父亲他们这些老先生了吧。管弦系排练代替了主科学习，正常的教学进程停滞不前，教学大纲无法完成，惟有每周两次、每次半天法定的政治学习雷打不动。还有每年经常性安排下工厂、下农村（每次一个月左右），学生中有些人有看法，老师中也同样有人提出异议。父亲认为"《鱼美人》是好作品，无论是音乐还是舞蹈，都有着划时代的意义。为什么不叫演出单位来承担这个任务，而要由一个学习时间有限的在校学生乐团来承担呢?"也许舞蹈学校的学生可以根据内容重新安排基本功学习。但管弦乐不同，它有专门的技术指标，仅通过乐队分谱来教授各种技术很牵强。看到管弦系的学生如此荒废学业，他虽心急、有看法，说过一、二次不起作用后，也只好无可奈何地缄口不语了。当时在钢琴系，我们每个人则要学习一种民乐器和练习手风琴。主课教学的内容以中国作品为主，刘诗昆等人创作了青年钢琴协奏曲，我们的群众化则是到茶馆、电影院或到各种机关演出。声乐系以新创作的歌

---

① 辛沪光（1933— ）作曲家、江西万载人。曾任职于内蒙古歌舞团创作员、内蒙古艺术学校、北京歌舞团。作有交响诗《嘎达梅林》、管弦乐《草原组曲》。

曲为主，歌颂党、歌颂毛主席，根据歌曲练习声乐的发声及相关的基本功，民乐系本来就是民族化，学生要当其他系的民乐老师，作曲系的学生主要任务就是创作，几乎每个人都要写点时兴的作品……整个中央音乐学院都受到了不同程度的“左倾”思潮的影响，正常的教学秩序受到了干扰，而管弦系受害最深。

父亲更想不通，为什么要让学生花这么长的时间来搞思想改造呢？五年的大学生活在人的一生中是多么短暂，应该抓紧时间学习才对，思想改造是一辈子的事情。在学校要改造，到社会上还要用几十年的工夫改造，做政治思想工作的人为什么总不强调学习的紧迫性呢？技术基础打不好，教学计划完不成，怎么可能成为合格的音乐家呢？你工作不好，用人单位不满意，怎么办？他内心万分焦虑。在每次的政治学习中，组织政治学习的人总是启发大家批判资产阶级，批判个人主义思想。那时候，用功的人，是个人主义的同义词，刻苦学习，就是资产阶级思想。政治学习每个人都要发言，发言又会被记录在案，将变成批判的口实。真是说也不是，不说也不是，这就是文化大革命前，所谓“资产阶级反动权威”所面临的处境，无所适从，不知所措。

其实父亲并不一味地反对乐队排练，为了使同学获得乐队合奏的经验，在中央音乐学院附中和管弦系学习过的学生几乎都参加过乐队课，1955 年开始以管弦乐为主的少年乐队（沿袭了 1947 年开始的幼年班乐队课），到 1959 年时正式命名为“红领巾乐队”。这个乐队王连三、黄飞立①、徐新②老师都指挥过。最早在天津开始排练格林卡的《伊万·苏萨宁》里的《光荣颂》，

---

① 黄飞立（1917— ）指挥家。广东番禺人。抗战胜利后，赴美师从亨德密持学习理论作曲。1951 年美国耶鲁大学音乐学院毕业回国。曾任中央音乐学院指挥系主任、教授。曾任中国音协理事。

② 徐新（1930— ）指挥家。江苏常州人。毕业于中央音乐学院作曲系、指挥系。中央音乐学院理论学科副主任、红领巾乐队指挥、教授。

1958 年还排过《塞维利亚的理发师》序曲等。随着学校教学的正规化，学生技艺日臻成熟，红领巾乐团壮大了，乐器也更趋齐全。经过几位指挥的细心调理，严格训练，演奏质量越来越出色，成为音乐学院的门面。外宾来访的接待演出，“红领巾乐队”是不可缺少的节目。1962 年父亲带领附中的“红领巾乐队”到武汉、上海、广州等地演出，向外界展示了附中的教学成果。此时的“红领巾乐队”经过几年的排练，水平有了一定的提高。受到舆论界的欢迎和赞扬，父亲在各地座谈会上一再强调“这个乐队的队员，都是从小开始训练的。他们通过严格的基础训练，获得了一定的技术能力，又经过一个时期的乐队合作，在乐队演奏的技术上，达到了一定的水平，从而能够和谐协调。虽然在表达乐曲的深度上，还远不及成年人那样成熟。但相信将来他们会成为很优秀的演奏家。”他的这些话后来也受到了批评：“推行大、洋、古，贩卖资产阶级黑货，毒害中国人民。”父亲并不理会这些批评，反而盘算着逐渐留一些“红领巾乐队”的骨干，将来音乐学院可以建一个乐队。

那时候大部分音乐家对“红领巾乐队”并不吝啬赞美之词，丁善德先生就在全国音乐舞蹈会议上说：“全国艺术院校有三朵花：上海‘女子四重奏’，北京‘红领巾乐队’，沈阳‘红领巾合唱团’。”

1962 年 10 月，随着任命张芳春同志为附中校长，父亲正式离开了附中。尽管他对附中的工作比较熟悉，心中有些留恋，但仍服从了党委的安排。

父亲对学校在教学上的矛盾和问题，在文化部召集的会议上，他都直率地提出来了。如西苑饭店会议，上海教材会议……他总在呼吁：多给一些时间练琴，提高学习质量和教师队伍质量，要求技术过硬，要求中小学为大学准备后备军，力争按修订好的教学大纲，进行教学活动。他提到刚写出的教材，大、中、小学都在用，缺乏技术性发挥，不能循序渐进，低水平的重复，达不到技术强度，耽误学习进度。另外，他提倡交流，提议困难时期给管乐学生增加伙食营养，希望乐队的任务性演出安排不要太多，影响课程的正常进行……等等。他实在是书生气十足，不知道更大的风暴即将来临，那时已到了山雨欲来风满楼的时刻，急风暴雨式的一场文化劫难正在酝酿之中。

各地歌舞团、部队文工团演奏西洋乐器的纷纷下马改行，土洋之争闹得沸沸扬扬。我父亲顿感管弦乐将面临一场大劫难，感到巨大的威胁，西洋乐器改行搞民乐，管弦系各专业是否还能存在下去成了问题，父亲心中疑团重重。他想，“在延安还成立了中央管弦乐团，为歌剧、歌曲伴奏，那时候有什么乐器用什么乐器，并不分土洋。解放后十几年也没有发生什么问题，如今为什么会有如此大的反复?”他不免为管弦乐事业的前途担忧。“皮之不存，毛将附焉?”

1963 年底，召开全国音乐舞蹈会议。我父亲记述了他参加的小组的讨论情况，“多系各地方负责人：东北有李劫夫①、安波②，西南常苏民③，西北刘恒之，上海贺绿汀、孟波④，部队李伟⑤，

---

① 李劫夫（1913—1976 年）作曲家、音乐教育家。吉林农安人。1937 年赴延安，从事文艺宣传工作。历任解放军文工团团长、东北鲁迅艺术学院音乐部副部长、东北音乐专科学校校长、沈阳音乐学院院长。中国音乐家协会理事和辽宁分会主席。歌曲有《歌唱二小放牛郎》、《革命人永远是年青》、《哈瓦那的孩子》、《我们走在大路上》、《蝶恋花·答李淑一》。

② 安波（1915—1965 年）作曲家。山东牟平人。1938 年入鲁艺音乐系，留校。1942 年晋察冀鲁艺院长。后任东北人民艺术剧院院长、中国音乐学院院长。秧歌剧《兄妹开荒》由他编曲。

③ 常苏民（1910—1993 年）作曲家。山西长治人。毕业于山西国民师范艺术系。曾任四川音乐学院院长、顾问、中国音协四川分会主席、中国音协理事。著有《山西梆子音乐》。

④ 孟波（1916— ）作曲家。江苏常州人。曾任天津、广州、上海文化局长、中国音协秘书长。作有群众歌由《牺牲已到最后关头》等。

⑤ 李伟（1914— ）作曲家。河北沧州人。鲁艺音乐系学习。清华大学肄业。曾任总政宣传部长、总政文化部副部长、顾问。中国音协常委理事、著有《李伟歌曲选》。

中南程云①，广州周国瑾②及文化部艺术局周巍峙③等。”会上谈的主要内容有：上海某领导揭发“学生学习中，文艺思想问题，如某中学生练琴时，突然用拳头打破玻璃以泄愤激，追求个性解放……学校里崇洋思想泛滥。”贺绿汀发言持不同意见，即“不入虎穴、焉得虎子，学好了才会批判借鉴它。”沈阳某领导反驳道：“深入虎穴、吸其乳水、朝夕不离，久而久之自己也变为虎，尚不自觉，此路万万不行，必须有批判吸收，明知为虎，则何必为虎作伥。”他们在那里咬文嚼字，父亲没有那样的雅兴，他以为这些议论“都是老生常谈，根本听不进去。”父亲认为“洋为中用”，“不论贝多芬，还是德彪西，在形式上、技术上，在学习的过程里并无害处，技术本身没有阶级性。贝多芬，德彪西的音乐怎么就是资产阶级的腐朽文化。它们都是世界音乐领域里的优秀遗产，英雄性的贝多芬，阴暗面应该很少。再说，资产阶级与管弦乐器又有什么关系？乐器有什么罪？”会上文化部艺术局领导报告了艺术局的计划：“关于西洋乐器，除少数中央团体外，省市保留小组，其他乐队（西洋乐器）均改为民族乐器。部队也如此。”对于这个大砍大杀管弦乐的计划，他实在无话可说。父亲感到“管弦乐器将要被淘汰，压力很大，心情十分沉重，会上我一言未发。”在他看来，文化部也是一头雾水，丈二和尚摸不着头脑。

---

① 程云（1920— ）音乐理论家。安徽灵璧人。曾任中南音专校长、中共武汉宣传部副部长、湖北文联副主席、中国音协常务理事。著有《试轮戏曲音乐的牌子与扳子音乐》。

② 周国瑾（1921— ）作曲家。广州人。鲁艺音乐系毕业。中国音协广州分会主席。中国音协常务理事、广东省政协委员。

③ 周巍峙（1916— ）作曲家。江苏东台人。参加左翼联盟，组织工作和歌曲创作。历任鲁艺文工团副团长、华北联大文工团团长、文化部艺术局局长、文化部代部长、党组书记。中国音协副主席、全国人大代表、政协委员。作有歌曲《中国人民志愿军战歌》。

1963年12月12日和1964年6月27日，毛主席发出了两个批示，使文化界措手不及，文化单位处在风口浪尖之上。

进牛棚跌入无底深渊
陷囹圄豁达化解郁闷

一场自上而下的无产阶级文化大革命，把中国人民带到了一场史无前例的灾难和浩劫之中。因为有中国的赫鲁晓夫睡在毛主席的身边，要篡党、要篡权、要改变中国江山的颜色。群众奋起保卫毛主席，全国处在无政府状态中，什么人都可以成立一个战斗队，派别斗争激化。这场文化大革命，使得千千万万人遭到了迫害，波及工农兵学商各个行业，连老革命、老干部都不能幸免，人人自危，几乎牵涉到每一个家庭。几千年的文化传统遭破坏，数不清的历史名胜、文化珍藏被砸烂、被烧毁；人们的道德底线遭受着前所未有的考验和磨砺；许多忠诚的老革命家、大学问家被折磨而亡；中国现代化的进程被阻断，使原本就不先进的中国又受到了重创，……我父亲后来感慨道："连功勋卓著的共和国元老们都被迫害致伤、致残、致死……我一个教书匠吃这么点苦，又算得了什么呢？"

往事不堪回首，关于文化大革命这一段我应该少写或是不写，我父亲那样的豁达，几句话就把文化大革命里他经受的那些罪，便化解得无影无踪了。我想，还是直接叙述事实和过程，说一下我父亲在文化大革命中的遭遇。

1963年，姚文元在《文汇报》发难，借批德彪西煽风点火，批判音乐界的资产阶级思潮，那是谁也没有想到的。1963年入冬，北京所有的文化单位和艺术院校都下去搞"四清"，中央音乐学院分批去了四季青、红星公社、河北邢台等地。一去半年多，与当地农民同吃同住，清查所谓“四不清”的农村干部。1964年初我们从农村回来不久，报上就接二连三地发起针对文艺界的批判，此后《李慧娘》、《林家铺子》、《不夜城》、《早春二月》、《桃花扇》、《海瑞罢官》等大批文艺作品被上纲上线批判。起初大家都十分认真学习并寻找有关作品中抹杀阶级斗争的迹象，联系自己头脑中阶级斗争的弦放松了。到了1966年5月又是批“三家村”矛头直指北京市副市长吴晗，虽然不明白这里有什么背景，但是气氛已经十分压抑。从那时起，中央提出打倒彭、陆、罗、杨。不几天出了北大聂元梓的大字报，然后是毛主席《我的第一张大字报——炮打司令部》。于是红卫兵运动在全国展开了，大字报、大批判、大串连、破四旧、打砸枪……文化大革命滚滚而来，荡涤一切“污泥浊水”。在音乐学院里满墙满楼都是针对院领导的大字报，赵沨、马思聪、刘峰锐等领导的大字报最多。马思聪还贴出了一个检查自己的大字报，检查自己与焦裕禄同志有多大的差距。可怜他还不明白，以当时对知识分子的界定，已经不是思想的先进和落后的问题，而是敌我矛盾了。

所谓“革命不是请客吃饭，不是做文章，不是绘画绣花，不能那样雅致，那样从容不迫，文质彬彬，那样温良恭俭让。革命是暴动，是一个阶级推翻一个阶级的暴烈的行动”。文化大革命究竟是针对谁？什么人站在毛主席的对立面了？一时之间，人们惶恐了，父亲也不例外，他开始以为既然是打倒党内的走资本主义道路的当权派，他既不是党内人士，也不是当权派，他没有反对毛主席，也没有反党，他不会是敌人，应该和红卫兵是同一个立场的。但没有多久，就给他来了一个下马威，因为我的两个弟弟也在管弦系上学，所以，首先成为攻击的目标，满墙的大字报，把他们三个人称作“黄家村”反革命集团。父亲被革命师生组成的红卫兵揪出来，他的性格一向沉默寡言，被批判为老谋深算，是“黄家村”反革命集团的后台老板。连平时淘气的大弟弟，也因在欢迎西哈努克亲王时，手里拿着刚上完体育课的假手榴弹，被揭发想伤害国际友人。二弟弟远泽，平时是个少言寡语的人，他闷闷不乐地回家探望母亲，在沙发上默默坐了10多分钟说“我怎么想自己也不像反革命啊。”

这个反革命集团的帽子如从天降，怎么也不能和电影里的反革命对上号，我们感到大难临头，天都要塌下来了，如临灭顶之灾。我和钱苣去找姨夫彭加伦，他是长征老干部，问他：我们家怎么了？姨夫讲了许多过去的故事，曾发生过的各种运动，如AB团、整风……等。这是党内斗争的反映，不是一个家庭或个人的事，总会过去的，他让我转告父亲千万不要轻生。他的话我们如实地告诉了父亲，对我们起到了安抚的作用，像在黑暗里看到了一线光明。至今我们仍然深深地感谢这位老红军。

毫无文质彬彬的气息的文化大革命开始了。不久父亲被关进了牛棚，随时接受革命群众的批判，不许回家。天天呆在牛棚里面交代历史问题，交代17年里如何执行反革命修正主义路线残害青年人，此间父亲写了很多交代，并留了些草稿。他在牛棚期间，每月只能领取12元的生活费，每日劳动，他负责打扫五号学生宿舍楼的厕所，常常要用手去掏堵塞的茅坑。每天吃饭都要等革命师生吃饭后才能去打饭，这时候常常已经没有菜了。在吃饭前，被打倒的教授们，还要一起唱《嚎歌》：“我是牛鬼蛇神，我是牛鬼蛇神，我有罪，我有罪。”高声背颂毛主席语录，然后才能吃饭，只许买三分钱的菜。我手里有一张父亲当时写的纸条：“旧毛巾一条，床单一条，《永红牌》香烟两包，洋火不要。”红卫兵规定黑帮不许抽两毛以上的烟，《永红牌》刚好一毛九。母亲叫小妹小弟每周去看望他，送烟和日常生活用品，每次他都问你妈好不好？见面时，红卫兵在场，相距数米远。二个孩子进学校，常常遭遇外校的红卫兵打骂、掷土块、石子、吐痰、凌辱。回家时还要被广安门南线阁附近的顽童追打，他们不敢也很不情愿地到学校去。对于两个十几岁的孩子，在音乐学院度过安宁而温暖的童年，如今那里却使他们恐惧。父亲每天都要写劳动心得，现摘录了一段给大家看看："今天是劳动的第三天，看到方仟干得很起劲，受到鼓舞。起初还没有感到吃力，但一个小时以后便感两臂酸痛，这时真想拖一拖工作或稍为休息一会儿，好逸恶劳的思想便开始抬头，由于有群众监督，我猛然省悟……"这时父亲已是50多岁的老人了，除了使铁锹，还要拉百十斤重的板车，实在力不从心。这些是他在黑帮队里汇报思想材料里的内容，在家里从来没有与我们提起过。中央音乐学院红卫兵非常"革命"，马思聪被人打倒，跪在地上，他不堪受辱，愤然出走他国。为此，周总理曾多次表示痛惜。章彦夫妇被打得死去活来，刘峰锐夫妇在文革中双双死去。赵沨被揪来斗去，我当时在中央歌剧院，赵沨兼任歌剧院院长，从音乐学院拉到歌剧院批斗。低着头挨斗，时间一长，他就晃来晃去，我知道赵沨有高血压，很同情他，怕他出意外。我高喊："不许赵沨要死狗，你坐下"，让他有机会坐一坐。但是，赵沨坐下没有多久，又被别人揪起来了，我又换个地方（免得被人发现）再让他坐下。如此反复多次。

父亲和其他知识分子一样，蒙受不白之冤。与此同时，音乐学院的"红五类"领着外面的红卫兵到广安门南线阁，抄了我们的家。他们认为我家值钱的东西全抄走了，其中有十三块银元，这就是我们家从常州带出来的财产，被红卫兵抄走后一去不复返。父亲在牛棚，家里其他人都在单位搞运动不能回家，只有母亲和12岁的小弟在家。红卫兵翻箱倒柜，找钱财、找文字、找相片，把认为重要的东西装满二大箱子。家里珍藏的各种证书、聘书、相片、父亲演出的乐评被抄走，论文、唱片、鸡蛋、玻璃，一切可以打碎的东西，都被砸碎了。他们认为有价值又拿不走的东西也被摔坏，木柜子也要砸上几个洞，把父母亲的西服、旗袍等都剪成一条条的……似乎他们的革命性全部体现在这一革命行动之中。最后把米倒在地上，还把妈妈的头剃成一半光头一半有头发的“阴阳头”，逼她跪在地上吃生米。把小弟弟自己装的矿石收音机砸烂，筷子被折断，家里的碗碟碎片散落一地……家里被抄的只剩下一些破烂。墙上写满了打倒父亲的口号。最后红卫兵把大门钥匙拿走，红卫兵命令：不许锁门，不许把写在墙上的污辱性的标语擦掉等等。还下令母亲每天必须到学校向红卫兵报到。在那段恐怖的日子里，大街小巷里所看到的抄家的景象，在我的家里同样再现了。母亲蒙受了一生中最大的侮辱，真是晴天霹雳，感到那种叫天天不应，叫地地不灵的无奈和冤屈。因为家中无法锁门，怕小弟在家里与再来的红卫兵发生冲突（住在我们家楼下章彦先生的儿子，就因为与红卫兵发生争执，被公安局抓进去了）。妈妈让有学生月票的小弟，每天带着一瓶水，带着五分钱，坐九路无轨电车，从广安门乘到红庙，再从红庙乘回广安门，来来回回往返于广安门——红庙之间，好把这一天平安地挨过去。但是晚上回家，还会有一些恶少等着揍他这个“狗崽子。”母亲则每天骑车去学校报到，因为剃着阴阳头，一路上备受路人的鄙视与顽童的追逐，满身都是土渣和浓痰。一切苦楚都要自己咽下，不愿和家人诉说，怕引起家人的担心。幼年班的学生张锡生串联到北京来看父亲，父亲在牛棚，不准回家，妈妈一见张锡生，就哭了起来。自从父亲进了黑帮队以后，由于长期的压抑，她遭遇一生中最剧烈的变化，又看不到前途，一度也产生过轻生的念头。一个人在厕所里几个小时，后来，我妹妹见妈妈老也不出来，就哭着喊着，妈妈才把门开了，两个人抱在一起痛哭一场。母亲惦记着父亲，心系十几岁的小儿女。自己又处于审查中，尝尽了人下人的滋味，每天都在等待着可能出现的厄运的到来。恐惧、彷徨、无奈、迷茫……对于我们这种与政治不相干的家庭来说，如同坠入黑暗的深渊，惶惶不可终日。

没有了做人的尊严和生活的乐趣，终日以泪洗面。不知道为什么要遭此劫难？

革命是一个阶级推翻一个阶级的暴烈的行动。这句话中的“暴烈”二字被扩大了千百倍。所谓的革命行动绝不能和风细雨、绝不雅致，绝不从容不迫，文质彬彬，不然就成了温良恭俭让，岂不没有了阶级立场。那些不谙事理的十几岁的“革命小将”，正处于极度的亢奋之中，任意地挥霍他们的“革命热情”。为保卫毛主席，全然不顾他们做出了多少伤天害理的事情来。绝大多数长大后，感到后悔，用各种方式表示道歉。有一位留学海外的同学，2006 年秋，回到北京不久，他马上要看望黄校长，一见到父亲就要跪下，被陪他来的同学拉住。原来，他在斗争反动学术权威时，父亲不肯下跪，他曾摁着父亲的头，强迫父亲跪下了。几十年过去，他一直在懊悔和不安的阴影中生活。所以，他一定要在我父亲的面前跪下，以表道歉，以赎罪孽。这些学生在“革命”口号的煽动下，做出了一些过火的行为。长大以后，饱受良心的折磨，对于他们的悔悟，人们是会原谅的。

父亲进了黑帮队，日子更是难熬，他的那一点历史，被来回梳理了好多遍，从旧社会到文革。在励志社管弦乐队工作过的父亲，励志社就成为审查的重点。逻辑非常简单，励志社是蒋介石的军人俱乐部，为国民党的将领服务，就是特务组织，你就是特务。不管你是看门的，还是乐队的队员。还有一件事情后来红卫兵非常生气，大骂了父亲一顿。原来不知道什么时候，是什么人，把一张黄源先生的一份三青团的材料，放到了我父亲的档案里，害得造反派调查了好长时间，跑遍了大半个中国，一直查到兰州才发现这份材料放错了地方。在审查父亲历史时，有一段时间，红卫兵用极其严厉的口吻叫他交代严重的反动罪行，父亲无论如何也交代不出来。他没有加入过国民党，与国民政府或官员也没有什么牵扯，又不知道是什么事情，当然交代不出来。被红卫兵一拳打到东，又是一脚踢到西，满屋子追着打，遍体伤痕。我母亲知道后万分焦急，提示他什么时候签了一个什么名。正好我和钱芑被战斗队派去查演剧队的事，我们在北京图书馆查到1945年大公报里有一篇包括我父亲的300多个重庆文化名人签名，呼吁国共合作，反对内战的呼吁书。这300多人里有郭沫若，竺可桢等，他们是常常上天安门城楼，陪毛主席登台检阅的人。我们发现报纸上没有一句反共内容和骂共产党的话，我们赶紧把内容抄下来，让母亲设法交给父亲。这时候父亲才知道自己吓得要命的滔天罪行原来如此，很快父亲就把这件事说清楚了，才免受更多的皮肉之苦。那些靠打人逞强施威来表现自己的革命性，而且下手如此之狠的人，难道不应该反省一下自己的道德崩溃后的凶残吗？也好叫后人以你为鉴啊？人格分裂、道德沦丧才是最可怕的。我们民族应该大声地呼唤"道—德—回—归—。"父亲交代：关于签名这件事过去20年了，他不记得了，当时根本没什么印象。也许是排练时说过，当时没有看报，也没有听收音机，每天不是演出就是排练，晚上回家还有三个孩子要照顾。这个"重大历史问题"他不是真的要隐瞒，实在记不得了。因为诸如这一类的事情，很多文化名人都因不堪凌辱而自杀了却余生，如歌剧院的黎国荃、钱风，中央乐团的陈子信等等。我们怕父亲想不开，在他放风回家的晚上，全家都在等他，和他讲党的政策，要他好好交代，相信党和群众，好好改造，会有出路的。让他不要有轻生的念头，千万别自杀。当时我们特别紧张，真有点像电影里的地下党接头，黑着灯，抽烟也用手捂着，怕别人看到亮光，说话声音小小的，生怕别人听见。然后，我们裹着棉衣和大衣睡了一夜。这是因为红卫兵大串联时，连续到我家来过多次，把家里的被褥洗劫一空，只给母亲和小弟弟留了一床被褥。之后的几年里，我们几个兄弟姐妹回家只能盖着棉衣和大衣睡觉了。

父亲在牛棚，还接受了减薪的提示，我从他的手稿中看到他主动要求减薪，以加速自己的改造。那时我和三弟都已工作，家里另外四个孩子还在上学。他写道：“我长期抗拒思想改造，在教学上和文艺路线上毒害青年，对党和人民犯下不可饶恕的罪行。我这个反动渣子，如今拿着高的待遇，还剥削人民，实在内心有愧。我请求除了供4个儿女生活费每月15元以外，自己只要保持每月12元生活费用，请求革委会批准。自父亲被逼减薪以后，家中过了一段极为拮据的日子，母亲和小弟小妹每日在家只用一角钱的菜金，有时买五分钱的肉末，给小儿女加点营养，妈妈面如菜色。我和远涪的薪金补贴也难以维持，生活艰辛，度日如年。

后来有人告诉我，被查抄的唱片、乐谱都堆在后院小平房里，可以去找找。我和钱芑去那小屋，看见里面堆满了唱片、乐谱，下脚的地方都没有，大家只好踩着唱片去找谱子，可惜那些唱片，恐怕没有一张可用的了。谱子七零八落，像挖矿一般，东挪西移的，把有我家名字的大提琴、小提琴、钢琴的乐谱翻出了一些。虽然，找回来的只是一小半谱子，但是，失而复得已经是阿弥陀佛了。

长期的思想改造，使父亲更加彷徨，他不明白的是“从国统区过来，是国民党的人；解放后十七年，是刘少奇的人；学了苏联，又成了修正主义分子；受了多年的政治教育，还在为资产阶级服务。为什么总是错的呢?”在“牛棚”里的事情，父亲回家后很少说起。我只能从他检查的底稿中知道：他每天扫厕所，有时扫院子，写检查，被审挨斗……一次他看到红卫兵集结，大唱革命歌曲，大喊革命口号，他感觉自己被摒弃于这个社会之外。失落、凄楚、悲凉、无助……可谓五味杂陈，万分哀伤。只落得正心养性，慎独省身。我十六岁的妹妹和全国千万青年一样上山下乡，她在清华附中上学。若不走，街道老太太每天都到家里来做工作，妹妹不愿意因为她的事情，给父母增加压力，和堂妹黄辉结伴去了湖南靖县插队。妹妹去牛棚与父亲告别。父亲得知小女儿远离北京，而不能相送，伤心欲绝。他眼睛望着窗外，久久伫立在那里，擒着泪水，目送着小女儿。李昌荪[①]先生见状宽慰他、劝解他。后来李昌荪老师告诉我时，我心里不由得泛起一阵酸楚。李昌荪先生还对段平泰先生[②]说起黑帮队的情况，李先生"最佩服黄先生，老老实实、实事求是地写他的交代材料，从不揭发别人，也不巴结什么人，铮铮铁骨，人格高尚。"我父亲就是这么一个人，他做人有他的原则，绝不做违背良心的事。他常说"人不可有傲气，但不可无傲骨。"所以他在身陷囹圄时，宁愿自己受罪，也从不去趋炎附势。他坦坦荡荡，光明磊落，是真君子。

后来，父母随中央音乐学院下放到河北清风店，由军队来改造全院师生。父亲在伙房做烧火的伙夫，冬天前胸烤得冒油，后背出的汗水，不久又冻得结冰。有时还和全体师生一起拉练，走很长时间，甚至要涉水爬沟，以至于后来患上股骨头坏死的毛病。从乡下回北京后，几乎不能行走。70 年代初，我陪他去看医生，那时还没有医治这种病的好方法，所以他一直行动不便，索性不去医院了。我的两个孩子相继出世，我们夫妇两人工资 110 元，每个月儿子的托儿费 50 元，女儿的托儿费 50 元，钱芑伙食费 10 元，房租水电 5 元，月票 5 元，生活很拮据。那时候父母亲也不富裕，但是他们每个月还是给 30 元帮助我们一家渡过难关。外孙钱沁长大以后知道是姥姥养大他的，格外感谢她。外孙女钱汶是全家第一个孙辈，父母亲那时刚刚 50 多岁，身体好、精力

---

① 李昌荪（1921—1976 年）钢琴教育家。贵阳。1944 年重庆国立音乐院毕业。留校任教。中央音乐学院钢琴系教授。

② 段平泰（1926— ）作曲家。北京人。1951 年中央音乐学院毕业。任职于该校作曲系、教授。作有钢琴曲《京剧主题赋格曲》、译著有《复调音乐》。

还比较充沛。文革后期学校里没有什么课，所以，钱汶能得天独厚地和外祖父母生活了一段时间。他们总带她去公园玩，吃庆丰包子，坐在路边上看游行的人扭秧歌、踩高跷……后来她在附小上课，在外祖父家住，他们从生活和学习上都一直严格要求她，不许看电视，小提琴学习必须天天练够时间。她取得纽约大都会歌剧院的职位后，首先感谢的就是姥姥、姥爷。

我的弟弟、妹妹三个人在部队文工团工作，父母成为光荣军属，他们常常以此为荣。

文化大革命终于结束了。

逢开放纵使老骥伏枥
遇盛世拓展千里鸿志

1971 年，父母亲与中央音乐学院的师生在河北清风店 38 军劳动。江青搞了一个中央五七艺术学校，经过严格的查祖宗三代的筛选，招收家庭出身苦大仇深的 100 多名 9—12 岁的小学生到五七艺校，(可笑的是不少将军和共和国元老的子孙都被排除在外)，从原中央音乐学院以及各文艺单位抽调了老师。当时我随中央歌剧院在天津咸水沽部队劳动改造，被抽调到五七艺校。1969 年歌剧院到咸水沽时，我的女儿还不到二岁。

1972 年年中，父亲回校上班，学校从朱辛庄回迁到中央音乐学院原址，算是落实政策，他终于回到了音乐教育行列。那时叫钢管系，教的学生都是小学生，他一边教学，一边伏案写教材，我看见他改编和创作的大提琴教材，因为原来那些“反动的资产阶级”教材不许用了，但他又想让学生能够学到本领，是出于当老师的良心，努力地编写合乎大提琴教育规律的教材。我这里找到他当时创作的大提琴变奏曲分谱，是根据陕北民歌“高楼万丈平地起”改编的。他让我替他配伴奏，我有二个年幼的孩子需要照顾，忙得不可开交，没有帮他完成此事。成为我的一件憾事，总觉得对不起他。

他每天都到小屋里去练琴，还时常借唱片（家里的唱片文革都被砸得粉碎）聆听，因为挤不上公共汽车，每天步行往返于广安门——复兴门。他在清风店得了股骨头坏死，医生要手术治疗，他因为怕耽误时间，便硬撑着。平时有点病，不上医院，自己买盒感冒通瞎对付，绝不耽误学生的课，就是想把失去的时间补回来。

有一段时间，京城开始大兴土木，在本来已不通公共汽车的南线阁街，乘车就更不方便了。连可以到学校去的 19 路车也不通了。音乐学院为了照顾老教授，特意安排小车接送，但要提前一天预约。父亲一辈子不愿意麻烦别人，所以他一次也没有跟音乐学院要过车。他说：“音乐学院本来就没几辆车，留给别人用好了。多走走路，对身体也好。”妈妈说：“你让学生到家里来上课嘛。”父亲说：“他们背着琴，挤公共汽车，更不方便。还是我步行好一些。”父亲每天走到学校，路上单程需要 40 分钟。有时中午回不了家，不在食堂，就到陈宗群、夏之秋、林耀基家里蹭一顿饭。晚上，又走回南线阁。

“四人帮”倒台后，他又在转折的关头临危受命，重新担任管弦系主任，担当拨乱反正的角色。我国正常的教学秩序经过文化大革命的“洗涤”，已经不成样子。当 1978 年恢复高考，正式招生的时候，面临重新制订和恢复音乐教育体系的问题。在管弦系老师的共同努力下，各科制订了四年教学计划，按照大纲力图使管弦系的教学纳入到正常轨道。

邓小平先生的改革开放政策，使他感到非常振奋。他认为：闭关自守，对于西洋乐器来说，不仅仅是无知，简直愚蠢到家了。从历史来看，我国音乐界的老前辈包括他自己，原本都师出洋人门下，因为我国本没有这种乐器，闭关自守怎么可能发展呢？他主张争取与各国音乐界尽可能多的交流，采取请进来、派出去的办法，尽快地提高我国的音乐教育水平。在重庆的时候，我父亲与吴伯超、马思聪、戴粹伦、王人艺先生等，就在一起畅想他们的音乐学校，要请最好的老师指导孩子们，有条件把他们送到国外去深造，等等。而改革开放之后，给我国音乐教育事业带来了从未有过的文化交往的机遇，随着我国国际地位的提高，大批外国专家主动要到中国来讲课。连小提琴大师斯特恩和梅纽因先生，他们兴致勃勃地到中国来传授先进的技艺。父亲都饶有兴味地听课和学习先进经验，例如，他会和小提琴老师一起讨论，斯特恩先生以海绵垫子，代替固定在小提琴上的琴托的得失；大提琴家托特里琴的支柱是斜的，他仔细地琢磨对音色和弓子的变化；他一边倾心工作，一边虚心学习，努力把十年的损失尽快地弥补回来。父亲参加接待了这些大师、专家、学者，既看到了我国教学上的差距，也看到了中国音乐发展的前途。我们几十年的管弦乐的教育，已经取得了长足的进步，我国学子经过这些专家、学者的点拨，就像画龙点睛一般，使我国音乐界豁然开朗，他乐观地指出："我国音乐的黄金时代即将来临。"

1982年3月，他作为政府正式派出的评委，参加了英国朴茨茅斯国际弦乐四重奏比赛，管弦系的男子四重奏组（陈允、朱鸿、刘立舟、涂强）获得梅纽因奖，女子四重奏组（夏小曹、胡健、王薇、赵羽儿）获得评委会主席奖。虽然没有得到大奖，却仍然是十分令人振奋的好消息，室内乐教学在我国开展得很晚，这次参加比赛的四重奏组基本上是刚刚组建的，无疑增强了发展我国重奏教学的信心，促使管弦系更加重视室内乐教学。此外，从评委会的合影里看到，所有的评委都穿的是正装（黑礼服），而父亲穿的是"红都服装店"做的灰西装。在刚刚开始的国际交往中，我们对国际间礼仪上的习惯，一概不知。可见我们封闭的时间有多长，又是多么孤陋寡闻，虽然我父亲这个人从来不在乎自己的衣着打扮。还是让我们遗憾地想到，要是想到问中央乐团去借一套黑色礼服，该多好啊。

他在1982年7月，亲笔写了1981—1982学年的管弦系总结。当1978年恢复高考时，“社会上有一种议论，说什么音乐学院的教学是少、慢、差、费。但是管弦系经过这四年老师们的精心培育，学生的技术训练纳入了正常的轨道，更重要的是使学生终于懂得如何运用技术手段去揭示作品的内涵和风格，表达有血肉有生命力的乐思。四年来的学习成绩有力的批驳了社会上的胡言乱语。”可见，父亲给自己加上了多重的负担，他四年来念念不忘要以好的成绩来回应社会上对音乐学院的责难。

“毕业生大多数举行了独奏会（这在以前是不可想象的），非毕业生也有五人举行了独奏会。曲目的难度、深度从古典到现代作品。能够从容演奏，在以前也是不可想象的。”

他听取了管弦系师生，特别是毕业生对教学计划的意见，发现教学计划，尚存在缺憾：他写道：

“1. 复调是专业修养必不可少的重要基础课，管弦系还没有开设。

2. 钢琴副科应列为全系共同必修课。

3. 各专业乐器艺术发展史应逐步全面开课。

4. 视唱练耳必须加强。

5. 作品分析有待加强。

6. 尽可能开设各种讲座如《美术欣赏》、《文学欣赏》。”

系里推行室内乐的学习，“室内乐崛起，取得辉煌成绩。全系师生普遍重视，兴趣倍增”……“从前年开始狠抓室内乐训练。组成若干重奏组。各专业尽可能作了安排”……

1982—1983年管弦乐系总结里说："人员不足，钢琴伴奏至今是一个难题，下学期毕业生28人至少有20个专场独奏会，新生24人比已毕业学生多了一倍，伴奏老师负担沉重。管弦系对外交流频繁，几乎每周都有外国专家在校活动，须投入伴奏人员。"由于独奏会的增加，对外交流的增加，钢琴伴奏极其短缺；室内乐的兴起，高水平的室内乐老师的培养成为当务之急；由于招生的扩大，教员严重不足，尤其是小提琴将有学生40余人，现在如林耀基、隋克强已满员，下学期安排不了，希院领导抽调或借用教师一至二人，否则无法排课。

系里拟定了把王治隆、王振山、赵惟俭教授等调到管弦系的方案；另一方面充分调动管弦系优秀教师的积极性，请韩里①讲授《弦乐艺术发展史》，十分受欢迎；林耀基教授，也得以尽兴地施展才华。父亲与很多人谈心、交流，如何改进系里的工作。钢琴伴奏的短缺，他们提出了"建议钢琴系开办三年制的钢琴伴奏教学，为我系培养和输送伴奏人员"……我从这些文字里看到父亲的思维方式和工作方式，他总在不断地完善管弦乐教育中的不足和缺陷，团结管弦系师生，为提高我国管弦乐水平而倾注心力。我父亲一贯强调教师应具有敬业精神，刻苦钻研，深入探索，提倡各抒己见的学术研究，鼓励管弦系教师推出学术论文、专著、译作，强化了管弦系的理论研究，从而使教学质量有了显著的提高。可惜父亲有关大提琴教学论文、专著原稿，在文化大革命中被毁，只有大提琴教学法印成讲义发下去了，我手上还没有。后来他退居二线，卸下一切行政事务，只带学生和研究生，直到1988年退休。

---

① 韩里（1924—2007年）小提琴教育家。河北高阳人。1962—1964年赴苏联进修。中央音乐学院管弦系小提琴教研室主任、教授。编著有《中国小提琴练习曲》《心理因素与小提琴教学》。

1985年暑期，他参与并主持了全国艺术院校第一届青少年大提琴比赛，旨在加强国内专业交流。由于这次比赛日程过紧，学术交流活动尚不够充分，但我父亲已看到国内同行交流好处很多，应当创造条件进一步加强。他说，还是要提倡社会主义的集体主义精神，集思广益，深入地研究、探讨，总结大家关心的重要课题。把个人的聪明才智汇集到集体中，使我们的视野更广阔。他说：苏联的一些做法可以研究、借鉴。这也是他在文化大革命前的设想，多举行各种形式的比赛，加强国内同行的交流，营造良好的学术氛围。改革开放以来，他看到各类乐器演奏都举办了全国性比赛，发现人才，提高技艺，加强交流，促进了各专业的发展。特别是小提琴和钢琴，出现了一批优秀的选手，日后在各项国际比赛中创造了骄人的成绩。父亲甚至乐观地预言道："今后十年、二十年左右，音乐方面某些专业有可能达到世界先进水平。"欣喜之情，溢于言表。

1986年，在庆贺他教学生涯五十年的活动时，他发表了许多议论。他认为"向钱看"的不正之风，阻碍严肃的艺术教育的发展。如果学生的思想混乱，艺术水平也不可能提高。这个问题搞不好，就背离了艺术教育的根本宗旨。他说，音乐是艺术，是精神生活的重要方面。艺术总是要追求真、善、美的，应当具有纯洁的灵魂，高尚的品德情操，懂得什么是美，什么是丑，什么是崇高，什么是鄙劣。古人云："夫声乐之入人也深，其化人也速，故先王谨为之文……"（《荀子·乐论》）就已经指出了音乐的教化作用。"一个真正的艺术家首先应当是一个真正的人，以伟大的音乐家卡萨尔斯和梅纽因为例，他们在法西斯横行肆虐的年代里，都是坚定的民主主义战士，表现出了何等崇高的人格。而他们的伟大人格，与他们在艺术上所取得的辉煌成就是密不可分的。我们不能想象一个人能以他肮脏的灵魂，而成为一名高尚的艺术家。这是绝对不可能的。"

他自豪地说："在音乐教育中，应当培养出能够在国际比赛中名列前茅，为国争光的音乐家。我国现在已有一定数量具有国际水平的教师，他们的教学水准和成果是经得起考验的，并且已经引起了国际上的注意。这一点，我们需要充分肯定，决不要妄自菲薄。"于是进而言之："我们的民族有着悠久的历史和辉煌的文化，以我们具有的根深蒂固的文明来研究西方文化，必然与西方人有所不同。正如某些西方人，研究中国文化而说出一些中国人认为十分精辟的话一样。也就是说，每一个有高度文明的民族，都可能对另一种文化有所贡献。我国选手多次获奖是合乎规律的现象，绝非偶然。我们应当有充分的民族自尊心和自豪感，不要盲目地以为我们自己总是不如人家。虽然，我们一百年以后还要学外国的长处，但是永远不必自视矮人三分。"

他还说："中国的音乐家应当努力提高自己祖国的音乐文化水平，使其能够巍然屹立于世界民族之林，并对人类做出更大的贡献。艺术、文明、道德和人生哲学，是一个有机的整体，是不能分开的。作为一个音乐家，不能把努力的方向仅仅瞄准在个人成名，做明星的道路上。在演奏时一心想着炫耀自己的技巧之高超，这不是为音乐服务，而是音乐为自己服务，音乐成为一己成名的工具，沽名钓誉之手段。"强调"音乐是不可以这样被亵渎的。"如此等等的话语也许在现代持摩登观点的朋友看来有那么点老套，而我们父辈就是这样认识的，也是抱着这样的认识论实践了一辈子，他们以天下、以富国强民为己任。作为音乐家的他，以迅速提高我国的音乐教育水平为自己的奋斗目标，为此他奉献出了自己的一切。

1982 年起，被聘为北京市高等院校学位评审委员会委员；1985 年担任全国大提琴比赛评委会主席，1987 年，中国轻工协会乐器协会聘为评制委员会声学评委，出席第二届全国提琴制作比赛；1988 年被聘为第一届全国全级别大提琴比赛评委；1990 年被授予为中央音乐学院工作 50 年的荣誉证书，中央音乐学院建院四十周年（重庆国立音乐院建立 50 年），鉴于父亲在学院创业、建设和发展中所作出的重要贡献，学院特授予其荣誉金奖；1992 年获得国务院颁发的政府特殊津贴；1995 年被聘为中央音乐学院第一届大提琴比赛评委会主任；此后又担任历届全国大提琴比赛顾问，他是研究生导师，学术委员会委员……他在古稀之年再一次焕发了青春，发挥了余热。2002 年我父亲获得第二届中国音乐《金钟奖》终身荣誉勋章。2001 年他获得萧友梅基金会的教育建设奖，黄旭东先生把五千元奖金送到家里时，父亲因病情所系已无法与他人交流了。

1986 年中央音乐学院暨附中为庆祝我父亲的教学 50 年举办了《黄源澧从教 50 周年纪念音乐会》，中央乐团举行了“春风化雨、桃李满园”的座谈会，乐团李德伦、管弦系隋克强和宗柏等领导，附中老校长方堃、俞慧耕以及附中负责人左因、李向阳、胡炳余等出席，夏之秋、廖辅叔、司徒华城、朱同德等同来祝贺，盛况空前。幼年班、少年班、附中、管弦系的同学用各种方式表示祝贺，有的打电话、有的发电报、有的写信、有的把自己的演奏剧照、生活照、全家福的照片送给我父亲，以表祝贺及感激之情。我在整理父亲的遗物时，见到足有近百件祝贺的照片、电报、信件，甚为感动。

1990 年被授予为中央音乐学院工作 40 年的荣誉证书及荣誉金奖（重庆国立音乐院建立 50 年），当年的师生最小的已届耳顺之年，老教授们带着红领巾，留下了许多照片，其中一张照片是王宗虞先生送给父亲的旧照片，王先生在照片背后写了一句话：“我们同事已经 50 载了——王宗虞”，令我十分感叹，老前辈们为中国音乐教育事业勤奋耕耘了一生。

1995 年，幼年班 50 周年，幼年班的同学组织了纪念活动，在中央乐团师生同庆，他和廖辅叔先生都特别兴奋，这是他病倒之前，最为畅快的日子。作为一个教育工作者，他的最大的心愿，也许就是能够看到学生们个个事业有成，而他在郁郁葱葱的花园里享受桃李满天下的欣慰。借毛主席的诗词一用“待到山花烂漫时，她在丛中笑”。

邓小平先生推行改革开放的政策，开放门户，使我国音乐教育与国际文化发展态势相融会，并展示出本身的优势，音乐教育水平有了极大提高。父亲在年青的时候，正值国难当头的抗日救亡时期，在极其困难的条件下，承担了传入我国不久的西洋乐器的最初启蒙、开发和发展的使命，用他们学习到的技术和对音乐的理解开始了我国管弦乐事业，他们走出了第一步。他们把外来乐器演奏在我国逐步地推广，为我国的音乐文化发展作了铺垫。而父亲当时的信念是：若要发展中国的管弦乐事业，唯有从小孩子开始培养，他与管弦乐界的同仁一起从主张、倡导、策划直至创办了国立音乐院幼年班。他投入到了音乐教育事业中，成为这一荒原上第一批拓荒者。他经历了我国管弦乐发展的全过程，从稚嫩到成熟，从萌芽、开花到结果。

如今，有众多的国外著名演奏家、教育家来华讲课传播音乐领域里的各种信息、经验和先进的演奏方法，给音乐教育带来了蓬勃生机。更有大批的年轻人到世界各国直接学习西方音乐。由于他们在国内从小受到了良好的技术训练，打下了坚实的基本功，一旦受到专家的点拨，一点就通，便有了迅猛进步。人们意识到我们办附中、附小是音乐发展专业音乐教育的决定性措施，它具有浓郁的中国特色。据说不久前还有英国人到北京来探宝，寻找“小郎朗”。改革开放后随着音乐考级的盛行，许多家庭从小就培养孩子的音乐素养，为附中、附小提供了充足而优质的生源。使我国的音乐人才大量涌现，我们可以豪迈地说，附中、附小的教学质量已达到了国际水平。我国培养出来的音乐家已迈向世界前沿，令世人刮目相看，羡慕不已。父亲作为老教育工作者，他的所愿、所期盼的不就是中国音乐家能够在国际上扬眉吐气吗？他看到大批优秀教师的成长，看到我国的年轻人在音乐领域不断地创新、不断地进步，长江后浪推前浪，江山代有才人出。看到自己为之奋斗的事业的大发展，他感到无比的慰藉，我国的音乐事业必将登上更加光辉的高峰。父亲的学生无数，如今都已是享有盛名的演奏家、教育家。他学生的学生也纷纷在这个领域取得骄人的成绩。他感到无比的欣慰、无比的幸福，辛苦了一生的他，可以休息一下了。后继之人正沿着他的脚印继续播种着幼芽，未来是属于新一代的年轻人，属于他热爱的祖国。

十四、1988—2006年退休以后

贤儿孙尽孝颐享天年
看一生奉献厥功至伟

在改革开放后的日子里，大家的生活都逐渐好了起来。1995年远涪第一个买了汽车，他时常带父母到处游玩，后来大家都陆续买了车，闲暇之时便组成车队驰往更远的景点，带着自家做的饭、菜、汤到香山、檀柘寺、红螺寺、清东陵……四处游玩，观赏北京郊区和周边所有的风光，夏日多次去北戴河、黄金海岸、辽宁锦西葫芦岛等地。又到曲阜拜祭圣人孔老夫子，以及亚圣孟子，我们在杏坛漫话《论语》，在邹县品味孟母三迁。还陪父母回了山东青岛母亲的老家，追忆往昔。一大家子浩浩荡荡一起出游，父母亲都很高兴。远泽、远涪有了别墅之后，时常接父母亲去休闲，每周大家回家探望他们，都把最好的东西带给父母，庆国和钱汶为他们买了29寸大电视，为了让他们听音乐，远涪给他们买了功放机，为了便于他们看影碟，远浦还给买了DVD机……一家人其乐融融。我们打算陪父母到常州，故地重游，车票都买好了。结果，远涪得了急病，而没有去成。成为一大遗憾。

1995年，我们去湖南长沙老家祭祖时，父亲快80岁了，他流露出难以抑制的兴奋，一路上笑逐颜开。从长沙坐汽车到东乡上湾，由于车子开不进村子里去，在公路上就下了车，他不要我们搀扶，就急匆匆地在凹凸不平的乡间小道上，健步如飞地走在最前面，直奔祖屋。约莫一里多路，他没有丝毫的停顿，我和他的长孙黄展都追不上他。路边的山坡上长满了栀子花，香气袭人，绕过一水塘，我们来到一座坐北朝南的院落。在高高的堂屋里，见到现在的杨姓主人，他说过去是一个佃户。父亲用流利的湖南话和主人问长问短，真是“少小离家老大还，乡音未改鬓毛衰”。我父亲离开这里60年了，他在努力寻觅记忆里的故乡。杨家当家的把我们带到后山，那里有二座坟茔，我们扫祭了祖父黄晓东老先生，以及陪伴祖父的五伯黄源湘夫妇。这次长沙之行，我父亲终于圆了萦绕多年的回乡祭祖的心愿。

我们住在长沙宾馆，游览了湘江、长沙公园、橘子洲头、爱晚亭、岳麓书院……父亲每到一处都如数家珍，讲述湖南古往先人的故事。父亲还到湖南歌舞团与大提琴的同仁进行业务交流，为他们讲课，解答他们感兴趣的问题。在长沙与亲戚相聚自然是一件必不可少的活动，我们看望三伯妈，那时候三伯妈已经90多岁高龄，祖父去世之前，是她一直在服侍老人家，父亲由衷地感谢她。看见六弟来看望她，很高兴，二人说起过去的事情，话锋甚健。三伯、细姑的几个孩子都在长沙工作，而且都非常有出息。长沙之行还有一个目的是，让即将到美国去找他父亲的大孙子黄展，不要忘记自己的祖宗，不要忘记自己的根。

1996年父母80大寿，庆国、钱汶、黄展特意从美国赶回来，我们一大家子浩浩荡荡一个车队去密云渡假村玩了几天，晚上放鞭炮，讲故事，白天游山玩水……回城后，在北京饭店订了两桌酒席，全家二十多口人聚在一起，祝福他们健康长寿，他们很宽慰，很满足，尽情地享受天伦之乐，感觉无比的幸福，还留下了许多影像。

父亲虽然性格内向，但在生活中不乏俏皮机敏的言语。他很幽默，常常有一两句出其不意的话，逗得我们哈哈大笑，使大家谈兴更浓。我们家在文化大革命后，已经是一个二十多口的大家庭，相聚时，要把小孩另开一桌，热闹非凡、生机勃勃，现在想起来倍感温暖。他退休以后，与南线阁的老教授一起到公园去锻炼身体，做鹤翔桩、气功、太极拳等。有一天，母亲回来说："你爸爸刚学做桩就发功了。"父亲说："人家师傅讲了半天，你不发功，不好意思。"还说，是易开基先发的功，易先生也是"为了响应师傅的号召"而发了功。他们几个老教授做气功还要顾全别人的感受，不肯驳人家的脸面，这个话题逗得我们前仰后合。后来的日子没有孙子孙女守在身边需要他们照顾了，子女们都各自忙碌。平时他们二老经常一起散步，到公园去，活动活动腿脚。他们的生活很简单，一直都是自己照顾自己，没有麻烦过我们，生活还算惬意安适。

可是好景不长，学校体检时发现父亲的血脂和胆固醇不正常，在 81 岁那年，他有一次头剧烈的疼痛，我们陪他去了医院，医生看 CT 片后说，是轻微中风，让他注意。并给他开了一个疗程的 12 次静脉注射，他去了三次就不去了。说自己很健康，没有病。其实他从来就怕打针、吃药，不想这一次可坏了事了。1998 年 7 月 14 日天气极其闷热，他像往常一样出门散步，取报纸和牛奶，突然人一软，倒在墙边，被路过的两个年轻人扶回家，母亲给我们几个子女打电话。大家急忙赶回家中。只见他好端端地坐在沙发上，还站起来走了一圈。说"没事，你们有事回去吧。"当下大家不放心，坚持送他去医院检查，他还走着去了医院。检查后就再也没有站起来，医生说是脑干阻塞。当时全家人对这种疾病不了解，如果时光能够倒流，我们一定会送他到医院去溶栓，而一切都被耽误了。如果我们稍有这方面常识，如果把他送到专治脑神经内科的宣武医院，也许还能够来得及融血栓，也许还可以延续一些日子。经过与死神的较量，父亲偏瘫了。从82岁起，他便病倒，他那聪慧快捷的思维中断了。父亲因病，终日不语，生活不能完全自理，无疑给了年迈的母亲太多的压力。刚发病时，父亲还可以扶着推车慢慢地学步。但是，后来说话越来越少，路越走越短。他对我说："你们让我走吧，我会连累你们的。"这怎么可能呢？我们只有尽力去找医生找偏方，到天津、河北去找高人，找气功大师，还有双桥老太太，都无法让他病体好转。我们这个温馨的大家庭突然改变，每天发生的事情都和父亲的病有关，我们失去了欢笑，失去了济济一堂的欢乐。我感到了生命的脆弱，感到了命运之神的恶煞。特别是母亲2005年去世后，那种亲人生离死别的伤痛和寒栗，从背脊开始，传导到全身，我永远无法把对母亲的思念抹去。我们还要时刻担心着父亲，心疼父亲过的那种毫无生趣的日子，不知怎样才能减轻他的病痛，弟弟妹妹们也都千方百计地想办法，让父亲吃好点，过得快乐一些。

我对他说，我一定要把你的生平写出来。他看了我一眼，然后点点头，这已经是后期最丰富的表情了。我问他一些问题，他用极短的话回应我。如：我问他"你是和王人艺去南京见吴伯超的吗？"他说："是。"王先生后来与你一起回常州了吗？他说："王人艺先回上海了。"偶尔老友、同事、学生来访，他也许表情淡漠，好像不认识。然而，当他们离开之后，他有时能够说出他们的名字，反应显然已经迟钝了。父亲虽然对当前发生的一切都不表态，但当我们提到中央音乐学院的事情或他的同事、朋友、学生时，他的眼睛里就会发亮，非常注意听我们讲。有时幼年班和附中的同学来看他，他都很激动，老学生一声声"黄先生"，"黄校长"，"你记得我吗？"，他会点点头。现在想想心里都会感到一阵阵痛楚，这八年他受的罪，我们怎么能知晓？自己的思想、心里的感受都无法表达。他的记忆仍然停留在过去的年代。好在他还是见到了他为之奋斗的事业取得了辉煌的成就，并看到了我国音乐事业蓬勃发展的前景。

我知道他挂念什么，他不停地问我"你娘呢?"我只能告诉他"在医院"，他就不再说话了，我不敢再让他伤心了，怕他会随母亲而去。我们一次又一次地给他打岔，瞒着他，告诉他"妈妈在医院，好了就回来。"妈妈不仅是他一生的伴侣，孩子们的母亲，还是他一生为之奋斗的音乐教育事业的最忠诚的支持者，他们共同渡过了生死未卜的战争年代，渡过了恐惧、无助、兴奋、安乐……他们相濡以沫，彼此鼓励、支撑。母亲除了培养学生，她把她的爱给了父亲和我们；父亲的一生的全部生命意义，则放在了学校和他的每一个学生身上。而父亲所做的一切，都有母亲的支持。他们没有财产，没有荣华富贵，没有金银财宝，也没有那享福的命，只有操劳、忙碌和奉献，他们平平淡淡地度过了一生。他们都是平凡的人，一生只做了他们想做、应该做的事情。没有鲜花、没有掌声，一辈子没有响当当的桂冠，没有与大人物交往的荣耀，也没有周游世界被人追捧的风光。但是他们的内心是那样的充实，那样的明亮，他们的脚，实实在在地站在土地上，编织他们所呵护的音乐摇篮。我们庆幸我们有这样好的父母，有这么好的音乐摇篮的培育。他们的六个子女都能够自食其力，能靠自己的薄技为国家贡献自己的力量。父亲见到了二个重孙子，他的第三代、第四代也正在成长。父母亲的血脉在儿孙的身上永远地流淌，他们的优秀品格将永远在他们后人的身上继承传扬。

最后两年，他失去了与家人交流和表达慈爱的能力，失去了对自己一生历史的记忆。近一年由于等待太长远了，父亲不大追问母亲的事，他似乎明白了，在离世前三天，基本不吃不喝，最后因为心力衰竭永远地离开了我们，在他弥留时刻，我们哭着告诉他，妈妈在天国等着他，我也不知道他是否真的听到了？毕竟他是那样平静地走了。2006 年 11 月 14 日晚 7：10 分他走完了他 90 岁的人生。

他没有遗憾，想做的事情，他做了，没有做完的事情，后继者正在做。他的好多次讲话中都提到了这个感受，他真的感到宽慰。他看到后辈们事业有成，在各自岗位上做出贡献，他激动，他兴奋；他看到学生的名气越来越大，生活越来越好，他欣慰，他满足；他看到了祖国音乐事业的兴旺发达，看到了我国音乐的辉煌成就能够在五湖四海绽放绚丽光彩。而他却一如既往地过着简朴的日子，且心安理得。

我们可以列举许多著名的音乐家：刘诗昆、盛中国、鲍蕙荞、石叔城、李学全、盛明耀、方国庆、刘奇、邵根宝、张孔凡、田丰、金湘、施光南、王立平、黄安伦、鲍元凯、郑石生、林耀基、赵惟俭、王永新、黄晓和、毛宇宽……恕不赘述。他们是新中国音乐发展的基石，又培养出了更多的优秀音乐家，不仅在国内享有巨大的声望，有的更跻身于世界乐坛。大批管弦乐人才进入世界顶尖乐团和任职于国外音乐院校，信手拈来：薛伟、贾红光、郎朗、吕思清、夏三多、蒋丹文、郭庆、柴亮、刘晖、郭昶、侯庆、巴多明、王峥嵘、李腾、朱丹、李青、黄滨、王亮……不胜枚举。

他们的成就和名声远远超过了他们的前辈，父亲在一篇文章里写道："我作为一名园丁，参与了学校的草创，经历了艰难的岁月，流过辛勤的汗水……但是，当我看到附中日益兴旺发达，特别不少附中学生在国际重大比赛中频频获奖……我感到无比的欣慰和自豪，有时竟流出了激动的泪水。"

黄晓和说："黄源澧先生一生的坎坷经历和在音乐教育事业上，特别是自幼培养专业音乐人才上的卓越贡献，填补了我国近现代音乐史的一大空白。"

黄祖禧先生[①]说："黄先生做了几件中国第一的事情，从幼年班——附中，从附小——大学，从少年乐团——中央乐团。他不仅培养了管弦乐人才，还造就了一代优秀的教育家、演奏家、作曲家、指挥家。他从不突出自己、宣传自己，打击别人来抬高自己，也从不说别人的坏话。他对中国音乐事业的发展，起了不可估量的作用，但他从不以创始人自居。"

大提琴学会的会刊介绍父亲的时候说："黄源澧先生的高尚的品德，渊博的学识，严谨的治学态度，优良的工作作风，在音乐界有口皆碑，深受大家的尊敬和爱戴。"

有的老师说："黄先生一生淡泊名利，不溜须拍马、不攀高官，不走上层路线。他只有一颗平常心，是一个正直的人。"

黄祖禧先生还说："你爸爸不容易，他是一个顶天立地的男人，他懂业务，学识广泛，是一个专家。管弦系专业多，困难大，他能团结一批人，是一个难得的人才。他还是一个好父亲，你们家孩子多，生活担子很重，孩子们都满有出息的。"我们六姐弟都从事音乐，我是中央乐团钢琴演奏员、黄远浦是中央乐团小提琴演奏员、黄远泽是中央乐团和中国爱乐乐团大提琴演奏员、黄远涪是中央音乐学院附中单簧管教员、黄远津是解放艺术学院钢琴教员、黄庆国原是中央乐团大提琴演奏员，现在美国纽约大学任电脑工程师。外孙女钱汶是美国大都会歌剧院交响乐团小提琴演奏员，孙女黄翎是德国巴登——富腾堡州国家歌剧院大提琴演奏员、孙女黄蔚艳是钢琴教员。

在我父亲遗体告别仪式上，场面异常感人，不少老同学、老同事从四面八方赶来出席，父亲的好友88岁的陈宗群老先生拖

---

① 黄祖禧（1926— ）音乐理论家。贵阳人。中央音乐学院作曲系教授。著、译有《基本乐理》、《和声原理与实践》、《二声部对位法》。

着虚弱的身子，在学生的搀扶之下战战兢兢、悲痛欲绝前往吊唁；郭志鸿[1]先生不顾重病在身，也在他人的搀扶下，从大老远地赶来，在签到簿上签了名字之后，不忍见我父亲的遗体，又在别人的搀扶下，悄然离去；幼年班的学生金湘先生从常州赶回北京，直接到八宝山向我父亲遗体告别；少年班的学生赵准、吴思一、吴祖廉从上海一早赶到，当年幼年班、少年班的白发苍苍的同学，附中、附小、管弦系的师生……纷至沓来，人潮涌动。更令我感动的是附中邢维凯校长对我说："请你们放心，我们会把附中办好的。"从附中的挽联我们可以看到他们继承父亲遗志的决心：

沉痛悼念老校长黄源澧先生　千古
经传艺苑风雅创新有后人
拓振杏坛弦歌不辍传万代
中央音乐学院附中全体师生　泣挽

有的学生这样写道："亲爱的黄老师，您是我最敬重的人，您的一生是我的楷模，我的成长倾注了您的心血，您的谆谆教诲我将永远铭记在心。您对中国教育事业的特殊贡献将永载音乐发展史册。"

毛宇宽的电报写道："黄老师毕生奉献音乐教育事业，特别对于创建中国第一所儿童音乐学校——国立音乐院幼年班——厥功至伟。"

父亲地下有知，定能安息长眠了。

---

① 郭志鸿（1932—　）钢琴教育家。四川乐山人。1959年中央音乐学院研究生班。任该校副教授。曾在世界青年联欢节获奖。钢琴协奏曲《战台风》主创之一。

我们把父母合葬在河北易县，安卧在清西陵华龙皇家陵园里。（钱艺整理）

（由于本人能力所限，名录、备注难免会有遗漏、不实、不当之处。望见谅）

附录一：

黄源澧追思会简要

(2000年6月3日下午)

邢维凯（中央音乐学院附中校长）

尊敬的各位老师，我平时说话不紧张，今天说话真紧张。主要是心虚，因为我是晚辈，各位都是老前辈尤其是刚才三位老前辈的铜像揭幕，感触很深。今天是黄源澧校长的追思会，请李续副院长讲话。

李　续（中央音乐学院副院长）

今天黄源澧校长的追思会应该由王次炤院长来主持，但他现在美国访问，由我来主持，非常荣幸。今天在这里大家让我讲几句话，我是有点底气不足，王次炤院长临走以前特意交代我讲三句话，我既然代表王院长，我就先把王院长三句话给大家带到。

第一句话，王院长说："李续，你要讲的第一个内容是不能割断历史去看问题。"院长说，你自己好好想想，我们中央音乐学院、中央音乐学院附中是历代老师同学们共同努力才得到今天的成果。

第二句话叫"饮水思源"。我们搞音乐的人是有感情的，我们今天这么好的条件，有这么好的环境，这些东西得来不容易，千万不要忘了拓荒者，王院长特意谈到了拓荒者。

他说的拓荒者，一开始我有些不理解。经历了今天的过程，我的感触很深，我听了许多人的回忆，到今天的铜像揭幕式时，我理解了拓荒者的意义。1945 年幼年班在青木关建校时，我国的音乐教育才仅仅是启蒙，那时候什么也没有，学校条件相当简陋。经过 62 年到了今天，我们中央音乐学院附中在中国已是数一数二的，恐怕在世界上也要往前排。前辈开拓了音乐教育事业，现在我们能够享有今天的成果，不要忘记了"拓荒者"。

第三句话，王院长给我出了一个题："这个世界上还有什么比生命更重要的吗？"有比生命更重要的东西，那就是事业、追求和理想。一旦这三样东西出现的时候，我想生命就不重要了。生命对于大家，对于每一个人来讲，如果没有了生命就什么都没有。但是在事业、在追求、在理想、在生命面前，事业、追求和理想更重要。我没有更深的体会，但是在今天附中的这个活动中，黄源澧、吴伯超、郑华彬先生让我们体会到了，在我们中央音乐学院附中还有比生命更重要的东西，那就是我们的音乐教育事业。

俞慧耕（中央音乐学院附中第四任校长）

我1958年调到附中给黄源澧先生做助手，在我和方堃一起做黄校长的助手的时候，给我影响最深的是黄校长一贯与人为善。学生也好，对所有的人，他都告诉我要“与人为善”。他说：“每个人都有优点、有缺点，但是，你一定要先看到他的优点，不要抓住人家的缺点不放。”“俞慧耕，你看有谁没有缺点呢?”我想想：“对，谁没有缺点呢，金无足赤，人无完人嘛。”

后来他调到大学兼任管弦系主任，中间有空，常常到中学来。他与陈宗群在重庆就认识，中午时常到我们家休息一会儿，随便吃个午饭，不怎么讲究，与我们聊天，非常放松。平时在学校里开会的时候，他基本上都是可以、可以，点点头，从来不与我们争论什么事情。所以，我们附中这个集体是这样团结一致，一心一意为孩子，考虑的是怎样把学校办好。

黄校长起到了一个核心的作用，作为一个领导，黄校长有这个向心力，像一块磁铁一样，他能够把所有的老师团结起来，发挥每一个老师的特长，信任他们，放手让老师们去创造。我们附中任教的每一个老师，不管是李向阳、还是胡炳余、胡国尧、王永新、陈文锐都是黄校长时期主要的骨干力量。所以，我感到这样的领导以他人格魅力去感染人，使我们附中按照党的方针政策一步步发展起来。遇到曲折困难我们也能想办法慢慢绕过去，从不放弃。我们的中心就是培养下一代。

马育弟（原中央乐团大提琴首席）

黄先生不是我的主科老师，在青木关的时候，我和盛明耀的主科老师是马思聪夫人王慕理的弟弟王友键。但是，黄先生是教务主任，管学生的，他也管我们的学习。到常州我和盛明耀的老师是佘甫磋夫，外国人。黄先生还是我们的老师。黄先生他是低调，他低调低得不可思议了。

他们说黄先生在家里没有什么话说，奇怪了，我去了他总有话跟我说，这个怎么样了？那个怎么样了？我们两个说得挺热闹的，细细说："怎么回事，你们说得还挺热闹的？"有的时候他家里做了好吃的，他会让细细他们叫我去，还有我一份儿。细细说："那时候老觉得你是我们家的人。"她很小，我很久以后才知道她叫黄远渝，她就是细细。老大就叫大毛弟，老二就叫二毛弟，老三就叫小小弟。

我想说几件事，是别人做不到的。

比方说，我的主科老师是佘甫磋夫，我们以前用的几乎所有的大提琴教材都是他亲手写的，他的好多教材在欧洲使用。他写的教材自己留一份，另一份就给我和盛明耀两个人拉。解放后，他的书要拿到苏联去出版，廖辅叔告诉我，"他的书寄到莫斯科，那些教授觉得很好，把书留下了，也不还他，也不给他出版。"佘甫磋夫说，"一份教材在我的学生马（育弟）那里，他也不知道到那里去了，肯定是黄拿走了。"后来我问田丰（田保罗），他说，好像拿过一些。再后来汪光玉说，他和田保罗两个一人撕了一叠就拿走了。佘甫磋夫赖到黄先生身上，黄先生听说后，"嘿一嘿一嘿"笑了几声就完了。这就是黄先生。

那时候外国老师，不少是俄国人、德国人，我们又不懂英语，外国老师也是洋泾浜英文，中国话就会说"慢慢叫，慢慢叫"，"噢搔，噢搔"（上海话"慢点，慢点"，"快点，快点"）所有人上课都是黄先生和廖先生给大家翻译。所以，所有的学生包括学习情况他们都非常了解，非常清楚。

还有一件事，到天津了，那时候幼年班的学生都长大了。于是就改叫少年班了。可是，我拉的还是四分之三的小大提琴，黄先生说："你的琴不行啊，苏联人要来听音乐会，《诗人与农夫》你那个大提琴独奏，声音太不好听了。"

我说："太不好听，我也没有办法呀。"

他说："来，你来，"黄源澧把他自己的大提琴给我拉。

他说："以后你就拉这把琴。"这可是黄先生一辈子最珍贵的大提琴。

"你拿去，这个声音肯定比你的那把琴好。"

后来，我一直拉这把大提琴。

那时候天津乐器厂在大光明电影院那个地方，大提琴不会做，他们问我："马儿，把你的琴拿来做个样子，好吗？"我说"好啊，这是外国琴，是黄先生给我拉的。"我交给他们以后，稀里哗啦大卸八块，搁在案板上，听说一年也没有合上，已经没有好声音了。这件事黄先生从来没有跟我提过一句。

我跟盛明亮说，我们幼年班这一代人，虽然生活在抗日战争的苦难的年代，我们生活很苦，但是，为什么我们不觉得呢？那是因为我们是黄先生、吴伯超院长他们的宝贝疙瘩，我们被他们捧在手里头，成天抚摸着，生怕别人伤害我们。那时候老师和学生的关系，不能比作父子关系，那还不够。父亲很难跟孩子交谈，而我们什么事情都可以找他们，可以跟他们说。他们什么都得过问，什么都得管，他们非常爱我们，而且一声不响，他们那种爱，不是因为可怜我们这帮孩子。我们是宝贝，现在的人很难做到这一点。做到他们对我们的关爱、了解和信任。

比方说解放前最后一次发金圆券，大家都赶快到常州西门外去换成袁大头，就是换成银元。我赶快到黄先生家，看到王辉庭老师，她是我的钢琴老师。我说："我去帮你们换钱。"他们夫妻俩不用商量，就把一大捆金圆券给了我，我跑到西门外换了银元回来。我很得意，比毛宇宽给廖先生换的多了一块钱。我那时候才16岁，为什么黄先生能够把全家的生活费交给一个16岁的孩子？那是因为他不仅爱你，还信任你。对你任何一点都了解，都清楚，他们会为我们的一点进步，为我们的一点成绩而高兴。现在看起来，有的事情不应该在我和黄先生之间发生，可是，的的确确发生了。无论什么事情，在我们这个小天地里，都那么简单。

要是光看用什么教材，招几岁到几岁的学生，这在任何一个国家都能够办到。但是，像这样的师生关系，像黄先生这样的一批优秀的知识分子，在那样艰苦的条件下，怀着赤诚的爱心来办这个学校，今后不可能有。为什么？因为那时候有一种民族情结，激发起最博大的胸怀，富民强国成为他们那一代人背负的理想。我们的黄先生、廖先生，他们对我们没有说过应该怎么做人之类的道理，但是我往往在少年班同学的身上能够看到黄先生、廖先生、彭善宝先生的影子。有什么困难，我该怎么做？从我的身上也可以看到黄先生他们解决问题的方法。

我们幼年班也有欺负小同学的，但是，这些事情被欺负的小同学，从不找老师告状，而是找一班、二班的大同学告状。然后，一班、二班的大同告诉欺负人的大同学，不能这样对待小同学，马上就解决问题。这些事情老师是不用管的。

我们中国人历来要拜一个师傅，是很严格的，尊敬老师也是我们的传统。我有一个终身的信守：尊敬我的老师，这比尊敬我的父辈还要重要。

今天看到学校校庆有现在这番景象，我觉得这个地方还有一点念想。

金以宏（中央芭蕾舞团小提琴演奏家）

在老前辈面前，我虽然是50年代的，但是已经是晚辈了。

听了刚才学长的讲话，特别感动。因为有了这三个铜像以后，我们觉得这儿又是家了，现在可以进来看看，吴先生我们不熟，像黄源澧老师、郑华彬老师是培养我们成长的老师。俞校长一直在给我们灌输这一代人的伟大，所以，在我们的心里觉得这些前辈太伟大了。我非常感谢现在学校的领导立了这三个铜像，给我们这种感觉，真好。

第二，黄远渝写的回忆录放在我这里几天，我和我夫人李惠（也是少年班的学生）抢着看，一会儿你看、一会儿我看，看了以后我更后悔，心里有种特别的感觉，黄校长他们这么多生动事迹我们以前都不知道。我原来准备写一篇小文章，题目就是“黄校长，你为什么不说话?”我特别后悔的是什么啊？那时候他们创业那么艰苦的事情，我们一点也不知道。我们52、53班条件那么好，管吃、管住还发课本，什么都不要交钱。黄校长他们在解放前幻想的管吃、管住、管学的音乐学校，我们在50年代已经做到了。郑华彬老师给我们鸡鸭鱼肉轮着吃，想着法子让我们有足够的营养。学校把最好的条件给我们，但是我们生在福中不知福。所以我后悔呀，因为当时不知道老前辈创业的艰辛。我看到黄校长扛着一麻袋钱，坐在火车顶上回常州，立即到米店换成粮食那一段，才知道他们建校到维持学校的艰难过程。我心想黄老师你为什么不说呢？要是早给我们讲讲这段历史，我要早知道前辈那么不容易，像我这样的淘气的学生就会有所感悟，我为什么不多用功一点，少淘气一点呢？如果二十年前、三十年前、四十年前我看到这本书，我不会那么淘气，那么不自觉，我会花更多的时间去练琴，我要对得起这些老师。

另外黄远渝这本书从学术上看，它填补了中国音乐史的空缺。从感情上说也是一个延续，我们少年班的同学见到幼年班的同学都很崇拜，跟他们学说四川话。好像说四川话才能够够得上老少年班，才够神气，我们从感情上总想贴上幼年班这根线，装也要装成老少年班。很可笑，但，是一种真实的感情需要。

我把这本书给资深的编辑看了，他说这里面有许多金子，还可以写得更好。我觉得可以作为教科书传给后人，我都60多岁了，对我都有触动，我想对现在的孩子会有教育意义的。

刘诗昆（钢琴演奏家）

过去讲到中国音乐史，有两个人是不能提的，一个是戴粹伦、一个是吴伯超。为什么呢？这两个人都是在新中国成立以前，在国民党当政时代，担任中国音乐院校的领导人，而在新中国成立前夕去了台湾。所以，这两个人不能提。再往前讲到整个中国音乐史有些人不得不提，比如黄自。可中国音乐史上的很多中国音乐的开拓者都不能提，要提只能提聂耳和吕骥。因为这两个人是左翼，跟共产党是关联的。

今天音乐学院竖了三座铜像，第一座是跟新中国成立以后的音乐教育相关联的；第二、三座都是党外人士，没有一个是党员的领导；第三个人更是一个普通的人，一个毫无头衔的人。这全都取决于时代的变化。为什么我们纪念这三个人呢？吴伯超先生，我是51班的没有见过。黄源澧老师，在我1951年进校到57年毕业是我们的校长，郑华彬老师呢，有更深的渊源，我跟他接触很多，因为我当过两年的伙食委员，天天在一起，每天我们俩一起订食谱。

我有什么感触呢？我们为什么要纪念他们，这三个人往小了说，对我们中央音乐学院、对附中以及前身的音乐教育做了很多有益的工作；往大了说他们都对我们国家、我们的民族、我们的人民作出了贡献。吴伯超先生是解放前国立音乐院院长，也是中国人的音乐院校，解放前的音乐院校的学生大部分成为新中国音乐院校的老师，他也是为中国人民培养音乐人才。我们中国共产党人不是思想功利狭隘的政党，过去在极左时期，他们把党的一些基本思想歪曲了。我们中国共产党人就是为了中国和中国人民，所以，中国共产党对为中国共产党做了好事的人应当充分肯定；虽然没有直接对中国共产党做过好事，但对中国人民、中华民族做过好事，那也是为中华民族培养音乐人才，同样应该肯定。这才是中国共产党人的思想。今天见到吴伯超先生的女儿吴漪曼学长，心里感触很多。值得高兴的是现在中央音乐学院和附中的领导，能够与时俱进、跟上时代。我们党中央号召和谐社会，时代确实不同了，所以这三个人都是值得我们纪念的。

黄远渝让我写一篇纪念黄源澧校长的文章，我与黄先生之间有什么故事。我想不出来，我是学钢琴的，黄先生教大提琴，他没有直接教过我。第二，黄源澧校长的确非常低调。或者坦率地说，1957 年中期以后，是我们国家的一个非常时期，特别强调党的领导，由党外人士担任一个单位的领导，一个院校的领导。通常他不会做实际的领导，担任太多的领导工作。我们不得不承认这一个事实。比如：马思聪院长，你说他是挂名也好，主要是赵沨院长，之前是吕骥院长做实际工作，那时候就是这么一个情况。我实在想不出太多具体的细节或者故事，不过黄先生这个人，给我的总体印象，黄源澧老师是一个正直的人，一个朴实的人，一个真诚的人，一个有爱心的人。你想不出他做了什么轰轰烈烈的大事，做了也不说也不显，按照北京话说，也不显摆。默默地耕耘，默默地做他的工作。受了窝囊气也不说，有了功劳也不表。

但是我觉得黄源澧老师有一个特别大的贡献，没有幼年班和国立音乐院就没有中央音乐学院和附中。吴伯超先生我们不能说他直接参加了新中国的音乐教育建设，如果我们把新中国的音乐教育事业比作一座楼的话，在新中国那样建立以前，吴伯超先生挖了地基，他起了这个作用。而黄源澧先生把解放前的接力棒传到了新中国，他完成了这个传递，当然他也参加了奠基。一个奠基，一个传递。所以，王次炤院长说：不能割断历史。也就是说没有青木关、常州幼年班和国立音乐院，1950 年是不可能凭空建立中央音乐学院和附中的。

我是 1951 年进学校的，我们叫新少年班，那时候老少年班已经没有办法计算他们的班级、年龄了，正规的、规范的计算从我们这一届开始，当时是很严格的。我记得搬到绍兴道已经叫中央音乐学院附中了，到十二津路，（1954 年）牌子已经不是少年班了，有旧照片为证。要是叫少年班，方堃就不应该叫方校长，因为少年班的时候黄源澧老师叫黄主任，班主任嘛。方堃校长没有叫过方主任。这段历史是事实上的附中，1957 年只是一个仪式，要不然我们这些人，包括黄远渝、孙翩也不算幼年班，也不算附中，我们算什么？

张锡生（兰州歌剧院大提琴首席）

我的印象 1954 年正式成立附中，是在大会上宣布的。我为什么记得这么清楚呢？我们班正好 1954 年毕业，毕业后少年班从此改为附中。1955 年，陈自明派我到附中去帮助建团，当时附中还没有团员。只有黄瑨莹，还有个林岭。我去以后慢慢发展了陈毓铸、还有金爱平、左因……才发展起来。

刘诗昆（钢琴演奏家）

我觉得那时候我们同学之间非常和睦，听说附中的领导班子也非常和睦，我回忆当时的党内外也很和睦，没有党内排斥党外领导的情况。1957 年以前也非常好，和我知道的一些音乐院校的情况不一样。现在回忆起来，当时很美好，大家都团结友爱，从领导、老师、学生、职工都非常和睦。和谐的核心就是人与人之间的互爱，不要去争斗，不要去对抗，更不要去整人，黄源澧老师就有这个特点，他爱学生，与人和睦。他的这个特点影响了很多人，包括老师同学和附中的领导。

黄源澧老师在贡献上，在资历上，在资格上，在学术专长上完全可能比现在调子更高一些，形象更显露一些。这也许就是我们老知识分子高尚的人格魅力，所以我觉得我们缅怀老前辈非常有意义。我们音乐学院、包括音乐学院附中都非常有意义，应该让我们现在的学生知道得更多一些。现在他们生活得太幸福，他们不知道那时候的艰难。现在这三个铜像竖起来了，我们可以看到新的领导是有新的气象、新的观念的。

宁德厚（中央乐团低音提琴演奏家）

今天参加黄源澧老师的追思会，有很多新鲜的感受，我和金以宏、刘诗昆的感受是一样的。其实附中新校舍落成六年来我还是第一次来，要不是黄先生的揭幕仪式，校庆跟我也没有太大的关系。作为他的学生觉得不来心里过不去，我一定要来。黄远渝的文章《黄源澧与音乐家摇篮》我前后看了数遍，数度掉泪痛哭不已。我对黄先生什么都不知道，她书里说的事情我一概不知。中国音乐史上这么重要的一个人物，做了这么多的建树，做了这么多辛辛苦苦的事情，我居然一概不知。这么一个伟大的、勤勤恳恳、老老实实，闭上嘴做事，闭上嘴动脑子，动眼睛、动思维的这么一个人，我们作为他的学生居然什么都不知道，感到心里不是滋味。

今天立了铜像，我特别感动，我和金以宏、刘诗昆有同样的心情，谢谢学校领导。同样有一种感觉，附中突然跟我的心情、跟我的感觉一下子近了。黄先生的揭幕仪式大家都走了以后，那地方老有人在照相，我想干什么？我想一个人在没有人的时候恭恭敬敬地给黄先生鞠一躬。跟他说一声："黄先生对不起，我以后一定要好好了解这里面的事情，一定要把你作为我的做人的准则。"我以前不知道啊！就因为这个，我对黄远渝说："黄先生这一生忍受各种各样的屈辱，为了中国的音乐事业，他心明眼亮地做了很多事情，只是把嘴闭起来。如果你写的这些东西只是给搞音乐的人看看，我想不应该仅仅到此为止，应该把这个事情再放大。”我同意今天他们几位的看法，我有很深的体会。建议附中把黄源澧先生这么多年的教学思想和办学理念作为传统，作为学科、作为学校的宝贵财富加以挖掘、加以研究，并且让同学们都知道，不仅让学音乐的人知道，其他懂音乐的人知道，而且要让社会上的人也知道。我同意有一种说法，黄先生做的事是中国音乐史不可磨灭的一页，是不可以被斩断，是不可以被什么东西抹掉，是不可以被别的什么东西所替代的。所以光靠黄远渝、钱芑那是绝对不够的。这要分两步说，我希望学校帮助他们。另外，我希望学校能够把黄先生的思想发扬光大下去，必须发扬光大，深刻地挖掘，并且作为学校办学思想、办学的途径和方法。

我们谈了大量的黄先生的事迹，最重要的事情是他的指导思想是什么？黄先生不是共产党，也不是国民党，他是什么？他是中国人。他是一个老老实实受中国传统文化影响，就算是孔孟之教，按照现在的一种说法，他是音乐界受传统中国文化熏陶出来的优秀的知识分子的代表。他为了实现他的理想，当他工作的时候拼命地工作。当他受到凌辱的时候，他能够闭上嘴，而且并不去跟人家争辩，看起来几乎与世无争。这里有一个明显的例子，他的四哥黄源洛来访，两个人进了屋子，你抽烟，我抽烟。屋子里没有声音。家里人还以为黄源洛走了呢。一看他和黄源洛两个人还在，”过了很长时间，黄先生才起来送黄源洛去了车站。我不是说，这种犯傻的事情你也说个没完。我是说他不说话是有他的原因的，特别不爱说话的人他认为：唉！说了也没有用，就这么着了。

我觉得黄先生是合乎现在党中央的号召，是以德治国、以德办校的一个非常非常有用的例子，这个例子告诉我们，一个人忍辱负重到了什么程度，一个人在忍辱负重的情况下还要利用他可能利用的资源，还要把事情做好。事情做好了，还要让人家说这个道那个，这个不对，那个不对，但是他还是把事情做了，做好了。我觉得我们应该好好发掘黄先生这么多年，他思考的问题，他背后的思想支撑到底是什么？我觉得这是我们追思会比较重要的事情。不然，我们就是事情归事情，情况归情况，只是黄先生爱学生……如此而已。我们要追寻黄先生背后的支撑到底是什么？我建议，黄远渝的这篇文章能够得到学校的支持，也希望学校远远不要停留在现在的这种反映上，应该更深刻地研究黄先生的办学理念，把黄先生的办学理念继承和发扬光大下去。

马育弟（原中央乐团大提琴首席）

我觉得黄先生也是渴望得到他的学生关爱的，有一次，黄远渝推着坐在轮椅上的黄先生在院子里散步，我对黄远渝说："我来推推黄先生，让我来尽尽孝心。"细细说："爸你最喜欢的学生马育弟来推你。"我推着黄先生。细细对黄先生说："你高兴吗？"他努力地笑了笑。

后来盛明耀从加拿大回来，要看看黄先生，我打电话给细细和钱苣，他们说："正好我们要给黄先生过90大寿。"我们把黄先生推到饭店里头，坐在轮椅上。那一天，他尽量想笑，尽量地想多吃一点，尽量想高兴一点。黄先生走了以后，我们所有的老师就都走了。别人还有老师呢，可我们没有了。我觉得我们要多关爱他们一点，多看他们两眼，抚摸他们一下，跟他们说一句话，这是老师们以前希望我们做到的。

一般人做事都会想到领导会怎么样？惟独我们这一帮青木关、常州幼年班来的不懂事，到现在也不知道说话要先说到领导。为什么呢？因为我们的老师从来也没有让我们这样做。当然我们也不知道他们在领导面前怎么样，我觉得他们也会跟在我们面前一样的。

我们幼年班在没有人纪念的时候，我们自己纪念。50周年、

55 周年……我们都自己纪念了。我记得有一次，香港的同学给我们发电报说：我们的幼年，也许是苦难的，但是我们是幸福的。我们头上长虱子，我们很脏，我们很幸福，为什么呢？因为我们和莫扎特、贝多芬在一起。我们有他们的陪伴，我们是和他们一起渡过来的，所以我们的童年很幸福的。在我们的生活中有很多快乐，我觉得黄先生不是很苦的，他有很多快乐。我觉得那一次吃饭的时候，他有时会一下子噎着了，但是他跟我们在一起很快乐，那天吃饭虽然他那笑的肌肉好久没有用过了，可是他尽量地要笑。我们应该对老师、朋友、家人多一些关怀和呵护。

段平泰（作曲家　中央音乐学院作曲系教授）

现在的话题越来越沉重了。我谈一点高兴的事情。我在青木关上一年级的时候，幼年班在那里盖房子，后来小孩子就来了，幼年班那时候是很显眼的。幼年班到常州时，我们大学在南京，接触不多。然后到天津，我应该 1951 年毕业，我还没有毕业缪天瑞就叫我到少年班去兼课。今天看见梁庆林，就是我带的第一个班，还有李桐洲、陆有瑞、陈长泉他们没有来，刚才大家说四川话是幼年班的班话。我到少年班讲第一节课的时候，一开始还说的普通话，记不得是那一个提的问题了，他用四川话问了一个问题，我就不自觉地用四川话回答了他的问题。结果，一节课我都用四川话讲课。可见四川话在少年班是很流行的。

另外，第一次纪念吴伯超，那时候才从禁区出来，而现在一切都是水到渠成、顺理成章的事情了。今天我们追思黄源澧老师，他整个做起来是很伟大的，但是你找不到他搞了什么政绩工程，也找不出他有什么英雄事迹。也没有英雄事迹可以写在纸上往报上一登，我们找不出他有什么政绩工程。

插话：学校就是他的成绩。

我是说他没有说什么警句、他那一代人在做事情的时候不是做给别人看的，他不是靠这个。不是先去分析一切，而趋利避害，才去做事。他不是想到要争取胜利才去做。我想他在困难的时候，不会想到胜利，以后会被人承认才去做。如果他想着我终于会成功，能够胜利，他就会用各种各样巧妙的办法去做。我常常想，他终于成功了、胜利了，是因为他没有考虑后来的结果，他还要去坚持，去努力，才值得效仿，才值得敬重。如果他只想着胜利才干，是干不出来的。

金　湘（作曲家）

我很怕说，我很激动，又怕说不出来，这么多年了，我进了幼年班以后，黄先生第一个手把手教我大提琴，马儿是前辈，很瞧不起我，说我大提琴拉得很柴（马育弟：我们开玩笑说，他因为大提琴拉不好，才学作曲的。）不过我觉得我的大提琴在黄先生的指导下进步得很快。一开始让我学管乐，我不愿意，我说我跟你学大提琴，就跟黄先生学习大提琴了。黄先生很憨厚，我没有尽到像马儿那样的孝敬黄先生。那是时代的扭曲，1957 年我被打成右派以后，去新疆之前，我想去黄先生那里，跟他告别，但是我不敢去。马思聪先生的夫人王慕理是我的钢琴老师，她让我去她家，我去了。可是，黄先生那里我怎么也去不了。

二十年以后，回来了，一直就忙得不得了，也没有去看他。我们幼年班的基本功是黄先生手把手地教出来的，我们走的人生是黄先生把我们带出来的，我从来也没有想过回头，没有想过放弃，我与黄先生之间没有功名利禄在里面，就是一种爱。回来以后，总想去看黄先生，但是没有时间，我想把失去的二十年时间补回来。所以也没有机会像马儿那样推推轮椅。另一方面，我没有回到中央音乐学院。黄先生去世，我非常痛心，我们被常州一中收为继子，我正在常州。但是，黄先生遗体告别我一定要去，当天坐飞机，从飞机场直接赶到八宝山。哎呀，我对黄先生从来没有说过这样拍马屁的话。我从内心感激他、敬重他。但是在遗体告别仪式上我一句话也说不出来，我觉得人生太悲惨，我说的这种悲惨也是一种悲壮，不用说，这一辈子黄先生是我最敬佩的人。

1995年，我们幼年班到中央乐团纪念五十周年，见到黄先生，我说：“好久不见了，你怎么样？”他本来话就少，当时他说了一句很震撼我的话：“你做得好，好好做。”我内心顿时感到他那宽厚、父爱般的一种默许，百感交集，很受感动。

细细让我写一篇纪念黄先生的文章，我不敢写，一写我就流泪，昨天我终于写完了，今天交给了黄远渝。我对黄先生的感情是很私人的，黄先生不仅教我们怎么做音乐，首先是教我们怎么做人。在现在这个金钱社会，物欲横流的时候，黄先生真是——我不要多说了，说多了将来又是右派言论。黄先生一身正气，他告诉我：做好音乐首先要做一个好人。黄先生好象任何事情都可以扛得起来，我从黄先生身上学到很多东西。

我很感谢附中领导为黄先生做了塑像。不过我怎么觉得黄先生不太像，最像的是郑华彬。我们11—12岁，黄先生也就30多岁。

邢维凯（中央音乐学院附中校长）

塑像没有达到大家满意的程度，我们之前已经知道了，家属也说不像，所以，这座像只是为了今天的揭幕仪式，不是永久性的。吴伯超和郑华彬是永久性的。这一点黄远渝他们也知道，家属不太满意，我们说一定要做到满意为止。我们准备换一家来做，不要这家公司来做。原来那一家修改了几次，总是达不到工艺要求，仅仅从雕塑的工艺上来讲，我们觉得他们不具备这个能力。今天只是一个仪式，以后做好了我们再把他换上。

金　湘（作曲家）

今天我们幼年班才第一次被承认。

邢维凯（中央音乐学院附中校长）

在我们心目当中，把这段历史是连贯起来的，不管是青木关幼年班，到常州幼年班，到中央音乐学院少年班，还是中央音乐学院附中，不管叫什么名字，我们都看成为一个学校。

金　湘（作曲家）

太英明了。

邢维凯（中央音乐学院附中校长）

不是英明，历史就是这样，还历史本来面目。

金　湘（作曲家）

我们长期不被中央音乐学院附中承认。前两年，常州一中出于对我们的爱护，把我们作为校友。

邢维凯（中央音乐学院附中校长）

常州一中领导这一次来了，恭贺我们校庆，我们说我们两个学校的确有这样的渊源，有这样的关联，我们感谢他们。

金　湘（作曲家）

常州一中还给我们留了一间旧址，陈列了一些我们一些东西和资料。常州一中把我们当作继子，我们像孩子找到了继母。今天我们真正的母亲正式收养我们了。

刘诗昆（钢琴演奏家）

过去纪念附中的校庆，这是第一次把幼年班建班的那一天，明确地作为附中的历史纪念。

尤　奎（中央乐团低音提琴演奏家）

这次是第一次正式承认幼年班，在陈南岗校长的时候，把我们算在内，但是，没有说幼年班多少年。这次方京（附中办公室主任）发的通知是附中50周年校庆，那么57年以前，包括刘诗昆，还有我们幼年班、少年班的同学怎么办？要是50周年我们都不会参加，为什么要参加呢？学校不承认我们嘛。我们是无家可归的人嘛。确实幼年班这些同学在这以前，常常说学校不承认我们。后来我提出来了，方京说与学校领导商量，学校领导才承认暨幼年班62周年。这一次是正式地承认幼年班。

我记得金湘说了一句话："既然学校不承认我们，常州一中承认我们，我们为什么不去呢？去！"

干脆我们自己庆祝自己，50周年、55周年我们都自己庆祝，我都有录像。自己纪念自己，我们把黄源澧老师、廖先生、李德伦请到中央乐团，我们自己庆祝校庆。

马育弟（原中央乐团大提琴首席）

最早的一次，我们自己花钱把所有的老师都请到全聚德，那时候所有的老师都活着，现在黄源澧老师去世了，所有的老师就都走了。现在一个都没有了。

金　湘（作曲家）

黄远渝这一篇文章我想讲几句，这个文章我也看了，我觉得很好，能不能出版，另外也确实需要附一些同学的文章，有比较完整的一个面貌。这也是最好的纪念黄先生的方式。

邢维凯（中央音乐学院附中校长）

黄远渝老师的书我也拜读了，看了之后很受感动，我已经把书稿给中央音乐学院出版社。因为附中管辖的范围还是有限的，比如出版社不可能归我们附中管。我只能交给他们，我跟他们说这是作为附中校庆的一部分。我还请各位老师们，不管通过什么途径，也帮助呼吁一下这件事，我希望我们大家共同把这事情弄好。

刚才主持是李续副院长，本来应该是王次炤院长主持的，他也答应了，但是这时间正好他去了美国。但是他特别委托李续副院长代替他主持。我跟李续也说了，纪念黄源澧先生应当优先考虑出版。他接到一个电话，因为韩里老师去世了。他去处理一些事情，先走了。委托我继续主持。

尤　奎（中央乐团低音提琴演奏家）

还有一点，我们当时的师生关系相当的好，我们第一次聚会的时候，请文艺台来拍了一下，我们给所有的老师献花，那时候我们已经50多岁的人了。他们很惊讶：你们这么大年纪还那么尊重老师。我觉得现在师生关系应该加强这方面的教育。那时候师生关系就是那么亲切，没有你是老师，我是学生，那么对立，现在应该把这些好的东西继承下来。

你们说黄先生不爱说话，我怎么觉得他挺爱说话的，他跟我们说话总是没完没了的。我有一段时间老到黄先生家去，他滔滔不绝地跟我讲1949年到1950年这段时期的情况。因为当时我搞幼年班离休的事情，我每次去他都跟我讲个没完没了，还给我写材料。我很遗憾，这件事没有办成。黄先生当时也不是为了他自己，他是为了很多老师、同学。比如：钱宝华、李佑民老师。黄先生跟我讲三野那时候怎么接收我们，材料很充分，三野文工团的几个领导都写了材料，但是确实没有办成。我那时候去黄先生家比较多，上午讲不完，中午在他家吃碗面条，下午接着说。他说：可惜王金贵不在了，要是他还在，这事准能办成。他不是不讲话，应讲他就讲。

黄先生确实为我们同学想得很多，你适合拉提琴，他适合吹ob（双簧管），你适合拉低音提琴……等等。由于他的精心安排，我们今天都有安安稳稳的生活，都顺理成章地搞了一辈子的交响乐，或者在学校教书，搞音乐。

吴漪曼（钢琴家　吴伯超先生的女儿）

黄源澧先生和我父亲吴伯超是志同道合的朋友，不论在电台工作还是在幼年班，在建校的基础工作、创立幼年班及施教的工作上，黄先生和梁定佳先生都是我父亲的左右手，在一起合作。抗战时期，生活最困难的时候，他们都是共渡患难的。这中间还有一位，就是郑华彬先生。

今天我们这个启发后进的纪念会，最令我们钦佩和怀念的就是他们在音乐教育上的远见，还有他们的那种气魄，也就是说深切的认知——要培养卓越的音乐家，必须从幼年开始。但是育苗的工程又是千头万绪的。在烽火战乱的时代，又怎么样能够去实施呢？他们这种排除万难、义无反顾的决心，永远值得我们效仿，他们这种无怨无悔、不思图报的品德，永远令我们感动。

上一代在音乐教育上的师生关系和教学的互动，那种身教为主、敬业乐群、同甘共苦，也是我们要尊服的。以历史为鉴，永远令我们受益匪浅。

1949年前后，中国的改变，黄先生和我父亲也经历了生离死别，那种患难真情和曲折遭遇。我父亲为了远离战火、学校迁移而离开了我们。黄先生受人之托、终人之事，苦撑着幼年班，过着有一度吃豆渣的苦日子。今天我们国家交响乐团的盛况，令我们想到他们垦荒播种的辛苦，我们衷心地感恩，我们要永远的铭记。

邢维凯（中央音乐学院附中校长）

因为时间关系，虽然大家意犹未尽，我想今后我们还有机会，我们还安排了一场纪念黄源澧老师的音乐会，有新老学生一起共同向黄源澧校长汇报成绩，欢迎大家参加这个音乐会。

我谢谢大家对校庆的肯定，是对我们工作的最大支持和鼓励。很多校友都经历过特殊的时代，我们这一代没有经历过什么政治方面的事，我们在筹备校庆的过程中，也不大了解过去的历史。我们的前任都是按照四十年校庆，三十年校庆来庆祝的，都是这么算过来的。我想五十周年要隆重一些，我就找了一些老校友、老同志了解了一下，在征求大家的意见当中，大家谈到了一些问题。比如，青木关幼年班、少年班任何认定？中央音乐学院少年班以及推至幼年班这段历史怎么看？对吴伯超、黄源澧先生他们的评价，他们的功绩，特别是听到郑华彬老师……我个人也是从附中上学长大的，像我们四十多岁真的不了解、不知道这段历史，听了之后深受感动。在与老校长和李向阳老师等商议这件事的时候，就商订了今天这个事。既然策划出来，这就是应该做的，我也没有请示，就这么做了。郑华彬老师的像，是很多校友要建的，开始要放到鲍家街 43 号，最后两个月决定放到附中。做这些事是应该的，是顺理成章的事，也不是我们有什么特别能力。

（众人：还是很伟大的。）

最后也表示一下，我只是附中校长，我虽然是晚辈，但是听了大家的意见，我们认识到逝去的吴伯超先生、黄源澧先生、郑华彬老师是附中优秀传统的代表，在他们身上体现的优秀品德，才有附中代代相传的精神。我觉得：对学生的最好的教育，就是让他们了解附中的历史，了解前辈和老师们，让他们爱我们的老师。只要我在附中工作一天，我就为前辈们树碑立传，我为他们塑像，著书。只有这样才能把这样的精神一代一代承传下去，只有这样我们附中才能真正的永远辉煌。

附录二：

黄源澧文选

中国第一所少年儿童音乐学校

黄源澧

1945 年 8 月，正当举国欢腾庆祝抗日战争胜利的时候，我国第一所少年儿童音乐学校在重庆青木关诞生了。早在 1944 年冬，为筹办这所学校就忙于筹措经费，兴建校舍，置教具，聘请教师。国立音乐院院长吴伯超先生是出过很大力气的。当时，最大困难是乐器，院部拨给了四架旧琴，请木匠制作了大小提琴 20 多把。几架小风琴和一架手摇式唱机。钢琴声如破锣，高低音不分。唱机必须用手推动，时停时转，其音响可想而知。学生招自当时在重庆附近的战时儿童保育院（保育院收留战时流失儿童，其经费由国内外捐助和政府补贴），这些儿童饱受战争艰苦，在保育院中又遭各级经办人员的层层克扣，饭不饱，衣不暖，冬天赤脚草鞋冰上走，一群面带菜色，衣衫褴褛的约 70 位少年儿童，分期分批接进了学校。这所学校定名国立音乐院幼年班。吴伯超院长坚持认为女生不能吃苦，加上管理不便，所以只招收男生，不招女生，年龄均在十岁左右。按年龄和文化程度分为四个班，从小学三四年级至六年级。因为开办这种专业学校国内外没有蓝本，又无经验可循，除文化学习外强调了视唱练耳和音乐欣赏，挑选一部分人学习弦乐器。其他都学钢琴、风琴和视唱练耳。第一批请进来任教的有王人艺、范继森、盛雪、张季时、王友键等先生（这些先生大多已经作古）。繁重的总务工作由郑华彬先生操持，孩子们的衣、食、住，全由郑先生日夜操劳，费尽心血。

这一位默默无闻无私奉献的老人至今仍活在人们心中（郑先生为印尼华侨，抗战掀起，激于义愤，1942 年只身回国参加抗战，在儿童保育院工作时，耗尽他一生积蓄）。

1946 年 4 月经过甄别后，留下 40 多名学生从青木关包乘卡车到宝鸡经铁路到达江苏常州。常州是吴院长的家乡，办事比较方便。此时国立音乐院正在南京古林寺兴建校舍，在常州椿桂坊灵官庙一住就是四年多。到达常州后，办学条件有很大改善。学校先后购置了钢琴（上海造）12 架，大小提琴多把，管乐器也差不多都有了，从此开设了管乐专业。这时，廖辅叔、夏之秋、潘美波先生和文化课教师先后到校授课。1947 年 2 月从上海请来的外籍教师如阿德勒、佘甫磋夫、普杜什卡、奥门等，中国教师陈传熙、张隽伟、徐威林等，均到校授课。幼年班在常州期间，从 1946 年至 1948 年每年都在南京、上海、无锡、常州、杭州等地招生。全盛时期学生人数将近 200 人，最小只有五岁。1948 年年底因战争关系，学生大部分回家，教职员也大多离去。无家可归的五六十人留校排练乐队，以保持专业学习。因为学校寄居在常州与外界没有联系，从未公开露面。只在 1948 年下半年去南京与国立音乐院联合举办音乐会，演出节目有大小提琴、长笛独奏及由陈洪先生指挥演出的柴科夫斯基弦乐小夜曲（与院部学生组成的弦乐队）。1949 年春参加由戴天吉先生主持的音乐教育促进会主办少年儿童器乐比赛中，几乎囊括了全部奖章。1949 年后才在常州参加各种形式的演出，如为歌剧《白毛女》、《淮海战役组歌》、《黄河大合唱》伴奏等，活跃于常州的文艺舞台。

1950 年 5 月与国立音乐院同时归并于中央音乐学院。改名为中央音乐学院少年班，与本科同学合组的中央音乐学院管弦乐队演出于京、津和开封、西安、太原等地。这支乐队是当时京津地区唯一比较完整的交响乐队。首演冼星海《中国狂想曲》的就是由这支乐队完成的。其后，1951 年派遣一部分学生参加青年文工团，出国演出于苏联、东欧各国将近一年。回国成立中央歌舞团，后改为中央乐团。至今中央乐团尚有20多位原幼年班学生，其中不乏知名人士。

少年班于1951年开始招收新生，1952年人数已达100人。1954年开始从事学校建设。除行政机构外，还设立了文化、管弦、钢琴、理论、民乐、声乐等学科，教职员工近80余人。此后，拟定教学计划，增设小学部，着手编订各科教学大纲。到1957年已初具规模，乃于当年6月1日正式成立中央音乐学院附属中等音乐学校。从此音乐教育从小到大，由低到高，建立起了一个完整的体系开辟了一个新的篇章，为我国音乐事业培养出大批人才，名扬国内外。

回　　顾

（为附中校庆三十周年而作）

黄源澧

四十二年前，四川重庆青木关的一处山坳里，出现了几座竹篱茅舍，这就是中国有史以来的第一座少年儿童音乐学校——国立音乐院附设幼年班的诞生地，五六十名从战时保育院招来的难童，便是这所学校的第一批学生。这些十岁左右的儿童，身着国民党的灰色旧军装，光着头，穿着草鞋，每日来往穿梭于简陋的课室和琴房之间。一架破旧的手摇唱机，有数的几张唱片，是学生欣赏音乐的唯一工具。几架自制的钢琴以及全部由木工仿制的大小提琴，就是他们的主修乐器。唱机有时须用手推移唱盘，才能发出声音、主修乐器也仅能发出声响，管乐学生则根本没有乐器（自己造不了西洋管乐），就全部先学钢琴，真是筚路蓝缕，创业维艰！但作为老师的我们一班人，只有一个信念，只要努力耕耘，将来一定会绽放出绚丽的花朵。

抗战胜利后，1946年，学校由重庆迁往江苏常州，条件比青木关时期略好，但校址仍设在一座狭小的灵官庙里，由于通货膨胀，经费困难，学校工作也不容易开展。这时在校学生已达百人以上，年龄从五岁到十三四岁不等，按文化程度分为八个班。共有教师三十多人。由于师生在困境中奋斗，学生经过几年的严格训练，已具备了一定的专业水平，1949年全国音乐教育促进会在上海主持少年儿童器乐比赛，幼年班几乎夺取了全部一、二、三等奖。同年四月，常州解放后，幼年班的乐队曾与“三野”文工团合作，演出歌剧《白毛女》、《淮海战役组歌》等节目。在宣传党的政策方面，起过异乎寻常的作用。

1950年，幼年班合并于中央音乐学院，迁往天津，改名为少年班，开始有了比较像样的独立的校舍，有了比较完整的组织机构。1957年6月1日，经文化部批准，少年班正式更名为中央音乐学院附属中等音乐学校。在党和政府的关怀下，在学校的直接领导下，它逐步发展成为一所专业学科齐全，师资力量雄厚，教学水平相当高的中等音乐专业学校。特别是1958年迁校北京以后，经常有国内外的专家学者来校讲学和交流，使附中的专业水平日益提高。1959年，附中独立组建了新中国第一支青少年管弦乐队——“红领巾乐队”，在1962年国内巡回演出中，这支乐队获得了极高的评价，成了附中的骄子。虽然经过十年动乱，事业一度中断，但附中有幸保存了大批教师中的精华，在十一届三中全会以后，学校所以能很快恢复元气，这支有高度事业心和献身精神的教师队伍，是起了决定性作用的。

我作为一名园丁，参与了学校的草创，经历了艰难的岁月，流过辛勤的汗水。现在我已年逾古稀，但当我看到附中日益兴旺发达，特别是近年来不少附中学生在国际国内重大比赛中频频获奖，“红领巾乐队”一代更比一代强的景况时，我感到无比的欣慰和自豪，有时竟流出了激动的泪水。值此附中建校三十周年之际，祝附中的全体师生员工，发扬艰苦创业，团结奋进的光荣传统，珍惜安定团结的大好局面，为社会主义祖国的音乐事业作出更大的贡献！

1987.3

关于教学法讲义是黄源澧先生几十年大提琴演奏、教学的经验总结。原来是一本比较完整的演奏法的手稿，它应该是一部对我国大提琴教学十分有价值的著作。不幸的是经过文化大革命的洗劫，已经散落丢失了，我们只能见到这两篇小文章。

如何正确地选择弓法和指法

（教学法讲义）

黄源澧

艺术作品要求表现各种音乐性质，如：歌唱的、庄严的、宽大的、沉思的、忧伤的……对作品的深入研究，并对其中不同情绪分段、分句有了更深的体会时，选择表现手段：弓法与指法发挥乐器演奏中一切可能达到的性能，是演奏者进入工作的开始，这是重要的第一步，它决定了艺术表现的质量；故正确选择指法与弓法是教师教学必须慎重地深思熟虑，备课中首要的环节。同一作品按其音乐性质也可以有不同的弓法与指法。

实践中证明不同的演奏家甚少有运用相同的指法与弓法，这是因为每个演奏家在其不同的艺术见解和不同的技巧特点。但基本原则只有两条：一、艺术作品的性质，二、演奏手段的可能性。（教学中还要结合学生的水平），教师必须有理由、有根据地向学生讲解，培养学生的艺术思维与技术手段。（到达一定的水平时还必须让学生独立作业，教师加以指导）。

演奏者需从以下两个方面来研究指法：

1. C、G、D、A 四条弦均有其不同的音色。

2. 可以移换把位，按乐句性质在不同弦上演奏。

要求透明的音色在A弦好些；柔和的不那么外在的声音，D弦较好；C、G弦高把位，甚少用（如需要雄壮的紧张的声音也可以用，如拉可夫的音诗）。所以相同的色彩的乐句，常常保持在一条弦上使它统一起来。

18世纪中叶时大提琴家只用到第四把位。高把位是用不到的。18世纪以前，因只用于合奏，而合奏中又甚少担任旋律声部，就更不必常换把位了。以Bach为例，他的组曲前几个组曲，只在四把之内，由于音域的限制，音乐上发挥不了。以后的几个组曲，他便超出了四把以外。现在是在4条弦上拉，用上更高把位，以前是5根弦，A弦外面还有一条E弦。到Romberg和Bocrherini时代就更不能满足了，由于音域扩大，便产生了♀拇指把位，用拇指作横的动作，这手法叫做“平行把位”，（这时期还不会长距离换把）。但后来不能满足了，因为它破坏了音色的统一性。现在我们还可以从二人的作品中看出他们如何运用拇指平行把位，虽然版本已经改掉了。

Davidoff发现了一种新的方法，可以解决音色不统一的问题，一般叫“线条指法：即按乐句性质要求尽可能地在一条线上演奏，这样便产生了复杂的换把位的问题”。这种指法无疑在艺术上比Romberg时期好得多，但在技术上就更加困难了。一是音准，二是换把时声音不容易平均，出现了滑音（gless）的声音，gless作为色彩作为一种表现力是弦乐器的特点，但如因换把而产生了不需要的滑音则是音乐中不允许的。选择指法如何避免滑音可依据以下方法：

1. 尽可能不换把，这问题看来简单，实践中并不容易。如在同一条弦上换把：

戈恩斯：a小调协奏曲

不仅容易出现滑音，而且保持换把的音准也比较困难，如果选用拇指把位：

戈恩斯：a小调协奏曲

保持拇指 A 的把位，直至最后一个 A 利用泛音轻而易举换到 1 指的 C。

2. 最好不要连续换把滑音，特别古典作品不容许，民族风格作品例外。

3. 为了避免滑音可以在换弓时换过去，特别是远距离的换把，这与弓法相联系，但有时仍有困难时，甚至要换弓法，如原应为连弓拉，改为分弓拉来避免产生破坏性极大的 gless。

4. 换把时尽可能用最邻近的手指。如 1—4，4—1，还可。4—♀则经常产生杂音或不连贯，故此时必须改换指法。

5. 用同一手指换把，如不需滑音则半音为好。

6. 为避免滑音，用抻指，乐谱常记↗，这种办法在高把位容易，低把位难。初学者，用抻指，会产生手紧等不良情况，有的版本过多写伸指，可以考虑改掉不恰当的伸指运用，易产生职业病。

7. 可以运用泛音来换把，即手指已离开，声音还存在，这样可以使 gless 听不出来。如：

舒曼：梦幻曲

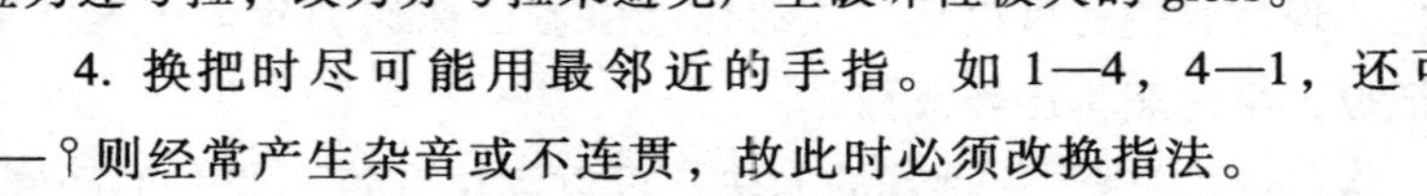

Gless 作为艺术色彩，少了不能使乐器歌唱，选择它来作为表现手段非常必要，但要符合音乐需要，多一分则庸俗，少了便干枯，不考虑音乐性质，滥用或干脆避免它（有些版本有些缺点）都是不应该的。

为了演奏干净清楚，可在强拍上换把，或者在二个长音符上换把，这种换把叫做节奏性指法，经常用于半音阶进行的经过句，如节奏是 8 分音符或 16 分音符，则可用 1—2、或 1—2—3 交替，按此原则可以使节奏清楚。这种节奏性指法不仅使用于经过句，在歌唱性指法中也同样运用，即在强拍上换把使节奏清楚。

要求声音饱满有力，鲜明充实时需要选择有力的手指，2、3 指是手掌的中心，能更好地完成任务，用 4 指则较弱，特别在高把位上，故定指法时应考虑到此。和高把位常常不用 4 指一样，低把位不用拇指把位，拇指把位的运用仅仅在技术性的片断，在低把位和歌唱性乐句常不宜用拇指把位，因按弦和颤指均有困难，只有迫不得已的情况下才用拇指把位，能不用则避免它，即宁愿多换把位而不用拇指把位。°（泛音）有特殊风格如哨声如长笛，经常作为色彩性来运用，如对曲调流畅有妨碍则不用它，特别在歌唱性乐曲中，常常避免用它。同一个手指换弦也破坏歌唱性，故五度换弦时，宁愿换把，换一个手指，使声音圆润、流畅。

以上是选择指法的一般规律，当运用这些规律，决不能排除每个人的特点，和演奏者的水平。因此作为教师要分别对待，有的指法好听，但技术上困难，常常产生音不准，则宁愿要音准而牺牲那种困难的指法，高度质量与技术上方便应该结合起来，对学生提出要求，马上可以做到或经过努力可以做到与经过努力还是困难，应该谨慎对待，如果最终将影响演奏质量，虽然好听也不适宜。

选择适当的弓法对表现艺术作品有极重要关系，甚至说有决定性的作用。选择弓法同时要正确地选定弓子的部位，运弓的位置恰当，才能达到好的声音质量。如 Spicato，在上半弓靠近中弓的地方拉，Martelle 经常在上半弓或中弓地方拉等，更重要的是如何按乐句的要求，灵活地顺利地转换位置，或转入另一种性质的弓法，经常要注意弓子的分配。Detache 在弓子各部份都可以拉，在中弓及上半弓更流畅。强的声音在弓根放松些，弓尖则手容易紧，在弓根则不柔和不稳定。

在强拍上或时值长，则一定要用下半弓做，上半弓和中弓就有困难。

Sautille（跳弓）只有在中弓或下半弓近中弓处最方便。

换弦的 detachey 用上半弓比较好，由高音弦向低音弦的换弦一般用⊓∨弓：

海顿：C 大调协奏曲第一乐章

而由低音弦向高音弦的换弦则用∨⊓弓：

埃克尔斯：g 小调协奏曲第一乐章

因此选择方法首先要考虑到技术上的方便。

弓子的分配在歌唱性乐句里显得十分重要，歌唱性作品如果经常换弓，就要失去连贯性，歌唱性乐句中的 Legato 要平稳、宽阔，乐句发展中有力度发生变化经常发展到高潮时要做 cresc. 故运弓时在高潮时要有更宽更长的弓子，才能保证 cresc.

的出现。因此<与高潮时弓子也可以多换几次，乐句结束时dim.时弓子就可以少换一些。cresc.时弓子展开，dim.时用Legato的办法弓子就短了。如声音要加强但弓子不能很长如<用—线来做可以用∨逐渐做到弓根来，先要慢慢加压力和速度，如Bach 4 Sarabande。反之则用⊓来做，当然也有相反的情况，即cresc.用⊓，dim.用∨，

巴赫：第四组曲（Sarabande）

每个旋律都有其基础音，与经过音（次要音），要考虑到基础音多拉出来些可以用⊓比较容易实现。如Bach 2 prelude，区别强弱拍时，如强拍换弓可以使节奏鲜明些，但也有些强拍不一定是基础音，不必去强调它，故换弓在弱拍上进行便在强拍时移过去了，不让它突现出来。

巴赫：第二组曲（prelude）

根据艺术作品的风格要求选择弓法要注意多样化。弓法的种类很多，许多弓法相组合交替运用，能够使艺术作品更有表现

力，更加丰富多彩。是演奏者的基本任务。

选择弓法要符合于指法，前面已经谈到如避免 gless 可以用换弓来做。反之选择指法时要考虑到弓法，选择弓法时要考虑到指法，使二者适应起来。

以上所谈各节并不能包括所有的弓法，只能作为一种选择弓法的一般法则和方向，选择弓法与指法对作品的处理，要求演奏者有一个完整的有说服力、有逻辑性的布局，不容许断章取义，也不容许炫耀技术歪曲作品内涵。演奏者对作品解释有所不同，故弓法与指法也有所不同，但决不是偶然的，是经过了深刻思考，清楚地知道为什么这样或那样做，而选择手法时尽可能多想几种，并从中找出一种更好的手法。

苏联司洛威教授幼年听到 Casalo 演奏 Bach 的第三组曲，在第二次演奏时，用了不同的弓法，问他为什么？他回答“年轻人，这是为了音乐”。我们不能这样来理解前辈大师们看似漫不经心地信手拈来。他已经考虑过多种多样的弓法，探求过多种适应乐曲性质的演奏的。弓法、指法是艺术表现的手段，演奏者要依靠它来揭示作品内容，要达到演奏自如、得心应手，需有长期不懈的努力才能日趋完善，但最好的弓法指法也不能遮蔽演奏手段的缺憾，最好的弓法指法只可以帮助演奏者的演奏得体，作为教师应该严肃认真地对待它。

1956 年

大提琴教学浅议

（教学法讲义）

黄源澧

大提琴传入我国，大约才半个世纪。在这半个世纪中，我国大提琴表演艺术的发展很快，特别是解放以后，随着乐队的发展，对大提琴专业的质量和数量的要求也日益提高和增多。各音乐院校教师担当的任务还是相当繁重的。今年夏季，正式成立了全国大提琴教师学会，我相信这对于我们互通情况，交流经验，共同提高教学水平将大有裨益。

大提琴作为弦乐器家族中的一员发展成为独奏乐器登上历史舞台才两个多世纪，但在这并不太长的历史时期内，几乎所有世界上杰出的、有声望的作曲家无不为其写过作品，有的还占有他全部作品中相当重要的地位。与此同时，大提琴演奏艺术水平也相应地迅速提高。二十世纪初，卡萨尔斯作为杰出的音乐家和空前伟大的大提琴家出现于世界乐坛，他以非凡的音乐才能和独创精神对大提琴演奏艺术进行了根本性的改革，从而奠定了现代大提琴演奏艺术的基础。自那以后，世界上有关大提琴演奏理论的研究日趋活跃，而且由于近代各国文化交流的渠道更加通畅，各种演奏流派还出现了互相接近，渐趋统一的动向。

二十世纪五十年代来华的苏联和东欧国家的演奏家，教育家以及近几年来西方演奏家教授来华进行的学术交流，对我国大提琴专业的发展曾起到了促进的作用。但是应当看到的是，在这些学术交流中，我们对有些问题由于钻研不深，还并未真正理解，甚至还存在着某些根本性的缺点与错误。

例如在招生中经常可以看到，一些较有才能的学生，由于训练上的错误导致贻误前途的后果。但更严重的则是，在校学生中也存在类似的情况。如有一个学生演奏伦堡的《第二协奏曲》：

re后面四个十六分音符演奏得模糊不清，而且手忙脚乱，而第二小节la后边四个十六分音符则又十分强烈刺耳。其原因主要是运弓分配不好，第一小节下弓给四个十六分音符的弓段太少，返弓甚急，匆忙转到上弓la上，以至发音软弱无力，而其后的四个十六分音符用的弓段又太长，加上压力太大，“抽”出一堆粗糙刺耳的声音。左手在这两小节中，同样暴露出手指训练和换把上的缺点。这些问题都是在长期训练当中没有很好地解决所造成的。还有许多已学习多年的人，对巴赫的组曲视为畏途，一则不理解，二则感觉运弓困难，有时阻塞停滞，有时弓长又不够用，其根本原因是不懂得音乐，也不知道应当如何调动各种技术手段去表现音乐。这种情况，时有所见，并非事出偶然，正恰恰是暴露了我们的问题之所在。似这种学习多年，程度较高的学生身上仍然存在许多最基本的问题现象，清楚地表明了我们在音乐及演奏技术的基本训练上存在严重的不足。以下就一些演奏技术的基本训练问题，提出我的看法，以供批评参考：

一、关于姿势问题

在最初大提琴的支柱尚未发明之前，人们是用两膝夹琴演奏，这种演奏方式的不便利是显而易见的。自从十八世纪后期支柱发明以来，支柱曾不断加长，迄今出现了托特里式支柱；经过近二百年的发展，这种变化不是偶然的，是随着演奏技术的发展而产生的。

托特里式支柱（以下简称托式支柱）是托特里教授经过长期实践创造的。这种支柱使琴身更加倾斜，减少了腿部接触琴身的面积，运弓时增加了水平的依托，左手在这种角度的指板上演奏高把位确有其方便之处。这使得发音宏亮饱满、穿透力强，左手更利于演奏更高难度的作品。目前世界上使用托式支柱的已有不少。

近来，我国已有一些人使用了，有的用得合适，效果相当好。但也有的学生没有依据自己的生理特点，盲目照搬，把琴架得老高，结果身体后仰，双肩耸起，两脚悬空，双肩挺直，身体撑得如门板一块，动弹不得，这样的姿势对演奏毫无好处。除身体僵直之外，两臂也失去了自由灵活运动之可能。结果左手呆滞，右手无法自然地输送力量，仅靠小臂与手腕的关节挤压，不可能发出流畅而饱满的声音。这恰是最忌讳的一种姿势和方法。

我认为，持琴的姿势必须依照各自的生理特点来决定，生理特点不同，持琴方式亦不应雷同，必须依据各自的身长、臂长来决定。当然基本的原理是不能违背的，但托特里教授正是将基本原理同自己生理特点相结合而创造出托式支柱的。使用这种支柱后，持琴姿势仍应保持上体略前倾而不后仰，双脚着地自然分开，两腿接触琴身，使身体稳定舒适，双臂松弛自如，像飞鸟的翅膀一样灵活舒展，这是自然的道理。所以用托式支柱不能任意将琴架高以至于失去了正常的利于演奏的姿势，束缚了自己身体和双臂的灵活性，那样做，其效果必将适得其反。本来支柱的加长，琴的倾斜面的增加是有利于演奏的，但是把琴身架高得超出了生理条件允许的范围，这是对“改革”的一种误解，是不恰当的，这种生搬硬套同样不利于演奏。

二、关于左手的训练问题

我认为，在探讨这个问题之前，应当明确左手技术的发展趋势。随着作品的难度日益加大，对左手的灵活性和运指速度之要求也已大为提高。为适应这种要求，大拇指的作用越来越大，不仅用于高把位，同时经常需要用于低把位。另外，第四指使用率也大为增加，老版本在高把位第四指使用甚少，现在已不同了。总之，左手五个手指在整个指板上从上到下随时有运用的可能。加之，随着大提琴作为独奏乐器从沙龙走向音乐厅之后，对于音量和音质的饱满宽厚也提出了越来越高的要求，琴弦制造得也较前粗壮，张力增大。所有这些，均对手指的弹性、独立性和坚韧性以及适应艰深技巧的能力提出了越来越高的要求。

值得一提的是，左手的大拇指虽则在琴颈后边看不见，但关系重大，有的学生由于拇指用力过度，位置偏于食指，整个手形挪转过分，手指按弦角度相当倾斜，变得像小提琴一样的持琴方法，致使指关节始终呈现出一定程度的紧张，手指按弦缺乏独立性，呆板而无弹性，不仅影响音准和发音，而且妨碍技术发展。换把时，动作犹豫慌乱，在指板上摸来摸去，带出许多滑音和不应有的重音。使用拇指按弦时，又将压力过分使用在拇指上，造成演奏拇指把位的困难。这些问题如不解决，一个自由的灵活的左手是训练不出来的。所以，大拇指在琴颈上必须做到倚而不死，靠而不僵。它的位置不宜过深，而应与中指相对，以指尖侧面（绝不可用指肚）接触琴颈，这样才能始终保持手部与指板基本平行的状态。如果用力捏成指肚接触琴颈，则一定造成另外四个手指手形偏斜；如果不同中指相对（这点很重要），也容易造成上述问题，同时不利于保持手形稳定，也不能给较弱的第三、四指以更好的支持。大拇指位置不可过深，才能使其他手指不至于“卧倒”在指板上（特殊需要时除外），而能立在琴弦之上，如同在钢琴键盘上一样活动自如。

大拇指在拇指把位时，同样应取自然放松（略呈弯曲）状，不能把手的重心放在拇指上，否则会造成手部紧张妨碍手指活动自如，不需要拇指按弦时应当放松地搁在弦上，需要用哪条弦则放在哪条弦上，切不可始终用力按，也不可在演奏 A 弦时使拇指按过多的弦，否则就会造成手形的歪斜，妨碍其他手指活动。在演奏八度时，应使拇指和另外的手指像桥梁一样呈拱形共同轻松地平衡地使用力量，这样演奏八度或十度就不那么困难了。

手指训练宜早开始，因为弦既长且粗，没有扎实的手指功夫，是无法控制使之发音清晰的。左手手指训练的好坏，对发音影响是相当大的，切切不可忽视。手指击弦和迅速抬指并勾拨的训练，从第一把位即可开始；第三、四指尤应注意锻炼，但必须得法，练习不宜过度，用力不宜过猛，否则有造成损伤之可能。

左手换把是很关键的技术，其困难比换弦的动作要大得多。在琴上左手每一次位置的移动，都应使用相应的准确而高质量的动作，究竟是使用媒介音换把，还是伸指，究竟是利用空弦（或泛音）把左手直接移放到新的位置，还是用滑指，或是利用手部的伸张和收缩的动作做“迟换把”，都应当搞得一清二楚。应当去掉那种一无是处的抹来抹去的习惯，也不应养成心中无数半猜半摸的恶习。

三、关于右手训练问题

右手除拨奏外，必须通过运弓来对琴弦施加作用。整个问题之第一个环节就是我们身体的器官应以何种方式同弓子连接起来，也既是右手握弓的问题。

由于右手的拇指也同左手一样始终藏在里面因而极易被人们所忽视。但右手拇指实际上起着关键性的枢纽作用。常见的问题也是拇指僵直，顶得很紧，随之虎口处之肌肉紧张凸起，其他四个手指同其对峙，死抓一把弓。如不注意改进，发展下去会造成手部丧失灵活细微的调节动作之可能，并且还会引起整个右臂其他环节的紧张和不适，不可能使右手技术得到良好的发展。

正确的握弓，拇指应自然地弯曲，同中指相对，其他各指均自然地放在各自位置上，各司其职，但在实际上，常会出现这样几个问题：一是不认识握弓既要稳定又必须是可动的，在奏不同弓法和各种变化时，握弓方式有一些细微变化是允许和需要的，否则必然用力过度，握弓过紧；另一则是把可动性的原则曲解为任意性，以致失掉了应有的稳定平衡的基本状态，走到另一极端；还常见到有人握弓时右臂过于内转，手部过分倾斜，造成食指紧压弓杆，而小指和无名指却架空了，使得握弓失掉了平衡，看来似乎便于使用力量，实际上不仅大为削弱了对弓的控制，而且输送自然重量的渠道也被过分抬高的肘部割断了，食指指关节又压到了极限状态，使得整个运弓的系统几乎完全失去弹性，既费力又紧张，造成运弓无力而又呆滞的后果。当然还存在其他各种不正确的姿势，但上述这些可谓是常见病。

关于运弓的基本方法，应是肩部放松，整个右臂有整体感，肘部高度适中，还有腕部的稳定性和手部的松弛灵活，这些都是良好运弓之前提。

本来，由于杠杆原理，由弓根向弓尖运弓，必须注意力量的调整。在弓根处须由小指来平衡过重的弓压，而运向弓尖时则须由食指来输送更多的重量，才能保持声音之统一。但是有的人运弓在弓根处手腕过分凸起，肘部过分弯曲，下弓一开始，手腕便明显下落，到上半弓后便一路压下去，及至弓尖已到极限，上臂和下臂的动作分界明显，好像两个截然不同的动作，上弓时则将此动作反向重复一遍。这样看来似乎柔软，似乎符合调整力量的要求，实际却不然。这种运弓方法使各关节均处于紧张状态，肩部必然僵硬。在上半弓由于弓子过偏、弓毛太少，自然难免会出现苍白无力的或刺耳的声音。从动作来分析，则是一些多余的不合理的动作掺杂其中，结果是既复杂又有害。

正确的方法，应当是根据手臂长度的不同，运弓动作也有所变化，在可能的条件下，手腕应始终保持平衡，不要使起伏超出必要的范围。肘部不要过分弯曲，不应孤立行动而成为上下臂连接的阻碍，而应成为连结上下臂的弹簧。下弓时，整个手臂向外推出，大小臂的活动幅度应是比例协调的，不应造成大小臂动作明显分界。上弓时，整个手臂要支持手部向内走回，大小臂的活动幅度仍应协调比例，肘部连结上下臂动作，要避免破坏整体运动，这样才能保持弹性，才能以良好的整体来保证肩部的放松舒适，才能以简练合理的动作获得良好的声音。

在我们议及运弓问题时，可将整个右臂比喻为一个“弹簧系统”，即必须使所有关节处于放松而自然的状态，使每个关节发挥弹性的作用。前面提到的一些不良方法，都是迫使肩、肘、腕、手指其中的某一个或某几个关节经常处于僵硬，紧张的状态，因而丧失了应有的弹性。正确的握弓和运弓，应当使很舒适的、轻松的，而决不是相反。

另一个普遍现象是，为了图方便容易，而使用弓毛过少，这是不好的。大提琴本来受乐器限制较难发出饱满圆润的声音，许多情况下，不用全弓毛是不行的。在训练中，应加强用全弓毛运弓的练习，全弓毛保持到弓尖是要下功夫的，运弓平稳是不容易的，换弦圆滑则更难做到。现在还有不少人运弓相当狭窄，只习惯于中间一段，两头（特别是弓尖）掌握不住，浪费了许多弓长，大为减弱了利用各种弓段和弓法来加强表现力的能力，这是必须克服的。此外，运弓时使用弓长过短，弓速过慢，动作过小，犹如小河沟里的泥沙流不动的现象也较多，对于演奏极为不利。运弓理应舒展流畅，要给每个声音以生命和力量，给它以应有的弓长，流畅的弓速，宽阔的幅度，恰似大江奔流和小溪流水，或气势彭湃或清泉涌流，总之不要拘谨狭隘。当然这里不包括一些特殊的情况，但一个学生要“把弓拉开”是十分重要的。

再一点，弓与弦的接触点的问题常未引起足够重视，常常是放任自流。殊不知接触点的恰当与否对发音起着极为重要的作用。一般常见的毛病运弓区太接近指板，因此，奏出的声音总是不很结实饱满。其原因可能是靠近指板处容易拉，但我们不能以妨碍发音为代价去图方便。自然，有意识地为变化力度和音色而使用近指板区运弓不在此列。对初学者来说，以要求他们用中等的力度（不超过 mp—mf)、用琴码和指板当中的接触点、用较为中庸的弓速平稳运弓为宜。待其初步掌握之后，再扩展其接触点和运弓速度较为稳妥。

长弓奏空弦的训练不可忽视。不但要以正确方法握弓运弓，而且应当在确定的节拍速度和均匀稳定的发音的条件下练习。然后再加以各种变化（变化方式可以非常多）进行控制力的训练，一般说，必须坚持每天练。

顺便提一下 Spiccato（跳弓）的问题。有的学生以为既是跳弓，就应像跳高一样，耗费不少时间在弦上用弓乱蹦。其实，跳弓的重点在于掌握好弓子和琴弦的弹性，决不是跳得垂直高度越高越好。一般说来，跳弓可以区别为“自然跳弓”和“控制跳弓”，它们各有其不同的训练方法。自然跳弓更接近于分弓（它和分弓是非常邻近的两兄弟，这两种弓法是经常交替使用的。）控制跳弓则是灵巧地运用小臂和手腕的活动，使弓子在弦上弹跳起来。这两种弓法的要点都是运弓的横向动作，使发出的声音使乐音而非噪音。其实，只要是学生获得正确的方法，长期磨练，掌握要领是并不困难的，仅仅是质量有高低之分而已。

四、关于音准、节奏、发音的问题

这三点是完善地进行演奏的最基本的要素。我只想谈几个实际问题：

第一、关于音准。目前普遍存在对音准要求不够严格的现象，致使一些学生对不准的音几乎习以为常，这必须克服。但是这里还有另一种现象，就是有的学生演奏时，若以一个音的音高来说，有的很准，有的则低一点，有的则高一点，差错并不太大，但听起来却相当难受。这种不准的原因在于违逆了旋律或和声对音高的要求，这种这一级音高一点，那一级音低一点的不准，学生往往较难于发现。但在同其他乐器配合时，则像是在互相吵架一样令人不愉快。其严重性在于，这种学生身上可能潜伏着音乐上的重大弱点，并且在手形和换把训练中存在更大的缺陷。

第二、关于节奏。这个问题，常常比音准上的问题更严重，更被忽视。时常可以见到学生在节拍速度上极不准确，节奏被多处歪曲的状况下若无其事地演奏。这个问题非解决不可，否则根本谈不到演奏水平的提高。教师必须使学生明确认识节奏在音乐表现中的重大作用，音乐所表达的各种感情和形象都有其自身的节奏特征，歪曲了节奏，常常也就歪曲了音乐本身。因此，必须强调严格的节奏训练，要求节奏的均匀、准确、统一。凡是破坏了这些要求的必须严加纠正。当然，这同时涉及到许多左、右手技术问题。但是，掌握准确的节奏、节拍、速度恰恰正是左、右手训练的一个重大课题和质量标准。离开了这一条，左、右手训练的质量怎么可能提高呢？另有一些学生表面上看好像很注意节奏，但是不懂得音乐毕竟不能用节拍机来指挥；绝对的一成不变的“照节奏演奏”并不能实现良好的音乐表现，有时恰恰应当根据音乐的需要来进行恰当而自由的处理。当然，也不能过分，以致失去节奏的基本稳定性。这是一个音乐感的问题，应当说，音乐感和节奏感是紧密地联系在一起的。

从总的情况说，当前主要的倾向还是对节奏训练很不注意，需要从较低的水平上着手努力。

第三、关于发音。这方面常见的现象，是许多学生的基本音质较差，对发音要求不高。更有甚者，有的人居然能够以极为粗糙刺耳的声音满不在乎地从头演奏至尾。所以在这方面的问题一点不比在节奏上的问题少。有些人常常觉得乐器太差，以此来原谅发音上的粗劣（这里顺便指出，即使乐器较差，但是如果经过精心调整，许多琴是会有不同程度的好转的，而我们教师在这方面的研究和工作是做得不够的）。可是，虽然同一个人拉好拉坏两种琴是会效果不同，但不同水平的人拉同一个乐器常常差别更大，这就说明了“事在人为”的道理。我们常常见到有些高年级学生，弓子运走不直，方向性掌握也很差；有的人运弓狭窄，流畅性很差；还有的人不是压出声嘶力竭的哑音，就是抽出尖锐刺耳的噪音或是飘出极不结实的哨音，而不能保持弓和弦之间恰当的弹性关系。这些显然不是乐器质量造成的。

稍好一些的情况，发音不是很粗劣，但又总令人感到呆板、沉闷，而且变化乏术。诚然，这里面可能有音乐想像力的问题，但更多的仍然是力不从心，基础训练不够。运弓的接触点、压力、速度三个因素紧密相关，有点像射击的标尺、准星和目标，必须三点成线，才能瞄得准；又像照相机的焦距、光圈、快门速度，一个变了就马上牵动另一个的变化，必须调节适度，否则就要出问题。而且这三个因素必须配合好，才会发出好的声音，用不同方式来结合这三个因素，可以做出丰富的变化。因此在平时训练中，始终要结合弓位的安排，弓段的分配，调整好这三个因素，求得良好的发音和丰富的音色变化。

良好的发音要求运弓方向正确，弓子拉不直是不行的。饱满而又圆润的声音要求运弓的速度要流畅，幅度要宽阔。良好的音质还要求弓和弦之间保持既互相紧密地“贴住”，而又始终富有弹性的状态，在最强力度时听来不声嘶力竭，在最弱力度时又不软弱无力。这些都须经过严格的训练才能做到。

在我们的训练中，还有一个问题值得注意，就是不少人在演奏时没有考虑到应当把每一个乐音十分清晰地演奏出来。并要有足够的分量使大厅里的听众能听清楚，而常常使囫囵吞枣，慌张匆忙，交代不清楚，就跟舞台上演员咬字不清、音量太小那样，听来像是自言自语，不是说给观众听的。这可能同我们的舞台演奏实践少，常年囿于琴房和小教室的环境有关。有时可以看到，演奏时过于匆忙，虽然音准、节奏、发音也还好，但其效果仍像一个人说话没有抑扬顿挫一样，给人以平淡甚至上气不接下气之感。这就是没有注意到音乐如同说话，必须要有语气之抑扬顿挫、呼吸的从容不迫、乐句乐段之间必要的间歇，以保持整个音乐结构的合理稳定，给人以从容、舒适、自然和均衡的感觉。演奏要注意气息宽广，在大厅演奏更应避免给人以局促匆忙之感。这就要去演奏者对自己的演奏要有良好的控制，而不要像脱缰之马，收束不住。这种对演奏器官的控制能力，是要经过长期训练的，是演奏中极为重要的问题之一。

五、关于音乐基础训练问题

大提琴作为一种乐器，是表现音乐的一种工具。学习它的演奏以表现音乐，其实质仍然是学习音乐。著名大提琴家卡萨尔斯曾经说过，他不仅仅是大提琴家，而首先是音乐家。诚然，各种乐器各有其技术特点，要用大提琴来表现音乐，必须学习演奏大提琴的技术，但决不能本末倒置，把音乐放到次要地位（这里是指实际上，而不是理论上、口头上）。因此，在教学中，从一开始就应当注重音乐的基础训练，在学生技术成长的同时，必须着重于音乐内容的分析和讲解，培养学生理解和表现音乐的能力，由浅入深，由简到繁地坚持下去。即使一首简单的单主题乐曲，也有分句，有起承转合，有起伏变化。必须使学生从小就懂得，没有哪一种技术是可以脱离音乐表现的需要而存在的，学习技术正是为了表现音乐。教师应当使学生明确：从开始拉琴起，就必须注重音乐表现，每一个声音都应是音乐中的材料，每一个音列都应成为有表现力的和内心情感相联系的音乐片断。教师决不应忽视基本音乐素质的培养，决不可把这些当作将来的事。

为了使学生能良好地发展音乐感和艺术趣味，完美地表现音乐，就必须严格地要求学生不断地追求乐音的准确，节奏的均匀和发音的优美，坚持不懈地纠正一切错误，以便使学生的听辨力、节奏感和对音质的鉴别力得到很好的发展，使其一开始就走上高标准、严要求的道路。这种最基础的音乐素质的训练之重要性，是无论怎样强调也不为过份的。

但是，只靠在学习大提琴的过程中来进行这种训练，是非常不够的。因为学生要顾及的技术问题常常限制了他们对这方面的注意。因此，视唱练耳和钢琴的训练不仅是必不可少的，而且是极其重要的，最好是视唱练耳的训练走在专业的前面。在这种训练中，还应要求学生研究音乐表现力，使其能很好地唱出音乐的表情，有正确的分句、呼吸、起伏与和声的感觉。这看来很平常，但这对学生音乐感的发展好处很大。对于一个生理条件很好的学生来说，如果能在视唱练耳课上表现出良好的音乐素质，也就常常能在（专业训练得法的话）乐器演奏上获得良好的发展。用嗓音的歌唱转化为内心歌唱，用自己身体的一部分（演奏器官）在乐器上歌唱出来，这恐怕也是视唱练耳和专业的成绩常常是紧密联系在一起的原因。应当说，对这种音乐基础训练的重要性，同样是无论怎样强调也不会过分的。

还应当指出的是：教师应当帮助学生扩展视野，决不可囿于专业乐器而忽视多方面的艺术修养。大提琴独奏作品对于认识一个作家的音乐常常局限性太大，要想懂得巴赫，目光决不应局限于大提琴作品，而至少要接触和研究他的丰富的其他作品。比如，复调音乐在弦乐器上常常容易分不清各自的脉络，但是多听一些钢琴的作品，常常可以触类旁通，对自己乐器的作品的理解更为全面、深入和准确。因此，学习音乐之路要宽，吸取营养之途要广，这对音乐素养之发展是十分重要的。

最后，在教学中还应处理好“一般技巧”和“应用技巧”两种练习之间的关系。要以音乐表现之需要为主导，指导“一般技巧”的练习，而不要脱离音乐的需要，用死钻牛角尖的办法去把基本功的练习变成一种枯燥乏味的东西。但是“一般技巧”的训练是完美演奏的必不可少的基础和条件，不能稍有忽视。同时，在练习乐曲的过程中，做“应用技巧”练习时，必须以“一般技巧”练习作为基础，如果一拉乐曲就丢开了最基本的技术要求，则必然要导致演奏技术上的缺陷，因而也就不可能成功地克服乐句和乐段中的困难部分，最终则必然不可能完美地表现音乐。

随　　感

黄源澧

感谢山东省的支持和帮助，让我们相会在泉城。老、中、青、少、幼登台献艺、切磋技艺交流经验，真可谓大提琴界的一次空前盛会，既推动了音乐教育的普及，促进了音乐表演艺术的交流、发掘人才，提高大提琴艺术的水平。团结和鼓励老、中、青、少、儿童大提琴演奏者为建设两个文明而共同奋斗。我们的目的达到了，我们看到许多为大提琴事业努力耕耘的老年教师和演奏家培养出如此众多的中青年演奏家、现在仍然在舞台上再次显露才华。我们也看到青年、少年的迅速成长。在我们前进的道路上发展无穷，风光无限。

虽然大提琴的普及率近年来有所提高，但是发展仍然不够迅速，还有待于我们作出更为艰苦的努力去创造条件，开拓阵地。我们的演奏技术仍然有待于继续提高，使之发展更快一些，左右手的训练必须根据我们自己的条件进一步探讨训练方法。常常见到的问题是音准和节奏：节奏问题除了本来就没有严格训练之外，普遍问题是运弓的分配不甚合理，以致分句不清，同时影响声音质量。另一种情况是对音准的要求不够严格，如第一把位一指经常偏高因为半把位和第一把位是把位中最宽的把位，稍不注意便只要求 4 指的音准而忽视了第一指的音准，第一指便会自然偏高。需要老师经常地、不断地加以纠正，还要求老师注意拇指位置根据学生手的大小能下移（因为一般情况是手掌较小，特别是女生)，拇指在现代演奏技术中是作为一个独立的手指来运用的，对大拇指的训练不论在高低把位上都要单独加以特别的训练。手指训练是一个演奏家一生不能间断的要求，音准、灵活，有力地触弦求得发音清晰而明亮，只有不懈努力才有所进步。

关于右手问题我认为还有值得一谈的是手臂的高或低、手臂的高低与肩部的放松自如有直接影响。必须根据每个人的生理条件找到一个合理的位置，从弓根拉到弓尖，都能运用肩部和上臂的压力，而肩部没有任何不适的感觉，才算是正确的位置，盲目的抬高或压低都不利于运弓的流畅，甚至使手肘部分扭曲危害甚大，我们常常见到的有人拉到下半弓声音减弱，弓尖发音困难。这都是手臂的高低位置不良的缘故。

我认为，更值得一提的是表现音乐以及对乐谱的研究。近现代作曲家常常把他的意图尽可能用术语记载在乐谱上，我们的演奏者经常不曾认真研究乐谱，正如夏家宝先生说的："什么是风格？按照作者标记的符号演奏就是风格。"因为我们演奏的是伟大作曲家经过提炼、加工发展而取材于各自民族民间的题材而谱写的乐曲，不是一般的民族民间流传的自然风格。如果不按他的意图，就会变成你自己的风格了。所以演奏家必须仔细研究乐谱。关于18世纪以前的作品困难就大了，如演奏巴赫的组曲，因为他基本没有什么术语标记，连强弱变化记号也没有，现在巴赫组曲的版本极多，有的大同小异，有的大相径庭，使我们无所适从。我认为要认识巴赫需先从巴赫的其他大量作品中探索，其中特别是他的钢琴曲。演奏巴赫要注意作品中的横向和竖向。

他的复调性统一于一个流动的单旋律之中，它们是隐伏的，不时突现，有时隐去，忽视复调性是不对的，而忽视横向流动的旋律更是不对的，例如：

第六组曲前奏曲，它是由三连音组与一旋律构成，其中经过句有时由六连音过度，通过五七和弦的琶音爬高到上五度反复流动到横进，这当中更换音型或经过句终了进入旋律时可以作一点予示，略为缓慢一点或作一点渐强便可以突现主旋律的到来，我们有许多同志演奏巴赫常常是模仿居多，自己认真研究很少，以致没有道理的渐慢多，形成了散板，以致面目全非。

我的话说得太长太多，有许多是纸面上说不清楚的问题，但我要说出来以便引起演奏者的注意，通过这次交流，我认为演奏成绩是巨大的，水平是很高的，如何更进一步加速我们的发展，需要有一个卓有成效的措施，加强我们自身建设是主要的。聘请外国专家虽然重要，但因花费大，时间短，不是每一个单位负担得了的。因此，加强我们的自身建设，多组织相互交流，这是实际可行的，但愿我们学会能够有计划地进行这项工作，使之付诸实施。在严肃音乐不甚景气的今天，说来恐怕是不识时务吧！通过这次大会的胜利召开，大提琴事业前途是光明的，就这次大会，也就给予了我一付兴奋剂。所以这次大会在大提琴发展史上应该深深地记下一笔，载入史册。

1988 年

为沈建军所著《音乐与智力》作序

黄源澧

人的大脑是一个十分复杂的器官，左右脑存在于一个统一的头脑中。近代科学家对形象思维与逻辑思维这二者之间的影响与关联作过不少探索，但对于音乐艺术和上述两种思维关系之间的探索却并不多见。至于音乐能力能开发智力，至今甚少有人深入探讨。

人类是万能的。像达·芬奇和爱因斯坦，他们既是伟大的科学家又是音乐的精通者，既从事科学技术研究又从事文化艺术研究，对人类发展作出了自己的贡献。这些伟大人物的成长与发展，不应看作是历史过程中偶然现象，他们是可以被研究的。

在相同的环境与条件下，每一个人所获得的社会成果是很不相同的，这就涉及到人才的培养问题。近代发达国家特别重视对儿童智力开发，并认为音乐活动是开发儿童智力不可缺少的条件。因此，音乐对于人的培养教育、对于儿童青少年智力的发展，一定有着不可想象的功力。

我赞誉沈建军副教授的文章，从理论和实际生活中解释了音乐的各种功能。在这本著作里，搜集了国内外著名科学家、教育家有关论著，阐述了音乐对开发智力的功能，并有详尽的数字根据，而且，本书作者多年来在大学教学实践过程中所得到的论证是很有说服力的。目前，国内学术界中尚少如此精湛的研究，我认为，这是一本颇有价值、有水平的书，值得推荐。这本著作的发表与再版，将对我国教育界产生重要的影响。

1996年1月5日于中央音乐学院

备注：沈建军先生为华东理工大学音乐教授。

附录三：

不能忘怀的两件小事

唐振汉

黄远渝同学：

很钦佩你和钱苣先生用这么多的资料写成的书，它就好像是一部名人传记的电视剧剧本。

我1953年经统一分配来到了音院少年班，在此之前的事我知道的不多，不敢乱言。就是1953年以后和黄先生接触也不太多，但有两件“小事”，我至今不能忘怀。第一件“小事”是我53年来校任教时，和我同时来校的还有一位教语文的王××，这位教师是山西人。讲课有口音，加之初登讲台，没有教学经验，因而同学反映较大，这位教师很苦恼。我和他同住集体宿舍，看他经常备课至深夜两三点钟，有时备着课就睡去了。他的满腹经纶却没有收到应有的效果，我看在眼里很是不安，于是，我冒昧地找了黄先生反映了这一情况，黄先生听完我的叙述之后，频频点头，但却没有多说什么。不久，这位教师被调到×省做了×报的编辑，据说工作很出色。后来，还偕其夫人到学校看望过我们。我不知道他的调离和我找黄先生反映情况有多大的关系，但是黄先生这种宽厚、理解、尊重个人才能的发挥，是值得我学习的。

第二件“小事”是我第一年到少年班工作，就做53乙班的班主任（那时叫班导师），我看到同学们练琴都很刻苦。当时学生们练琴都要按教务处排好的时间去练琴，同学们不满足都想多一些时间练琴，他们叫“打游击”。特别是星期天一大早家要去抢占琴房（星期天不排练琴时间）。有一次我去查琴房，听到一个同学在弹《牧童短笛》，而我在前些天在院部听到大学生也在弹《牧童短笛》。我们少年班低年级的学生和大学生弹同样的曲目，是否我们的学生进度太快了，对他们要求是否过高了？负担过重了？带着这样的问题我去找黄先生请教。黄先生说：（大意）“音乐专业中的乐器教学是件很个性化的教学，一般采用一对一的教学方式，而不宜采用集体课，大班课，由于初始学习时间的不一，进度参差不齐，有的学生在少年班期间就可以弹奏较难的曲目，也许技术上还可驾驭，但由于年龄、阅历和文化修养的限制，在音乐上就不那么完美，上了大学，思想成熟，知识积累多了，再演奏同样的乐曲，就能更好的挖掘乐曲的内涵，更有感染力。”听到黄先生的一席话使我茅塞顿开，作为一个班主任不懂得音乐的学习规律是做不好工作的。于是，我请了陈文、韩剑明、陈比纲、黄翔鹏等老师教授我弹钢琴，这样坚持三年多，一次附中教职工开联欢会，语文老师苏意俊独唱电影《白毛女》插曲《丰收》，我给他弹钢琴伴奏（黄翔鹏写的伴奏），还博得了满场的喝彩。文化教师特别是班主任要做好工作不能完全是音乐的门外汉，这一点使大家得到了共识。1959 年 1960 年从师范院校和综合大学分配到附中任教的大学生，都积极地学习一些音乐的知识和技能，有的学习声乐，有的到院部去听中外音乐史课，（可参看舒咏梧老师写的附中大事记）。

黄先生是一位和蔼可亲的长者，是附中的奠基人，他把附中建设成一个宽松、和谐、温馨、愉快的大家庭，他一生光明磊落令人无限敬佩。

2007 年 6 月

怀念恩师黄源澧

金　湘

2006 年 11 月，我刚从国外赶回，去参加常州一中百年校庆（由于常州一中在原国立音乐院幼年班的旧址基础上扩建了校址，因此，我们原幼年班成员第一次以“继子”身份，参加了“继母”百年诞辰），突接黄远渝电话，告之黄先生已于 2006 年 11 月 14 日逝世，并将于 11 月 20 日举行遗体告别仪式。我立即决定缩短在常州日程，赶回北京。

2006 年 11 月 20 日，当我从机场赶到八宝山，遗体告别仪式已经开始了，随着人流，我来到黄先生遗体前，看到静静躺着的我所熟悉的黄先生，还是那样平和慈祥，只是更清瘦了，更“沉默寡言”了……“黄先生”！我情不自禁地在心中默默地叫了一声。面对着永远不会再回应我呼唤的黄先生，我心潮起伏，思绪万千；那遥远年代里的一幕幕，清晰地映入我的眼帘，把我拉回到记忆的最深层……

1946 年 9 月，在上海徐家汇——上海女子师范学校设立的幼年班考场上，黄先生亲切地为我们这些顽童考生递水；

1947 年 2 月，在南京西康路，南京国立音乐院的考场上，我第二次见到了黄先生。（由于父母亲担心我太小，头年虽考上了，未让我去就读；由于我的执着，第二年又去赴考）。

1947 年 9 月，终于在常州椿桂坊国立音乐院幼年班的小院里，我再次见到了黄先生，从此跟随他一下子就是五年。这是多么难忘的五年，多么充实的五年。对我的一生极为重要的五年！我开始接受正规的音乐专业训练：我的第一个主科（大提琴）老师就是黄先生；我进校前已学习了一年的钢琴，在这里继续；加上视唱练耳、音乐欣赏等有关音乐的基础课；我们这群“小公鸡”们在这里受到以黄源澧先生为首（还有廖辅叔先生、郑华彬先生、刘文英先生等）的一批老师们对我们专业上一丝不苟的严格训练，生活上无微不至的关怀、引导，在积极求知、团结融洽、刻苦练功、亲如一家的氛围中，开始迈开了扎实的人生的音乐之旅的第一步。特别使我们练就了一双好耳朵，令我们一生受用无尽。

1948 年底。面临着解放大军即将南下，国民党当局崩溃在即，又是黄先生、郑先生等镇定地安排我们一部分疏散回家（能投奔亲友的），一部分前往无锡太湖（无可投靠的），像父亲般地帮我们这群孩子渡过那兵荒马乱的岁月……

1949 年 5 月常州解放了！我的家乡浙江萧山也解放了！我带着一颗急切归队的心，返回常州幼年班。又见到了黄源澧先生，郑华彬先生，廖辅叔先生，还有分别了数月的同学们。又是黄先生，带领我们除了仍然坚持每天练琴外，还参加常州市的各种文艺宣传活动：街头活报剧，电台演出苏联革命歌曲大合唱（黄先生又是指挥，又是男中音领唱），带领我们这帮刚刚投入新社会的少年们，积极投身那改朝换代令人难忘的种种活动；同时，他又数度北上，积极与从延安和东北来的老区音乐家（如，吕骥等）联系，最终把我们全班并入即将成立于天津的中央音乐学院，成为中央音乐学院少年班（在我们并入天津中央音乐学院之后，又在天津招收过两届新生，为区别起见，一般习惯地将常州迁来的称为老少年班，在天津入学的称为新少年班。1957 年，正式成立：中央音乐学院附中。）

1950 年 1 月，在黄先生，郑先生的带领下，经过极其艰辛繁忙的迁校工作，我们终于来到了我们的新的母校——天津中央音乐学院。还记得学院成立的前前后后那一幕幕激动人心的情景：当我们一个个迎着凛冽的寒风从敞篷汽车上跳下来和早就等在校园门口的郭淑珍，罗忻祖，苏凤娟等大姐姐们热烈拥抱；当我们在4月和熙的春风沐浴下，在U字楼前操场上的庆祝建校的联欢晚会上，和马思聪、吕骥、喻宜萱、江定仙等老一辈音乐家一起手牵手跳集体舞；当我们在学院礼堂的简陋的舞台上，合唱苏联革命歌曲和演奏《卢斯兰与柳德米拉序曲》……这一切的一切，黄先生都和我们在一起！

1951年，几乎全年，根据需要，我们少年班全体一分为二：一部分随院部下到治淮工地，劳动锻炼，思想改造；一部分由黄先生带领，参加中国青年艺术代表团赴东欧参加世界青年联欢节。

1952年7月，我们结束了长达近5至6年，横跨新旧两个时代的学业，从中央音乐学院少年班毕业，告别了母校，告别了在最艰苦的日子里无比关爱我们，为我们打下扎实的童子功，引领我们走上音乐的人生之旅的恩师黄先生。当然还有郑先生，廖先生，邱先生……

雏鸟羽翼渐丰，要起飞了！我们从这里，从黄先生的关爱教导下，走向了全国各地。以后，随着国内政治形势的起伏，我们老少年班的同学也各自浮沉在全国各地。我就是因在音乐院被打成右派，含冤被发往新疆二十年。二十年来，我身虽不能由己，心却一直不忘恩师。直到1979年在政治上平反后，才回到北京。当我又见到黄先生时，这时我已人到中年，两鬓渐白，先生亦已临近暮年。嗟叹人生，感慨万千！

这是1995年幼年班50周年，我们都到中央乐团参加纪念会。见到黄先生，我向他问候，他却说了一句令我震惊的话：“你做得好，好好做。”我得到了他的默许，我以为，这是他给我的最高的评价，感到无比的温暖。

远渝让我写一篇纪念文章，我不敢写，一写，我就要流泪。黄先生是我最敬重的老师，他不仅教会了我音乐技能，还教会了我如何做人，他身教胜于言传，一身正气，是我做人的榜样。他温文尔雅，能委曲求全、忍辱负重，好像任何事情都能扛得起来。他一生的奋斗，都是为了我们这些学生，为了中国音乐事业的发展。我们在幼年班学到的基本功，是黄先生手把手教出来的；我们走上人生的音乐之路，是黄先生把我们带进来的。我虽历尽人间坎坷，尝遍世态炎凉，但是，无论遇到怎样的悲惨遭遇，却苦苦坚持音乐选择，我从来也没有回过头，初衷不变，方向不改、无怨无悔、始终如一。这一点实实在在地得益于黄先生的教诲，和幼年班打下的厚重坚实基础。

从记忆的深处回到现实，我处在这个物欲横流的时代，更佩服黄先生为人之可贵，人格之高尚。想起黄先生，不禁使我潸然泪下。

我在心里默默地自语："黄先生，您一路走好！"

2007 年 5 月幼年班班庆六十二周年前夕于北京

无论多大困难，可敬的黄先生都不离我们半步

张锡生

灵官庙时幼年班的建筑已不复存在，桂椿坊只是个地名了，小运河还在。幼年班旧校址改成了常州一中的教师宿舍，原来学校边上的小弄堂还在，校门脸朝外的方向，左边有座啄初桥还在，右面离天宁寺很近。

黄先生教过的学生据我记忆有：胡国尧、胡炳余、尤奎、马育弟、金湘、王平波、汪光玉、田保罗、邵根宝……后来我跟普杜什卡学过，常州的同学最多时大约有二百多人。

黄先生教我主科，平时我不用功，不爱练琴，看见他就紧张。黄先生不直接呵斥我，常常问长问短，比如，问及我的家庭。因为我家很穷，谈到我的家庭，我总为我不用功而自责。我觉得黄先生不仅是我的老师，也是我的长辈，他不仅关心我的主科，对其他共同课也很关心。我基本没有离开过学校，因为家里也很困难。在学校里学习，黄先生怕学生浪费时间，经常亲自查琴房。离校的人4班有李向阳、胡炳余。黄晓和原来在育才，到上海后又回了育才，解放后回来了。

记得少年班改名叫附中，是在1954年，当年全国统考，专业课都提前考了。文化部指令复习两个月，考不上就复读一年。院部把我派到附中，为附中建立共青团组织。我是共青团副书

记，黄瑂莹是书记。所以附中是 1954 年成立的。马志平到民族歌舞团后调云南工作。少 5 班只有 5、6 个人合并到 51 班。当时学校对学生很严格。视唱和钢琴副课两次不及格要淘汰，一学期补考两次不及格者也要淘汰。主课不及格淘汰。1946 年招来的学生有刘一瀛、李向阳。1947 年招来的有金湘、叶摩西。我拉的是 1/2 大提琴，中国造，当时郑相河还开玩笑把我的大提琴当中提琴拉。黄先生教学极有口碑，都觉得他教的特别好，记得燕京大学一个学大提琴的学生叫王大喻转到黄先生班，说：第一次见到教得这么好的老师。学生们也都拉得好。叹口气道“我来晚了，永远比不过你们了，只好改行当老师了。”他对黄先生佩服的五体投地。1967 年我串联到北京去看望黄先生。他在劳改队牛棚里。只见到王师母，她见到我就哭了，我也无法安慰她老人家。黄先生作风严谨，对人有爱心。带动了全校的正气，大家都崇敬他。他不光是业务老师还教我们做人。文革时我去看郑华彬老师，是夜里毛宇宽带我偷偷去的。想不到郑老师的生活竟然如此凄惨，面对亲自为我们担过米、种过菜、做过饭、喂过饭，对我们如此好的郑老师，无言以对，令我们痛心不已。此别不久，郑老师便离开了我们。

黄先生一生勤恳忠实地献身于我国教育事业和大提琴事业。他的一生，是费尽心血辅助学生的一生，是忠于职守播撒种子的一生，是为母校建设做出重大贡献的一生。作为黄先生的学生每个人无不为他一丝不苟、认真负责的教学作风所感动，又为受到他严格而又慈爱教育由衷的感激。我们少年班的同学敬重黄先生。我们不但亲受到黄先生的温暖，还受到他慈父般的关怀。解放前夕，他放弃了可以使自己得到相对安全的选择，甘愿陪同我们这些孤儿和贫儿挨冻受饿，一心一意的扑在我们身上。他和师母还有郑先生，在国民党政府抛弃我们的时候，就连吃饭都维持不下去的时候，始终和我们在一起。即便每天只有吃不饱的两顿稀饭，那也是他们勒紧裤腰带，拿出自己微薄的薪水，或是四处奔走，为我们借贷买粮，才能维持下来。就在这样困难的条件下，仍然坚持自己的教学，鼓励学生学习。解放后，又是他们把我们领上了革命道路，并一起迁校到天津。无论多大困难，可敬的黄先生都不离我们半步。黄先生培养我们，除了辛劳上课，不论春夏秋冬，他都拿着练琴表，到琴房督促我们这些不懂事的小孩练琴。在他的身上我们得到的不仅是教师的爱，还得到父母之爱，这决不是言过其实。要说什么是纯真的艺术家的良心，那么我们黄先生的一生实践就是见证。

忆恩师——黄源澧先生

赵学濂

我在中央音乐学院少年班学习期间，曾经听过黄源澧先生给学生上课，作品是柴科夫斯基的《六月》(船歌)，在黄先生的指导下，那位学生演奏得抑扬顿挫，跌宕起伏，时而徐缓平静，优美如歌，时而浪潮翻滚，激荡人心，学生感情投入地演奏大提琴，老师时而启发鼓励，时而开怀高唱，我在窗外听得格外入神，深深为这段音乐所陶醉——原来可以演奏出如此美妙的音乐！从此我更加热爱自己所学的专业——大提琴。并幻想着有朝一日有机会能请黄先生给我上一课。

1959年我考入了中央音乐学院，有幸分到黄先生班上学习。当时黄先生担任管弦系副主任，在师生中享有很高的声望，能够分到黄先生班上我深感荣幸，决心加倍努力刻苦学习来回报老师。

黄先生每年都会为每个学生制订周密的教学计划，其中既有针对个人不同弱点专门训练的基本功，又有根据教学大纲要求必须学习的大型作品。黄先生制订教学计划有一个特点，他总要征求学生本人意见，让学生全面了解教师的意图，学生也可以根据自己的兴趣爱好提出自己的确切要求，对一些合理的要求，黄先生总会慎重考虑，并纳入到自己的教学计划中去。这样制订的教学计划师生都做到心中有数，执行过程中师生密切合作，保证教学计划顺利完成。黄先生学识渊博，治学严谨，对教学一贯严肃认真，在他担任管弦系主任的职务以后，全管弦系的教学计划，教学实践，教师的管理、学生的思想教育以及繁杂的教务工作终日缠身，即使在如此繁忙的情况下，黄先生也从未停过一次课，每周两节主科，回回准时到达，甚至提前进入教室等候学生，从来没有叫我等候老师，仅此一点，就令我十分感动。每次上课，老师总是认真聆听我的演奏，然后认真又耐心地指出我的演奏中存在的问题以及解决的方法，他以渊博的学识旁征博引，从作曲家出生年代的时代背景一直到具体的演奏风格，演奏技巧，从艺术上到技术上进行深入分析。更可贵的是黄先生在教学中能与时俱进，结合我国形势以及国际音乐发展的潮流。在当时信息不畅的条件下，尽力了解国外的情况，并以国际比赛的曲目来激励学生。

当时黄先生得知1963年匈牙利将举办卡萨尔斯国际大提琴比赛，黄先生千方百计地找到了比赛的章程，并按比赛要求调整了对我的教学计划，要求我一年之内准备出三轮比赛的全部曲目。这里面除了传统的大型协奏曲之外，还有匈牙利作曲家科达依的高难度奏鸣曲，巴托克的狂想曲以及当代作曲家为比赛而作的现代作品，其难度对一个学生来说可想而知。

面对如此困难的局面，我曾经极其缺乏信心，但是黄先生一面热情地鼓励我，同时又具体耐心地帮助我，指导我克服一个又一个的困难，并使我逐渐明确了重在参与的主旨。在近一年的时间里，我坚持每天练琴十个小时以上，并在黄先生的指导下制订了包括基本功在内的每天详细而全面的练习计划。除了每周固定的个别课外，黄先生还邀请校外专家进行指导。同时为我安排了很多实践的机会，除了学校的学习演奏会，还到校外参加音乐会演出，使我得到了空前未有的锻炼。因此这一年我的演奏水平大大提高。后来虽然由于客观原因没能参加当年的比赛，但是这一年对我而言，确实大开眼界，使我一生享用不尽。

1963年马思聪先生写了大提琴协奏曲，本想请当时最知名的大提琴家首演，但由于种种原因，一直找不到合适的人选。黄先生提出为什么不让年轻人试试呢？当即把这部作品交给我来试奏，并把这部作品纳入当年对我的教学计划，以攻关的精神全力以赴帮我分析乐曲，克服技术难点，并安排马思聪先生亲自指导。终于在我1964年大学毕业前，将这首大提琴协奏曲在中央音乐学院进行了首演。不仅博得观众的好评，也深得马先生的赞赏。

通过中央音乐学院五年在黄先生班上学琴，为我这一生的艺术生涯奠定了坚实的基础，并终生受益。大学毕业后我被分配到中央乐团，工作了将近四十年，直至退休。

怀念恩师黄源澧先生

周志华

我对黄源澧先生的尊敬和爱戴，是怎样形容都不会过分的。

1954 年我是弹钢琴考入中央音乐学院少年班的，因为当时我的钢琴老师说我很有音乐天才，一定叫我去考，结果录取了。听说不容易考，既然考上了，家里就决定让我离开家到天津去上学。直到现在，我仍然记得很清楚我所敬畏的黄校长亲自来找我，非常和蔼可亲地动员我学习大提琴。我觉得这个校长可真好，对我这个 11 岁的新学生都这么客气。从此后我对黄校长更加尊敬而不再畏惧。后来我之所以会成为大提琴家，就是由于黄校长当年的选择。

据我回忆，还在附中三年级时，我已被转到黄先生班上学习，一直持续到大学毕业，将近九年之久。

我到黄先生班上，他首先对我进行了非常严格，全面的基本功整顿和训练，首先是调整运弓方法和弓法技术，进行全部音阶，琶音，分解和弦，双音及左手的各种技术训练，然后他使用了伦堡、达维多夫、戈特曼、杜波尔和波波尔等大提琴艺术史上举足轻重的演奏家兼作曲家们的难度非常高的协奏曲和其他艰深的练习曲等训练材料，到我能对这些作品能够胜任时，就开始布置一系列的经典名曲，进一步在音乐表现上向更高的水平迈进。他不但极其重视我的基本技术方法和技巧的发展，而且非常重视我的音乐基础训练（当时叫基本乐科）的水平，我的音乐修养和全面的文化理论水平，我的个性，独立思考能力和创造性的发展，等等。经过这种标准很高，数量和强度很大的训练，由于在掌握乐器和处理作品上不感到困难，在不长的时间里，相继完成了很多名曲的学习，演奏水平迅速提高，数年之后，判若两人。

他在教学中，对技巧和艺术水平追求非常之高，对学生要求很严格，但他的态度始终非常温文尔雅，和善宽厚，彬彬有礼，充满对学生的慈爱和关切之情。无论在什么情况下，我从来没有见过他发脾气，责骂和惩罚任何一个学生。他坚信他的教学原则，但是从来不强加于人，不迫使学生做他们还不能理解的事情。他的教学很严谨，同时他又有非常细腻的分寸感，从来不言过其实，不走极端，不求全责备。在不同的学生和不同的情况下，不强求一律，而是善于迂回，耐心等待，热情鼓励，帮助学生找到前进的道路。他具有优雅敏锐的音乐直觉，他既重视音乐演奏的规范，又尊重学生的个性和不同的处理特点，引导学生把演奏个性和良好的风格感统一起来。

在他的教学实践当中，总是抱着一种无私的完全求实的态度，他所努力追求的是真正能把学生教好，达到尽可能高的艺术境界。为此他从来都不拘泥于任何理论信条和自己以往的经验，而是虚怀若谷，从善如流，不断探索，鼓励学生集思广益，独立思考，发挥创造性。

以黄先生的位高权重，向下级发号施令应当非常容易，更不用说我们这些学生了。但是，黄先生却恰恰相反，他对每一个人，不管地位比他低多少，或甚至仅仅是一个少年学生而已，都从来不会抱有丝毫的盛气凌人，以势压人的态度，却总是怀有一种真诚的，不是伪装的尊重。他的高尚品德使每一位有幸同他相处的人都深受感动。

我是 1965 年毕业的。在毕业之前大学生已经开始参加越来越多的政治运动了。我毕业后到工作单位，几乎还没有来得及碰一下乐器，“文革”就开始了。直到1972年，我没有练过琴。虽然我经常想念黄先生，而且希望像他这样善良的好人不至于受到太大的冤枉，但我们极少有机会见面。

1972年年中，艺术院校逐渐恢复起来，音乐学院重新开办后，我有幸同黄先生共事多年。一直到1987年我奉命派赴英国伦敦皇家音乐学院学习之前，我们之间的来往很频繁，相处非常融洽。我总是陪他走到公共汽车站帮助他安全上车，也常常到他家里去拜访，和他一起研究演奏和教学中的具体课题和学术理论问题，或者商讨工作的安排。我们时而畅谈各种专业问题，时而愉快地聊天，师生感情甚笃。我当时根本没有意识到黄先生的经济负担（他有一个大家庭），每当他留我吃饭时，我总是很愉快地“从命”。后来我才知道，有一天他的儿子钓到一条鱼，本来准备周末孩子们回来全家一起吃的，结果还没有来得及等到周末，已经用来招待我了。听到这件事后我极为不好意思，深感惭愧。

我曾为学报和有关刊物写过关于黄先生的文章。我记得文章是由中央音乐学院组织的，要我来写。为了了解他在幼年班时期的情况，我曾经做过采访。我所听到的事迹使我感动至深，对黄先生的高风亮节更加钦佩不已。

在1985年全国大提琴学会举办第一届全国比赛时，黄先生是主席。他需要有个得力的助手来办事，提名由我担任秘书长，帮他处理各种事务，但我不是评委。当时我带了两个学生参加比赛（一个是我教了多年的，另一个是在王连三先生不幸患病之后由我接过来教的），两个学生都获得了少年组的一等奖。久病中的王连三先生曾当面向我表示祝贺和感谢。比赛后，黄先生对我的教学成绩感到很高兴，我也为没有辜负他的期望而甚感欣慰。

当黄源澧先生的孙女开始学大提琴时，黄先生建议由我来教她。在我担任她的教师期间，黄先生从来没有过问过我的教学，他对我是完全信任的。

在赴英之前，我对黄先生表示，这次看来能专心练琴了，我想要考英国皇家音乐学院独奏家文凭。黄先生表示完全支持，而且相信我一定能成功。在英国学习期间，黄先生对我的器重和期望始终鼓舞着我去攀登高峰。

1987 年年中，我到达英国伦敦，在伦敦市中心附近的皇家音乐学院学习。我的教授是大提琴家 Eileen Croxford 和她的先生钢琴家 David Parkhouse（著名的英国伦敦音乐家小组三重奏团的杰出音乐家）。

在出国之前一段时间，由于我必须用全日工作以外的业余时间来学习外文，后来又到外地参加出国前的外文集训，练琴时间几乎是没有的。到达英国伦敦之后，才终于开始把精力又用在音乐学习上。经过一年多的刻苦训练，在 1989 年，两位教授决定让我参加皇家音乐学院文凭考试，即 ARCM（Associate of the Royal College of Music）考试。由于这是世界上最高水平的最困难的考试之一，他们曾经建议我仔细考虑一下，是选择考比较容易的 ARCM 教师文凭好呢，还是选择考要求极高的，完全靠演奏一套音乐会独奏节目的 ARCM 独奏家文凭好呢？

我决定考 ARCM 独奏家文凭。在赴英前我曾征求过黄先生的意见并得到他的完全支持，他的其他学生（包括外地教师进修生）曾经告诉过我黄先生对他们说他特别喜欢我，并且希望我能有机会发挥他认为是很高的演奏才华（黄先生从来没有当我的面说过这些话，但是从他多年来对我的器重和期望来看，我相信这是真实的），这些对我都是极大的鼓舞。

在英国学习一年多来，我的演奏水平不但已有充分的恢复，而且有了非常大的提高。当时 David Parkhouse 教授不幸身患癌症，但是他以惊人的毅力一直带病坚持演奏和教学，其演奏水平之高实在令人难以置信。他和 Eileen 对我的要求极其严格，从来不放过任何一个细节。在离他不幸去世之前连两个星期都不到的时候，Eileen 和他本人还在给我上很多的课。Eileen Croxford 教授多次说过我的水平非常高。临近考试时，David Parkhouse 教授对我给予了最后的评价，说我的演奏水平已经到了接近完美的地步。使我万分悲痛的是，David Parkhouse 教授在我考试的前两天不幸与世长辞了。由于过于悲伤，我完全不能睡觉。仅仅是在强烈的责任感驱使之下，我才克服了极其巨大的悲痛，坚持把考试按时完成了。

这个考试的满分是 100 分，我的成绩为 93 分，获得 ARCM Performers'Diploma with Honours（对获得 90 分以上成绩者颁发 Honours 文凭）。

Eileen Croxford 教授对我的成绩表示非常满意，她告诉我在这种最高水准的考试中得到这么高的成绩是格外罕见的。她还在一封信中说："他在演奏家文凭考试中获得荣耀的高分的成功是完全当之无愧的。"当时的皇家音乐学院院长 Michael Gough Matthews 特地亲自写信给我表示祝贺。他写道："我祝贺你在皇家音乐学院文凭考试中被授予荣誉文凭，你取得的成绩是辉煌的。"班亭（Bunting）教授写道："我听过大提琴家周志华先生的演奏，我认为他是一位非常优秀的演奏家。他具有严谨的技术控制和很强的音乐直觉。"拉德楼（Ludlow）教授写道："我只听到过一次周志华先生的演奏，但是他给我留下了非常深刻的印象。他演奏了贝多芬的奏鸣曲及舒曼和德沃夏克的作品，他表现出对作品的风格的精确的把握和表演意识。他的演奏具有令人深受感染的素质。他的声音温暖而亲切，具备宽广而丰富的表现力。他把毫无困难的娴熟技巧和优秀的音乐直觉结合起来。他有鲜明的个性，这使他的演奏更加光彩．同时他以他的聪明智慧和与其他乐器配合的整体感恰如其分地达到平衡。"

当时，在皇家音乐学院大楼前厅的布告栏上非常醒目地公布了我的成绩，许多人对我表示祝贺和钦佩。在向吴祖强院长报告情况的同时，我当即写信给黄源澧先生告诉他有关详情。在信中，作为他一手从小培养大的学生，我对他多年来给予我的教导，关心，鼓励和高度的评价表示了最衷心的感谢。

我在 ARCM 演奏家文凭考试中的成功，证明了黄源澧先生的教学思想的正确，也证明了他对我的评价的准确。

1989 年我拿到 ARCM 文凭时，是 45 岁。在从 1966 年文革开始到 1986 年长达二十年间，也就是从我 23 岁到 43 岁之间，由于种种原因，绝大部分时间里不是没有练琴（文革）就是很少练琴。从 1987 年我到达伦敦后到 1989 年四月，在仅仅不到两年时间内我就能以伦敦皇家音乐学院演奏家考试历史上最高分数之一的成绩获得其演奏家荣誉文凭，没有青少年时期黄先生训练出来的扎实功底，是绝对不可能的。

黄先生追求的是他所热爱的古典音乐事业的发展，他真正感兴趣的是事业的成功，而不是自己能从这个事业中获得什么名利地位。他总是本着彻底的求真务实的精神来做事，因为只有这样才能使事业的发展得到确实的好处。他考虑问题总是以是否有利于事业为标准，而从来不以是否有利于自己为标准。为了事业，他不争贡献，不争职位，谦虚谨慎，胸怀宽广，不计较个人得失，不抬高自己贬低别人，律己严，待人宽，求同存异，待人以诚。有人用“与世无争”来形容黄先生，他真的是不为自己而“争”，他和我多年的谈话中，从来没有丝毫的为自己的地位和待遇感到不满的情绪，从来没有丝毫门户之见，派别之争的内容，从来不爱谈自己的成就和贡献，从来不讲别人的坏话。有句名言：“真正的快乐，不是拥有的多，而是计较的少。”黄先生就是那种从来不为自己斤斤计较的人，所以他总是心胸坦荡，泰然自若，没有患得患失的烦恼。

黄先生确实是做到了“己所不欲，勿施于人”，从来不居功自傲，藐视他人。他有真正的平等待人，尊重他人的精神，有一颗纯洁的真诚的爱心。“爱人者人恒爱之，敬人者人恒敬之”。黄先生对我们给予了他的毫无保留的尊重和爱护，他当之无愧地受到我们由衷的尊敬和爱戴。

他对我国音乐事业的发展贡献重大，他对建设我国高水平的交响乐队做出了历史性的贡献。他是少年儿童专业音乐学校的奠基人之一，并为大提琴事业在我国的启蒙和发展开辟了道路。

更加宝贵的是他的为人——真诚，正直，和蔼，善良，文雅，睿智，谦逊，无私和富有同情心。他的榜样，是不可估量的精神财富，我们后代更应铭记不忘。

黄源澧先生永远活在我们的心中。

2007 年 5 月

加拿大温哥华

缅怀黄源澧先生

白哲敏

当我们国立音乐院幼年班的同学在一起时，很自然地会想起我们在常州的岁月，尤其在1948年和1949年初，那些时日，是我们所经历的最艰难的日子，又是最有意义、最值得怀念的日子。当时我们正处于解放前夕，社会大动荡，也可说是，处在千载难逢的时代大变革时刻。由于蒋介石国民党政府的腐败，它欺压人民，发动内战，终于被人民所唾弃，不得不慌乱地逃往台湾。

我们这些无家可归的孩子，不论在生活上和学习上，都遇到了极大的困难，我们只好起来自救，在留校的一些老师们的帮助和支持下，去克服困难，共渡患难。为了更好地共渡难关，更好地安排好我们的生活和学习，我们成立了“学生自治会”。

留校的老师还剩七八位，其中有几位老师最受到同学们的赞赏，黄源澧先生就是其中之一。

黄先生是大提琴老师，我是学钢琴和管乐的，一般说来，同先生的接触和交往很少，但由于黄先生的为人和品德在同学们中声誉很好，这就在我心里留下了深深的好印象。黄先生平易近人，没有“架子”，说话很少，性格内向，同学们说：“黄先生是个好老师，是个老实人，埋头苦干、勤勤恳恳，对学生态度和蔼尽责，有耐心，大家都尊敬他。”

有一天黄先生找我，他让我教他女儿茜茜（远渝）钢琴，我感到突然，有些胆怯怕教不好。我对黄先生说："我从来没教过人，不会教，怕教不好！"他说："不要紧，可以锻炼锻炼嘛。"我说："好吧，老师怎样教我的，我就照样告诉她吧。"

黄先生如此对我赏识，使我有些惊喜，又有些害怕，为什么找我？我思索了好久，也许我的主科老师不错。我担心，怕完成不好他的嘱托和希望。

黄先生的家在我们第一班教室的后面，我们常见到他的家人从我们教室前面走过，这些都加强了我们对黄先生家的注意。黄先生的夫人王辉庭老师，在我们幼年班教钢琴，还教第三、四班的美术。王老师是个非常能干的人，除了教学外还要照料一大家子的家务，特别是要照料三四个幼小的孩子，最大的才不过六、七岁。现在我们可以想象，要担当这些里里外外的繁重事务，是多么不容易，是多么沉重的担子啊！而王老师、黄先生竟顺利地把一家人带领过来，而且把孩子们都培养得那么好，这真是让人称赞，羡慕，又同情又佩服。（现在人们都体会到，家里若照料一个孩子，父母就相当劳累，请想想，若要照料三四个孩子，其劳累情况就更难以想象了。再说，当时的教务人员工资微薄，非常穷困，根本没有条件去顾请保姆）

由于社会动乱，生活又受到煎熬，人们的心情都很沉重和不安，这样的处境必然会带给人们焦虑和烦躁。而黄先生在这样的处境中，竟显得泰然自若，同学们从来没有见过他发脾气和责骂学生，对人处事总是和气安稳，在教学上对学生也总是谆谆善诱。

人们都说黄先生琴拉得很好，而他从来没有夸耀过自己，不吹捧自己，很谦虚。他为大家做好事，人们也很少知道。他的才干是多方面的，在解放初期我们要演出，有个节目需要一位领唱，而我们同学都是学器乐的，没有人能唱好歌，正当大家发愁的时候，有人说黄先生可能会唱，于是就请黄先生来唱，当黄先生一拉开歌喉，立即就引起全场的惊奇和喝彩，大家都说黄先生唱得好，声音好听，更有人打趣地说："我们差点埋没了一位歌唱家!"

黄先生是难得的好老师，他那谦虚谨慎，勤奋努力，和蔼可亲，不居功自傲等优良品德是我们学习的榜样，他永远活在我们的心里!

2008 年 1 月于香港

思源澧水入海流

——缅怀黄源澧舅舅有感

范远安

源澧舅舅被上帝召回了——上帝对他是满意的：它没有枉来人世间，他做到了光前裕后：上对得起祖先，下对得起后代。他用毕生精力去弘扬传达上帝的旨意，以“移风易俗，莫过于乐”，为自己的终生信念，用美妙的音乐去普渡众生。他全心全意地投入到这“乐以发和”的伟大事业中，学生遍及世界各地，他为祖国的音乐事业作出了杰出的贡献！有目共睹，有口皆碑。中央音乐学院为他铸塑像，树碑立传，功劳之显著，受人之爱戴，由此可见一斑。

源澧舅舅的一生，是可歌可颂、可歌可泣的一生，他给后人留下了无穷无尽的怀念、追思、感叹和敬仰，他治学的严谨和勤奋，做事的认真和一丝不苟，为人的谦和及平易近人，生活上的简朴等等，处处是我学习的榜样和楷模。

我自幼以源澧舅舅为自豪，以我的长辈们为学习的榜样。

“唯楚有才，于斯为盛”：湖南，的确是个人杰地灵、英才辈出的地方。数百年来，这湘资沅澧的芙蓉国中出了多少主宰国家沉浮的伟人！

位于长沙东乡将军庙的黄氏家族，曾是一个显赫的大家族。纂石湾上的“黄氏宗祠”及祖坟在土改时被夷平，家族的历史现已难考，只知十个辈分为“万，世，庭，传，益，源，远，正，宗，本”。我们这辈为“远”字辈：范远安、范远明、黄远萌、黄远霓、黄远菁、黄远渝、黄远浦、黄远泽、黄远涪、黄远津……

我们的上一辈是“源”字辈。“源”字辈的长辈们可以说个个是学富五车的人中之精英！我的母亲黄源存，早年就读于长沙名校福湘女中，后就读于湘雅医学院和华西大学，解放后虽经磨难，但党和政府所给的待遇在当时还是很高的。黄源澯舅（读浙江大学）黄源德姨（读湖南大学）等都是出类拔萃的高工和教师。黄源淮是著名的戏剧作曲家。黄源汉是园艺家，听母亲曾讲，他把将军庙周围变成了他的水蜜桃试验田，当时影响颇大。最负盛名享誉最高的是黄源洛和黄源澧。黄源洛是把西洋戏剧这形式洋为中用，搬上中国舞台上的先驱，在抗战时期创作的歌剧《秋子》被载入史册，歌唱家张权、莫桂新夫妇也因主演《秋子》而一举成名。长沙解放前夕，任音乐专科学校校长的他，将学校作为国共谈判的场所，为党和湖南省主席程潜穿针引线，组织学生巡逻，为湖南的和平解放做出贡献。解放后受萧劲光司令的邀请，创建海军文工团。写了大量音乐作品。

源澧舅舅以其渊博的学识和真知灼见，身体力行的开创了中国近代从附小、附中到大学的“一条龙”式的专业音乐教育体系，山高水长，功不可没，成为一代宗师和教育大家。我直接受教源澧舅舅的教诲并不是很多。但是，有这样一位德高望重，在音乐界享有盛名的舅舅，他本身就给我明确了学习目标和努力的方向，加之表姐，表兄过人的音乐才能和技艺，令人钦佩，成为我努力学习的源泉和动力之一。

现在，我也是个年过半百的老教师了，回想自己的求学过程和源澧舅舅的教导，加上自己几十年的教学经历，在缅怀源澧舅舅时，他的音容笑貌和谆谆教诲让人更加感慨不已！

他曾对我说：“能否成为音乐家，就看你是否有‘梦寐以求’

的学习精神，也就是说你是否做梦都在想这件事，想做成一件事情，就要做到连做梦时也在想着它……”

好一个“梦寐以求”！一个人能“梦寐以求”地坚定执着，发愤图强，不屈不挠，排除万难去做一件事情，岂有不成之理？一个教师若能把学生教成对专业对事业有了“梦寐以求”的状态，这教师岂不是最有教学方法的好教师？

“梦寐以求”是多么的生动、具体、形象、又直接啊！这几十年来我碰到的最多的提问有：“范老师，您看我这孩子（或您看我）是不是学钢琴的材料？”我们钢琴教师都知道，能看见的（如手的条件等等）都是低层次的要求，要能看出常人看不到的条件，如头脑的反应、对音乐的接受能力和表达能力如何，这些素质是成才的关键。但是，能否成才的最本质的因素和条件是有没有“梦寐以求”的学习状态和追求状态。所谓的“慧眼”和“伯乐识才”，说透了也就是看到了这个层次上；所谓的有本领的教师，也就是能把这个“梦寐以求”发扬光大，坚持下去，水滴石穿，学而所成。所谓“天才”，也就是能够以“梦寐以求”的精神去努力钻研。我们现在的许多学生，并不乏聪明和手的条件，就差“梦寐以求”！有的甚至凭借管理制度去“逼”其练琴。这与“梦寐以求”的差距有多大。

源澧舅舅在中央音乐学院的教学中，最为人称道的是他的“循循善诱”：他认为教师在教学中的粗暴作风，是教师无能和低能的表现。教学中最严重的失败，莫过于是使学生丧失了学习的信心。他的教学特色和教学艺术中，引人注目和令人敬仰钦羡就是“循循善诱”，这中间最突出的又是一个“善”字，他善于掌握学生的心里，善于因势利导，善于保护学生的积极性，善于启发学生，善于帮助学生冷静地分析问题，善于引导学生全身心地投入音乐，善于让学生完美地去表现音乐；他更善于以身作则，为人师表，以自己一贯的谦虚、平和、谨慎、待人宽厚、律己极严、心胸开阔和厌恶虚伪、肤浅和矫揉造作的生活作风，工作作风去影响学生和周围的人，学生们在他的“善诱”中健康、茁壮地成长，学有所成。在学生中，他是和蔼慈祥的长辈，在同事里，他是纯朴厚道的兄长。他始终认为教师必须有高度的文化修养和理论修养，有很强的演奏能力，没有这些做基础，就会从根本上限制教学的能力。当然，“善诱”就更无从谈起。凡同他有过接触的人，都崇敬他、爱戴他、赞扬他，他是真正的“桃李遍天下”！

源澧舅舅为祖国的音乐事业，尤其是交响音乐事业做出了功彪史册的贡献，他当年的少年班为中央乐团和中央音乐学院附中的建立奠定了基础，从幼年班到少年班，少年班到附中，附中到音乐学院，他从招生、授课、写大纲、编教材、从教务到行政，事必躬亲，辛劳备至。坚持建校方针，坚持正面教育，注重品德修养，严抓基本功训练，重视教学体系的建设，团结全体教师，不断提高教学的水平和质量，终于把附中建设成为一支师资力量雄厚，建制完善，设备齐全的国内一流的正规音乐院校。这些大事，都有各种专著作介绍，我们在此只有仰望和缅怀了！

司马迁说：“人固有一死，或重于泰山，或轻于鸿毛”。源澧舅舅的一生谱写了壮丽的交响诗篇，奏出了辉煌的生命凯歌，什么是人生的价值，在这里不言而喻！……此时无声胜有声！他完成了他的神圣使命，他的死，是重于泰山的！

源澧舅舅，您做的“前无古人”的事业，现在已是后浪滚滚！饮水思源，您将永远活在音乐学子们的心中！

我们永远怀念您！

2007.5.26

怀念·祝福

金爱平

中央音乐学院附中，从四十年代重庆的青木关、常州到五十年代的天津大王庄，从六十年代的北京鲍家街到二十一世纪初的方庄，经历了多少坎坷和风雨，与祖国共命运，与时代同发展，一代又一代的前辈，师长，在这片沃土上辛勤耕耘，贡献出他们的聪明才智直至生命，才迎来了附中的今天。现在老教师们是学校的宝贵财富，他们以对教育事业的热爱和多年的教学经验仍然活跃在教学的第一线。中青年教师朝气蓬勃，有坚实的专业技能和新的文化思维，是学校的主力军；职工们任劳任怨的为教学服务，是学校的后勤保证。这就是我们师资雄厚设备一流，人才辈出、久负盛名的母校。

今天，我们欢聚一堂，庆贺母校五十岁生日。抚今追昔，那些离我们而去的故人的音容笑貌浮现在眼前：黄源澧老师，在我们这些孩子的眼里，他就是讲话轻声细语，平凡又和蔼可亲的一位长者，但慢慢我们才知道，他原来是附中前身——幼年班、少年班的班主任，也是我们新少年班的班主任和 1957 年正式成立的附中的首任校长。在战火纷飞的艰难时刻，他排除万难、坚守岗位，完成了把幼年班交接到新中国的使命。解放后，他又为从新少年班到附中正式成立的转换参与制订办学方针大计，他是我们附中建设的元老和大功臣。

张宝铭老师是有如兄长，整日与我们生活嬉戏在一起的辅导员，篮球场上有他和同学们的身影，玩军事游戏，他以“政委”的身份半夜带我们去“偷营”，少先队会上引领我们宣誓，为建设新中国时刻准备着！那庄严而神圣的情景，至今仍不时在脑海中显现。他永远是我们最怀念的老师和朋友。

我们最爱上美丽的朱起芸老师的视唱练耳课了，她为我们的音乐专业发展打下了坚实的基础。至今我还念念不忘在她钢琴伴奏下我们唱着多声部视唱时陶醉的情景，视唱的水平也日益提高。甚至在“六·一”的营火晚会上，我们全班同学用人声代替乐器，“演奏”了贝多芬第五交响乐的第二乐章，照红我们面庞的营火和同学们的欢呼声、掌声，至今仍然历历在目，不能忘怀；还有直言不讳，淡泊名利的陈慧甦；教学严谨，成果丰硕的王治隆老师……啊——还有那最默默无闻而总是在我们生病，寂寞难熬，最想家，痛苦无助时出现在我们面前的亲人郑华彬老师，他为我们送水，拿药，端饭……而最难忘的却是他那不能完全听懂的福建口音的亲切“唠叨”，就像妈妈出现在病儿身边，立即让我们有了安全感。他们就像爱的化身，温暖着我们的心。那时虽然物资匮乏，条件艰苦，但我们这群天真少年，仍然茁壮成长，学业有成，并永远怀念着这段美好的日子。

我十三岁跨进学校的大门，生活学习工作至今已有五十六个春秋，是学校抚育我健康成长，是学校呵护我战胜磨难，焕发新的青春。学校的历史就是我的历史，学校是我的母亲，现在退而不休，是对母亲的依恋也是继续我有意义的人生。

半个世纪的征程，附中人才辈出，硕果累累，使中华文化在祖国和世界舞台上展现风采。让我们团结一致，发扬光荣传统，用创造性的劳动培育新人，迎接光辉灿烂的未来！

衷心祝愿母校青春常在！

后　　记

黄源澧先生的一生见证着一段历史，一段中国当代专业音乐教育兴衰沉浮的发展史。中央音乐学院附中的今天和未来，都可以说是这段历史的延续。了解和认识黄先生的一生，就如同翻阅这段可歌可泣的历史。从重庆青木关的幼年班到天津时期的中央音乐学院少年班，直至中央音乐学院附中的建立与发展，黄源澧先生为这所素有“音乐家摇篮”之称的学校，付出了全身心的精力和智慧，更倾注了无限深厚的爱。在中央音乐学院附中建校五十周年暨国立音乐院幼年班62周年纪念日即将到来之际，黄源澧先生的长女黄远渝女士呈上了这本回忆录，以致对她的父亲亦即国立音乐院幼年班的创办者之一、中央音乐学院附中首任校长的一份深切缅怀和纪念。虽然这本书是从一个女儿和家人的角度所写的，但贯穿于书中的情感，却是每个经历过这段历史的前辈或与这段历史有着某种渊源关系的后来者都能够体会得到的；其中一些从亲历者的视角对当时某些事件和人物的反思与评价，也值得人们深深的思考和关注。

半个多世纪过去了，黄源澧先生如今也已然静静的离开了我们，他一生的经历遂成往事。然而，以先生为代表的中国老一代专业音乐教育工作者所开创的事业，却正在蓬勃发展，欣欣向荣。俗话说：吃水不忘挖井人。当我们沉浸在今天这样一种桃李芬芳、硕果累累的景象所带来的欢欣与喜悦之中的时刻，更不能忘记前辈们当年艰苦创业的奋斗历程。回顾历史，缅怀先贤，其目的在于温故知新，继往开来，努力把前人所留下来的精神财富予以继承并发扬光大。作为附中现任校长，受作者的委托，在书的最后说上这样一番话，算是对先生的一份怀念，同时也是对所有已故同行前辈们的一份承诺。

邢维凯

2007 年 5 月 6 日

于鲍家街 43 号